온라인 여론과 SNS

온라인 여론과 SNS

설진아 지음

컬처룩 미디어 총서 036

culture look

컬처룩 미디어 총서 036
온라인 여론과 SNS

지은이 설진아
펴낸이 이리라

책임편집 이여진
편집 하이픈
표지 디자인 엄혜리

2024년 3월 30일 1판 1쇄 펴냄

펴낸곳 컬처룩
등록 번호 제2011–000149
주소 03993 서울시 마포구 동교로 27길 12 씨티빌딩 302호
전화 02.322.7019 | 팩스 070.8257.7019 | culturelook@daum.net
www.culturelook.net

ISBN 979 – 11 – 92090 – 37 – 5 94300
ISBN 979 – 11 – 85521 – 06 – 0 (세트)

culturelook

차례

머리말

여론은 시대와 장소를 초월하여 사회의 공적 사안에 대해 개인과 집단의 의견을 수렴하면서 형성된다. 유기체처럼 성장하고 소멸하기도 하는 여론은 마치 신기루나 연기처럼 그 실체를 파악하기가 매우 어렵다. 여론의 재료인 이슈를 생성하는 주체가 다양할 뿐 아니라, 이들의 메시지를 대중에게 전달하고 공론화시키는 매개체가 다원화되었으며, 공중의 의견도 각양각색이라 분별하기가 쉽지 않기 때문이다.

이제까지 여론 형성에 영향을 미치는 여러 세력이 존재해 왔지만 가장 큰 역할을 하는 세력 중 하나는 이슈를 생성하고, 대중에게 전파하는 매스 미디어다. 지상파 TV, 종합 편성 채널, 뉴스 전문 채널, 뉴스통신사, 그리고 수천 개가 넘는 인터넷 언론사들이 있고, 유튜브나 페이스북, 트위터(X), 인스타그램, 카카오톡 등 다양한 소셜 미디어도 온라인에서 정보 공유와 배포를 통해 여론 형성에 동참하고 있다. 특히 최근에는 소셜 미디어들이 뉴스 생산과 이슈 전파의 주요 미디어로 부상해 여론을 만들어 내기도 한다. 소셜 미디어에서는 기존의 매스 미디어와 달리 공중의 참여와 토론이 활발해져 여론 형성이 과거보다 훨씬 더 다변화되고 있다. 특히 인터넷 언론에서 특정 이슈가 급부상하면, 온·오프라인상에서 공중의 토론이 활발해져 소셜미디어를 통해 의견이 급속히 확산하면서 수렴되기도 한다.

하지만 지금까지 여론을 형성하는 데 주요 세력이었던 주류 매스 미디어는 더이상 여론을 주도하지 못하는 듯하다. 무수한 인터넷 뉴스 미디어의 등장과 소셜 미디어 이용자의 증가로 여론을 주도했던 언론사들도 이제는 미디어 생태계의 일부 지분만을 갖고 있을 뿐이다. 특히 SNS를 비롯해 수많은 정보 생산자와 유통 플랫폼이 등장함에 따라 이슈를 발굴하고 여론을 형성하는 데 영향을 미치는 주체는 과거에 비해 많아졌다. 유튜브와 같은 소셜 미디어들이 여론 형성 과정에 영향을 미치게 된 것이다. 예컨대 일상 또는 SNS 공간에서 흔히 일어나는 사소한 사건이나 인적 교류가 네트워크를 통해 빠르게 확산되는데, 이를 목격한 시민들이 직접 제보하거나 취재하기도 하고 매스 미디어 생산자가 그를 주요 뉴스 거리로 채택하는 역류 현상도 비일비재하게 발생하고 있다. 이러한 현상을 볼 때면 오프라인뿐 아니라 온라인에서 여론을 형성하는 행위자의 실체를 단정짓기는 더욱 어렵다.

요즘처럼 복잡하고 다원화된 사회이자 수많은 디지털 미디어가 세상의 모습을 재현하는 시대에는 개인이 사회 속에서 일어나는 여러 가지 현상을 직접 경험해서 이해한다는 것은 거의 불가능하다. 이와 같은 미디어 환경의 변화는 디지털 사회를 살아가는 현대인에게 온라인 여론의 실체를 분별하는 노력을 요구한다. 미디어와 여론은 어떤 연관성이 있는가? 여론은 과연 어떻게 형성되고 변화하는가? 매스 미디어뿐만 아니라 소셜 미디어는 공중의 의견에 어떤 영향을 미치는가?

여론은 정치, 경제, 사회, 문화 등 제반 분야에 직간접적인 영향을 미치는데, 다원화된 사회에서는 다양한 미디어를 활용해 여론을 바꾸려는 여론 형성 세력의 영향력이 갈수록 치밀하게 커지고 있다. 그들은 대중을 설득하고자 이슈를 생성해 언론을 활용하기도 하고, 언론은 그들을 주요 정보원으로 삼아 이슈에 따라 의제를 설정하며, 반복적인 뉴스 보도를 통해 틀 짓기를 시도한다.

여론 형성 과정에서 인터넷 미디어는 그 어떤 세력보다 중요하다. 하지만 동시에, 언론과 미디어에 대한 공중의 불신은 줄어들지 않았고 오히려 매스 미디어의 시대보다 더 커졌다. 그 배경에는 인터넷 뉴스 미디어의 폭발적 증가가 한몫을 차지한다. 특히 최근 디지털 미디어 생태계에 뉴스 생산자들이 크게 늘면서 언론사들은 생존 전략 차원에서 정파성에 편승하고, 일부 비주류 언론들은 사실을 왜곡하기도 하며, 그에 따라 이슈의 편향성이 더욱 두드러지는 경향이 있다. 여론 형성 세력은 간혹 비합리적 의견들을 모아 '여론'이라 칭하기도 하는데, 그 때의 공중은 누구를 지칭하는지 불분명하다. 여기에 뉴스 형식을 취한 거짓 정보가 '허위 정보'(가짜 뉴스)로 등장하면서 악성 루머나 왜곡된 정보가 퍼지는 인포데믹스infodemics 같은 부정적 현상도 나타나고 있다.

더욱이 전통적인 오피니언 리더뿐만 아니라 소셜 인플루언서의 영향력이 커지면서, 수많은 여론 형성 세력이 언론과 소셜 미디어를 활용해 여론을 자기편으로 만들고자 시도하는 것을 볼 수 있다. 물론 이러한 부정적 현상만을 들며 민주주의 사회에서 기성 언론의 역할과 온라인 미디어의 문제점을 개탄만 하고 있을 수는 없다. 언론 같은 미디어가 존재하지 않았거나 소수였던 시절에 오히려 공중의 존재감은 미미했으며, 그들이 의견을 형성할 수 있는 공론장은 제대로 기능하지 못했기 때문이다.

이 책을 집필하면서 '여론'과 관련된 다수의 국내외 저서와 논문을 찾아 읽게 되었는데, 그 과정에서 여론이란 주제의 방대함에 길을 잃고 종종 헤매었다. 정치학, 사회학, 사회심리학, 언론학 등 분야마다 여론을 바라보는 관점들에 차이가 있고 여론에 접근하는 연구 주제와 내용의 깊이도 폭넓어서 과연 어느 정도까지 이 책에 담을 수 있을 것인가 고민하는 시간이 길어졌다. 여론에 대한 학문적 접근은 대체로 전공 분야에 따라 주제나 강조하는 측면들이 달랐으나 여론의 중요성과 공중에 미치는 여론의 영향력에 대해서는 공통된 인식도 많았다. 하지만 인터넷 기반의 디지털 사회에서 온라인 여론은 어떻게 형성되고 SNS를 비롯한 소셜 미디어가 여론 형성 과정에서 공중에게 어떤 기회를 제공하는지에 관한 책은 찾아보기 어려웠다. 그렇기에 이 책은 '온라인 여론과 SNS'로 주제를 한정하고, 소셜 미디어는 어떤 역할을 하면서 온라인 여론을 만들어 가는지 여론과 소셜 미디어의 관계를 정리해 보고자 시도하였다.

책의 체계를 잡아가는 일은 생각보다 힘들었으나 온라인 여론 형성과 소셜 미디어에 관한 많은 논문과 월터 리프먼의 저서가 집필 과정에 큰 도움을 주었다. 특히 리프먼의 《여론》(1922)은 여론의 본질과 여론 형성의 메커니즘, 그리고 언론의 역할을 비판적으로 논의하여 여론의 현대적 개념을 주창했다는 점에서 통찰을 얻을 수 있었다. 한 세기 전, 리프먼은 언론이 실제 세상의 모습을 그대로 드러내지 않으며, 합리적인 의견의 총합이 아닌 편협한 해석의 집합일 뿐이라고 보았다. 그는 민주주의 국가의 주인인 보통 사람들에게는 그다지 신뢰를 두지 않았으며, 그들의 집단적 지혜인 여론이 지닌 비합리성을 혹독하게 지적했다. 또 여론이 민주주의를 실현할 근간이라는 주장에도 전혀 동의하지 않았다.

여론의 형성 과정이나 언론의 역할에 대한 리프먼의 주장은 탁월했지만, 디지털 정보화를 거쳐 미디어가 다원화되는 작금의 미디어 환경에서는 그를 바로 적용하기 어려웠다. 특히 한국 사회에서는 (풀뿌리 민주주의를 바탕으로 한) 소셜 미디어 이용자의 참여, 개방, 공유 정신이 발휘된 일도 상당히 많았다. 이용자는 스스로 유권자나 정치 논객, 사회 평론가가 되어 다양한 공적 이슈를 생성하고 확산하며, 온라인에서 여론을 순식간에 눈덩이처럼 크게 부풀리고 형성하기도 했다.

이처럼 인터넷과 소셜 미디어가 언론과 함께 공론장으로서 기능하고 여론에 영향을 미치는 21세기 미디어 환경에서는 온라인 여론과 소셜 미디어 현상을 세심하게 분별하고 설명할 새로운 접근이 필요하다.

이 책은 이러한 맥락에서 한국 사회의 다원화된 여론 형성의 주체와 소셜 미디어상 여론 형성 과정에 주목함으로써, 디지털 정보 사회에 부합하는 온라인 여론에 대한 이해를 돕고자 한다. 이 책은 다음과 같은 여섯 가지 질문에서 출발하였다. 첫째, 이 시대에 여론이란 무엇이며 어떤 특성이 있는가? 둘째, 여론 지도자는 누구이며 여론을 형성하는 주요 세력은 어떤 것들인가?, 셋째, 온라인 여론이란 무엇이며, 소셜 미디어는 기존 언론과 어떻게 상호 작용을 하는가? 넷째, SNS의 여론 형성 과정에서 공중은 어떻게 온라인 여론에 참여할 수 있는가? 다섯째, 여론이 특히 중요한 정치와 선거에서 SNS는 어떻게 활용되고 어떤 영향을 주는가? 여섯째, 온라인에서 수렴된 여론은 과연 '여론의 실체'를 충분히 잘 반영하는가, 또 우리는 온라인 여론을 정확히 파악할 수 있는가?

이러한 질문을 던지는 이 책은 6개의 장으로 구성된다. 1장은 여론이란 무엇인지 다양한 정의를 탐색하고, 여론에 관한 주요 특성을 개괄적으로 살펴본다. 2장은 여론 지도자와 여론 형성 세력은 누구인지를 다루며, 특히 여론 지도자로서 대통령은 어떤 역할을 행하는지를 제시한다. 3장은 온라인 여론은 무엇이며, 소셜 미디어는 여론에 어떤 역할을 하는지, 또 기존 언론과 어떻게 상호 작용을 통해 여론에 영향을 주는지 검토한다. 4장은 SNS 이용자들이 온라인 여론 형성 과정에 참여한 대표적인 사례를 분석한다. 5장은 SNS가 정치 영역과 선거에서 여론과 관련해 어떻게 작동하는지를 살펴본다. 마지막으로 6장은 여론의 허상을 비판적으로 살펴보고, 디지털 사회에서 온라인 여론과 SNS의 문제점들을 진단함으로써 여론의 실체를 분별하는 일의 중요함을 강조한다.

이 책을 집필하면서 여론과 관련한 국내외 많은 단행본과 학술 논문, 관련 기사 및 사이트를 인용하거나 참고하였다. 미흡한 부분이 있다면 여러분이 지적하고 조언해 주시길 진심으로 바란다. 이 책이 급변하는 미디어 생태계에서 온라인 언론과 SNS의 역학 관계에 관심 있는 독자들에게 생각할 거리와 논의할 이슈를 제공하는 작은 실마리가 될 수 있기를 기대해 본다.

대학로에서

설진아

일러두기

- 한글 전용을 원칙으로 하되, 필요한 경우 원어나 한자를 병기하였다.
- 한글 맞춤법은 '한글 맞춤법' 및 '표준어 규정'(1988), '표준어 모음'(1990)을 적용하였다.
- 외국의 인명, 지명 등은 국립국어원의 외래어 표기법을 따랐으며, 관례로 굳어진 경우는 예외를 두었다.
- 사용된 기호는 다음과 같다.

  신문 및 잡지 등 정기 간행물, 영화, TV 프로그램 제목 등: 〈 〉

  책(단행본): 《 》

1장

여론이란 무엇인가

"여론은 불분명하고, 변덕스러우며 바뀔 수 있는 개인의 판단 모음을 설명하는 용어다. 여론은 사회 또는 집단을 구성하는 남성과 여성의 개별 의견으로, 어떨 때는 획일적이고 어떨 때는 상충하는 의견의 총합이다."

— 에드워드 버네이스(1923: 79)

여론public opinion은 한 사회의 구성원들이 특정한 이슈에 대해 가지는 다수의 의견 결집체다. '여론이란 무엇인가?'라는 질문에 흔히 '공중public'의 '의견opinion'이라는 정의틀 내놓기 쉽다. 여론은 사람들이 주어진 이슈에 관하여 갖고 있거나 표현하는 다량의 아이디어기도 하다.

'여론'이라는 단어는 미셸 드 몽테뉴Michel de Montaigne가 1588년 자신의 에세이에서 사용한 'opinion publique'에서 처음 유래하였다. 하지만 의미심장하게도 현대적 의미의 '여론'이라는 용어를 처음으로 대중화한 사람은 프랑스의 재무 책임자였다. 루이 16세 때 재무장관이었던 자크 네케르Jacques Necker는 "세평은 왕립 행정의 경제적 가능성에 대해 국채를 보유한 자나 구매자의 의견에 달려 있다"라고 하였다. 그의 말은 프랑스 대혁명 전날 쓴 것이었다. 이 책에서 그는 다른 영역에서 나타나는 여론의 힘에 대해서도 언급했는데, "여론은 모든 인간의 제도를 강화하거나 약화한다"라고 썼다. 네케르가 주목했듯이, 여론을 파악하려면 모든 정치적 일을 고려해야 한다. 그렇지만 네케르가 모든 프랑스인의 의견에 관심을 가진 것은 아니었다. 그에게 있어 집합적으로 형성된 여론이란, 읽고 쓸 수 있고, 도시에 살며, 그날의 뉴스에 밝고, 국채를 살 정도의 돈을 가진 사람들의 의견에 한정되었다.

여론에 대한 백과사전의 정의를 보면, “여론이란 특정한 주제에 관해 커뮤니티 전체에서 현저한 비율의 사람들이 표현한 개인적인 견해, 태도, 신념의 총합”이라고 기술한다(Britannica Encyclopedia). 사회심리학자인 킴벌 영Kimball Young(1946)은 여론이란 특정한 시대에 공중이 지지한 의견들로 구성된다고 말했다. 그는 공중이란 분산된 집단의 사람들로서 유사하거나 같은 방식으로 생각하고 행동하는 집단의 사람들이며 동시에 여러 가지 공중에 소속될 수 있음을 강조하였다. 또한 그는 공중에는 정치적 공중, 금융 관련 공중, 예술 공중 등이 있으며, 현대의 다양한 관심사와 활동 등의 전 범위에 걸쳐 공중이 존재하므로 하나의 공중이 아닌 ‘공중들publics’이라고 표현하였다.

오늘날 우리가 알고 있는 여론이란 근대 시민 국가의 등장과 함께 나타난 역사적 현상이다. 즉 17~18세기를 거치며 유럽에서 나타난 정치 변화, 절대 왕정의 붕괴, 시민 혁명, 자본주의의 발전, 국가와 시민 사회의 분리 현상 등과 밀접하게 관련된다. 특히 자본주의 발전과 시민 혁명을 통해 성장한 부르주아 계급은 정치적, 경제적 자유를 획득하고 정치 행위의 참여자로 등장하였다. 이때 이들이 왕권이나 신권에 대응해 제기한 관념이 오늘날 사용하는 여론의 연원이다. 물론 17~18세기 유럽에서 여론이란 시민의 순응을 강요하는 일종의 사회적 압력이었다(손영준, 2006: 417).

여론에 관한 다양한 이론은 20세기 초 이후에 발전하였다. 캐나다의 커뮤니케이션 이론가인 셰리 퍼거슨Sherry Ferguson(2000)은 여론에 관한 이론을 "대중영합주의populist," "엘리트주의," "비판적 기능주의"라는 세 가지 일반적 유형으로 분류하였다. 먼저 대중영합주의로 접근하는 방식은 여론이 대표자와 대표되는 사람들 사이에 양방향 흐름의 소통을 보장하는 사회 하층에서부터 상층으로 차오르는 것으로 보았다. 이러한 대중영합주의 접근 방식은 개인들이 상호 작용하거나 미디어의 영향에 반응하면서 여론이 변경되는 경향성을 인정하였다. 이 관점은 두 번째 유형인 엘리트주의나 사회구성론에 속하는 이론들과 대치되었는데, 그 이론들은 커뮤니케이션의 조작적인 측면을 강조하고, 어느 이슈든 이를 형성하려는 관점의 다양성을 인정한다. 세 번째 유형은 앞선 두 관점보다 비관적으로 조망하는 비판적 혹은 급진적 기능주의자의 이론이다. 이 관점은 소수자를 포함하여 일반 공중이 여론에 미치는 영향은 무시할 만한 수준이며, 주로 권력을 가진 자들에 의해 여론이 통제된다는 관점이다.

20세기에 여론의 정의와 특성은 학문적 분야에 따라 다른 측면이 강조되었다. 근대적 의미에서 정치학자들은 여론을 '국가 영역 외의 공적 영역에서 국가 기구의 의사 결정에 영향을 미치는 공중의 집단적 의견'으로 개념을 정의했다. 정치학자와 역사학자는 정부와 정치에 있어서 여론의 역할을 강조해 온 경향이 있으며, 그들은 정부의 정책을 전개해 가는데 여론의 영향력에 주의를 기울였다. 일부 정치학자는 여론을 국가의 의지와 동등한 것으로 간주하기도 하였다(Key, 1961).

대조적으로 사회학자들은 여론을 사회적 상호 작용과 소통의 산물로 받아들였다. 사회학자들의 관점에 따르면, 공적인 소통을 하는 구성원이 없는 한 이슈에 대한 여론이 있을 수는 없다는 것이다. 다시 말해 개인의 의견이 아주 유사하더라도, 그들의 신념이 인쇄 미디어, 전화, 텔레비전, 라디오, 이메일, 소셜 미디어 또는 개인 간 대화 등을 통한 일정한 형식으로 다른 사람들에게 전달될 때까지는 여론으로 형성될 수 없다는 주장이다.

사회학자들은 주어진 이슈에 대해 동시에 많은 다른 여론이 있을 가능성에 대해서도 지적하였다. 비록 한 집단의 의견이 지배적이거나 정부 정책을 반영할지라도, 이것이 정치적 의제에 서로 의견이 다른, 조직화한 집단의 의견도 있음을 배제하지는 않는다. 사회학적 접근은 정부와 상관이 적거나 전혀 없는 영역에서도 여론이 중요함을 인정하였다. 사회학자들에게 여론의 아주 중요한 특성은 상호 작용적이고, 다차원적이며, 지속해서 변화한다는 것이다. 반면에 언론학자들과 커뮤니케이션학자들은 여론 형성 과정과 미디어의 역할에 주목하였다. 대표적으로 엘리자베스 노엘레노이만Elisabeth Noelle-Neumann은 실증적 연구 결과를 통해 매스 미디어가 여론 형성에 강력한 영향을 미치고 있다는 점을 '침묵의 나선 이론'으로서 밝혀내기도 하였다.

한편, 20세기 후반 이후 인터넷의 발전과 커뮤니케이션의 기술 혁신은 대중의 소통과 상호 작용의 빈도를 획기적으로 증가시켰다. 의제 설정 기능의 중추적 역할을 해 오던 기존의 신문과 텔레비전 같은 매스 미디어의 영향력 일부가 블로그나 유튜브, 페이스북, 트위터와 같은 SNS(Social Networking Site), 라디오를 대체하는 팟캐스트 등과 같은 온라인 채널들로 전이되면서 소셜 미디어가 여론 형성과 확산 과정에도 영향을 크게 미치게 되었다.

특히 21세기 첫 20여 년 동안 소셜 미디어는 이용자가 급격히 증가하며 성장했다. 온라인 여론 형성 과정에서 SNS는 다른 사람들이 무엇을 생각하는지 신속하게 알게 하였고, 공중이 손쉽게 상호 작용할 수 있게 하였다. 또 소셜 미디어와 인터넷 미디어는 정치 지도자들에게 공중과 직접적인 소통을 가능하게 해 주는 다양한 채널을 제공하여, 유권자의 의견을 실시간으로 파악하는 여론 수렴의 기술적 도구로 활용할 수 있게 하였다. 이런 식으로 인터넷 기반의 미디어는 여론이 다수의 개인 의견을 수렴하거나 광범위한 지리적 영역에 산재한 공중을 아우를 수 있게 하였다. 물론 21세기에도 여전히 여론 형성 과정에서 기존의 매스 미디어가 의제 설정 기능을 수행하고 있다. 하지만 다양한 인터넷 미디어와 소셜 미디어 플랫폼은 매스 미디어가 설정한 이슈에 관하여 공중이 온라인상에서 이를 검색하고, 토론하며, 쟁점을 확산시켜 여론을 형성하는 공론장public sphere으로써 더 큰 지위를 선점해 나가고 있다.

여론은 어떤 관점에서 접근하는가에 따라 사회 전체 또는 일부 계층의 견해를 종합한 것으로 볼 수 있다. 또 여론은 많이 다르거나 반대되는 의견들을 모은 것으로 정의되기도 한다. 이처럼 여론을 바라보는 관점이 상당히 다르기는 하지만 여러 학문 분야에서 여론을 정의하는 공통적 속성이 있다. 그것은 여론 형성의 주체인 공중公衆/public과 그들의 의견意見/opinion이 포함된다는 점이다.

'공중'은 누구인가

여론을 이해하기 위해 공중의 특성을 좀 더 살펴보자. 먼저 공중으로 번역되는 영어의 '퍼블릭public'에는 다양한 의미가 있다. 의견을 형성하는 주체로 한정한다면, 공중은 "전체로서 사람들populace(특정 국가 · 지역의 전체로서 대중)"을 의미하는 것으로 볼 수 있다. 앞서 여론을 정의한 바 있는 영(Young, 1946)은 공중과 군중群衆의 차이를 논하기도 하였다. 군중은 물리적으로 면 대 면 접근할 수 있는 집단인 데 비해, 공중은 공간에 결속되지 않은 다소 무정형한 집단으로, 공간상의 접근성이 다르다고 보았다. 즉 군중은 한 번에 한 곳에만 속할 수 있으나 공중은 간접적인 심리적 관계를 공통의 관심사로 두고 있어서 동시에 여러 군데에 속할 수 있다는 점이 다르다. 따라서 '공중'이란 단어는 인구 전체를 대상으로 한다기보다는 정치 문제에 관심 있는 인구뿐만 아니라, 넓은 의미에서, 예를 들어 경제 문제, 사회 문제, 예술 문제 등 다양한 이해 집단과 이들의 관심사 및 활동 등을 포함한 집단을 모두 내포한다고 볼 수 있다.

여론 형성의 주체인 공중의 의미를 좀 더 살펴보자. 공중의 어원은 라틴어 푸블리쿠스publicus에서 나왔는데, 이는 민중people을 뜻하는 폴리쿠스policus 또는 포풀리쿠스populicus에서 유래되었다(김영석, 1996). 공중이란 불특정 다수를 뜻하는 대중大衆/mass과 달리 이성적 존재들로서 이슈를 중심으로 형성된 집단이며, 특정 시간에 특정 장소를 함께 점유하지 않고 분산되어 있으나 다양한 커뮤니케이션 수단을 통해 연결될 수 있는 사람들이다.

특히 대중과 공중의 차이점은, 대중은 일시적이며 충동적인 데 반해, 공중은 감정적인 강렬함이나 충동성을 잘 보이지 않는다는 것이다. 대중 속에서는 기대감, 열정, 흥분 등이 나타나지만, 공중 안에는 흥분과 긴장이 부재하며 분산된 집단으로서 신중한 경향이 있다. 따라서 공중은 좀 더 이성적, 합리적 판단이 가능한 존재로서 간주한다. 허버트 블루머Herbert Blumer(1946)에 따르면, 공중은 단일한 실체가 아니라 공통의 관심을 가지고 상호작용하면서 공통의 이익을 추구하는 개인들의 집합체다. 문제는 공중의 실체를 확인하기 어렵고, 특정 이슈가 생겨야 그와 연관된 공중이 나타난다는 점이다. 즉 공중은 다양한 이슈를 중심으로 형성되므로 한 사회에서도 각기 다른 이슈에 따라 다양한 공중이 존재할 수 있고, 공중에 속하는 한 개인은 자신의 성향과 관심사에 따라 다른 이슈들에 공중의 일원으로서 참여할 수도 있다.

이처럼 공중은 군중이나 대중과 비교되어 논의되어 왔다. 군중이 개인의 익명성을 토대로 자제심이 느슨하고, 타인의 감정과 행동을 모방하면서 감정적으로 쉽게 동요하며, 어떠한 행동 패턴이 급속히 전염되어 행동의 일치를 보인다고 한다면, 공중은 특정 이슈에 대해 다양한 의견을 형성하고, 대립하기도 하며 토론을 중시하는 경향이 있다. 공중은 특히 이성을 바탕으로 이견을 조정하거나 어떤 이슈를 중심으로 토론에 참여하기도 한다. 공중의 의견을 모은 여론은 이슈에 따라 고정되어 있지 않고, 토론과 논쟁을 통해 늘 변화할 수 있다는 특성이 있다.

공중이 갖는 의견opinion이란 "특정한 사안에 대한 하나의 견해, 판단, 또는 마음에 형성된 평가"이며, "확실한 지식보다는 약하고 인상보다는 강한 신념"이라는 뜻과 "일반적으로 갖는 견해," 그리고 "공식적인 판단의 표현 또는 전문가에 의한 조언" 등이라는 사전적 의미를 담고 있다(Merriam Webster). 여론과 관련해 공중의 의견은 대상에 대한 규범적이고 실용적인 판단이다. 공중과 의견에 대한 다양한 개념 정의를 토대로 여론에 관한 정의를 종합해 보면, 여론은 특정한 주제나 사안에 대한 개인들의 견해나 태도, 신념 등의 집합체이며, 커뮤니티의 상당한 비율을 차지하는 사람들이 표현한 의견 결집체라고 할 수 있다.

이러한 측면에서 오늘날 여론의 가장 일반적 개념은 '개인들의 의견이 직접적으로 모인 총합'이나 '여론 조사가 측정하고자 하는 것'과 동일시되기도 한다. 빈센트 프라이스Vincent Price(1992)는 다원적 민주주의 사회의 여론 형성 주체로서 현대적 의미의 공중을 (1) 정치 공동체에 소속된 전체 인구, (2) 유권자 집단(투표권을 가진 집단), (3) 관심 공중(공적 문제와 관심을 가진 집단), (4) 적극적 공중(공적 문제에 대해 타인과 적극적으로 토론하며 정치 집회에 참석하는 집단), (5) 쟁점 공중(구체적 공적 문제에 직접 관련된 집단)으로 구분하였다(Price, 1992: 36~43). 그는 사회학적 개념인 공중을 다소 느슨하게 조직화된 집단으로 보았으며, 이슈를 둘러싼 토론 과정에서 일어나는 집합체로서 대중과 구분하였다. 그는 공중이란 용어가 때때로 수용자audience나 추종자처럼 여겨진다고도 했는데, 예를 들어 '골프를 치는 공중the golfing public,' '영화를 보러 가는 공중the movie-going public' 등이나, '연예계 유명인의 팬들her adoring public'을 지칭할 때도 공중이란 단어를 사용한다는 점을 예시하였다. 그러나 여론과 관련해서 프라이스는 공중의 개념을 더 확실하게 구별할 수 있도록, 공적 이슈와 공적 문제 affairs(사안들)에 대하여 일반적인 불일치 또는 공유된 관심사 문제를 가진 집단으로 한정하여 사용하였다.

반면에 언론인 출신인 빌 코바치Bill Kovach와 톰 로젠스틸Tom Rosenstiel(2001: 28)은 공중연동이론을 통해 공중이란 개인이 사회 이슈의 성격에 따라 '개입하는 공중involved public,' '관심을 가진 공중interested public,' '무관심한 공중uninterested public'으로 나뉜다고 주장하였다. 그들은 모든 문제에는 공중 참여의 세 가지 단계가 있으며, 각 단계는 한층 더 복잡하다고 보았다. 먼저 '개입하는 공중'은 어느 이슈에 개인적인 이해관계가 있으며 그 이슈를 깊이 이해하고 있다. '관심을 가진 공중'은 어떤 문제에 대해 직접적인 역할은 하지 않지만, 그 이슈에 영향을 받고 체험함으로써 직접 얻은 것에 반응한다. 그리고 '무관심한 공중'이란 이슈에 거의 주의를 기울이지 않으며, 어쩌다 관심을 가지더라도 다른 사람들에 의해 논의의 윤곽이 드러난 뒤에야 참여한다.

코바치와 로젠스틸은 사회 이슈가 발생할 상황에서 누구나 그 문제에 따라 세 단계의 공중 유형 중 어느 하나에 속한다는 점을 강조하였다. 예를 들면, 자동차 공장에서 일하는 노동자는 농업 정책이나 외교 및 국제 관계에 관하여 거의 신경을 쓰지 않지만, 작업장의 안전에 관해서나 임금 단체 교섭 협상과 관련한 뉴스에 관해서는 상당한 관심을 보일 것이다. 이들은 교육 문제에 관해서 어느 정도의 관심을 가질 수도 있다. 또 이들은 자신이 관여하는 것에 대해 폭넓은 지식과 경험을 지니고 있으므로, 어떤 이슈에 대해서는 '개입하는 공중'이자 다른 문제에 대해서는 '관심을 가진 공중'이며, 또 그 밖의 문제에 대해서는 냉담하거나 지식이 없으며 관심이 없을 수 있다(Kovach & Rosenstiel, 2001: 43~44).

공중의 유형이 어떻게 분류되든 간에 주목해야 할 점은 사회적 이슈별로 그 특성이 달라질 수 있다는 것이다. 특히 다변화된 현대 사회에서 개인들은 각기 다른 사회적 집단에 소속될 수 있으며, 정치·사회적 이슈별로 다른 공중 집단에 소속되어 다른 의견을 개진할 수도 있다. 무엇보다 다층화된 공중은 이슈별로 상호 밀접한 관련을 맺는다.

현대 사회 공중으로서 시민들은 더 많은 미디어와 정보를 접하게 되면서 과거의 공중보다 활발한 토론과 숙의deliberation 과정을 현실 세계뿐만 아니라 인터넷을 통한 가상 세계에서도 능동적으로 경험할 수 있게 되었다. 특히 21세기 공중은 매스미디어를 통하지 않고도 능동적으로 공적인 사회 이슈나 정보를 검색하고, 상호 간에 쉽게 소통할 수 있는 인터넷과 소셜 미디어를 통해 숙의 민주주의deliberative democracy에 참여하게 된 것이다. 이는 공중이 온라인상에서도 토론 및 숙의 과정을 거친다면 더 합리적인 여론이 형성될 기반이 조성될 수 있다는 전제를 내포한다. 이에 따라 더 많은 시민이 '관심 있는 공중' 또는 적극적으로 '개입하는 공중'이 되어 합리적인 여론을 형성해 나갈 수 있음을 시사한다.

공중연동이론과 공중에 대한 논의를 종합해 보면 공중은 조직되어 있지 않으며, 항상 일치하지도 않고, 자의식을 갖고 있으나 관심과 개입 차원에서 중심과 주변 구성원으로 나눌 수 있다. 또 특정한 주제에 관심을 공유하는 분산된 집단의 사람들도 공중으로 간주한다. 그러나 이러한 구분 자체는 여론을 조성하는 주체로서 공중을 지나치게 이상적으로만 본 것이기 때문에 특정한 이슈에 대한 사회구성원들의 불완전한 이해와 의견, 판단이라는 여론의 현실적 문제들은 설명하기 어렵다. 더욱이 앞서 살펴본 대로 다양한 의미를 가진 '퍼블릭'의 뜻을 고려한다면 여론과 관련해 공중을 단지 대중이나 군중과 구분하여 마치 공중은 항상 이성적이고 합리적으로 판단하는 집단처럼 한정 짓는 정의는 다소 문제가 있어 보인다. 왜냐하면 여론을 구성하는 사회구성원으로서 공중은 실제로 어떤 주제에 관한 지식이 거의 없음에도 예외 없이 해당 주제에 대한 비이성적인 판단을 확고하게 내리기도 하기 때문이다. 이러한 점을 간파한 에드워드 버네이스Edward Bernays(1923)는 다음과 같이 말했다.

> 평범한 사람들도 아주 다양하고 복잡하며 어려운 주제에 관한 매우 확고한 판단을 하는 경향이 있으며, 이러한 견해의 대부분은 합리적인 근거가 없는 것이다. 그 이유는 이 견해는 대부분 아직 전문가도 해결하지 못한 문제들에 관한 것이기 때문이다. 즉 잘 모르는 문제에 대해서도 공중은 종종 최종적 결론을 내리려고 한다.
> (Bernays, 1923: 83~84)

이런 차원에서 공중을 지나치게 이성적, 합리적 존재로만 규정하는 개념 정의는 다소 편협한 진술일 수도 있다.

현대적 의미에서 공중은 사회구성원들의 집합체로서, 단일 실체가 아니라 공통의 관심을 가지고 상호 작용하면서 공통의 이익을 추구하는 개인들의 집합체라는 측면이 있다. 문제는 공중의 실체를 확인하거나 집합체 의견의 실체를 파악하기가 어렵다는 점이다(이종혁 · 윤호영, 2019: 1~2). 실제로 현대 사회에서 공중은 종종 군중보다는 대중으로 바뀔 위험성도 있다. 블루머(Blumer, 1946)는 일찍이 익명의 개인들로 구성된 대중은 모든 계층을 포함할 정도로 규모가 크고 상호 작용이 거의 없으며, 지리적으로 산재한 이질적 집단이라고 보았다. 더욱이 현대 사회에서 개인의 관심사는 다양해지고 미디어를 통해 현실을 간접적으로 이해하는 일이 보편화되고 있어 대중은 언론을 통해 공적, 사회적 이슈를 접하고 이에 동의하거나 분노하기도 하지만, 다른 사람들과 이슈를 토론하거나 해결책을 찾는 데 참여하는 경우는 많지 않다.

이에 반해 공중은 누구나 접근할 수 있게끔 공개되고 개방된 사안, 또는 개인의 취향이 아닌 다수 일반의 관심을 끄는 사안에 관해 공적인 의견을 가진 사람들이나 집단으로 이해될 수 있다. 물론, 특정 사안에 대한 공중과 군중, 대중의 의견을 구별하기란 매우 난처한 일이며, 군중의 감정 공유 특성 못지않게 공중의 의견 불일치에도 감정이 담겨 있음을 배제할 수 없다. 아울러 공중이 이성적 판단을 통해 개인적 의견을 교환하고 논리적 토론을 바탕으로 형성될 것이라는 주장은 다원화된 현대 사회의 다양한 구성원들의 특성을 고려할 때 반드시 그러하지 못하기 때문에 공중을 이성적 존재로서만 단정 짓기에는 한계가 있다.

‘여론’ 이전의 여론

여론이라는 용어는 18세기 이전까지는 사용되지 않았으나 여론과 유사한 현상은 인류 역사 여러 시대에서 찾아볼 수가 있다. 고대 바빌로니아와 아시리아 역사에서도 통치자인 칼리프가 변장해서 백성들이 통치자에 대해 무슨 말을 하는지 들었다. 고대 이스라엘의 선지자들도 종종 백성에 대한 정부 정책을 정당화하고, 때로는 사람들에게 정부를 반대하도록 설득하기도 했다. 동서양을 막론하고 근대 이전의 정치사상에는 일반 시민의 생각이나 이와 유사한 관념이 등장했다. 하지만 대부분 통치자가 성공적으로 통치하기 위해 참고하거나 포섭하기 위해서였으며, 오늘날 여론의 개념과는 거리가 멀다(손영준, 2006).

플라톤Plato은 여론에 가치를 별로 두지 않았는데, 철학자와 왕의 지혜가 일반 대중이 갖는 지식과 지적 능력을 훨씬 더 능가하기 때문에, 사회는 이들에 의해 통치되어야 한다고 믿었다. 플라톤은 민주 정치를 경시하고 철인哲人 정치를 주장했다. 그는 일반 시민이 사회의 여러 문제를 진단하고 해결하기에는 지적, 철학적 능력이 부족하므로 소수 엘리트가 통치해야 한다고 강조하였다. 반면에 아리스토텔레스Aristotle는 시민의 집단 감정이 사회적 상식으로 작용해 정치 문제에 이바지할 수 있다고 인정하였다. 하지만 그도 시민의 감정은 가변적이고 우연적이라고 생각했으므로 통치자의 덕목을 강조하였다(손영준, 2006: 416). 아리스토텔레스는 “사람들의 지지를 잃은 자는 더는 왕이 아니다”라고 하였으나 그가 생각한 공중이란 당시 아테네의 자유로운 성인 남성만을 가리켰다(Britannica Encyclopedia).

한편, 중세 서양에서는 ‘민중의 소리가 곧 신의 소리Vox

Populi, Vox Dei'라고 했으며 동양에서는 '민심은 천심民心卽天心'이라고 하여 여론의 중요성을 통치자에게 강조했다. 유럽의 전통 사회에서 대다수 사람의 행동과 태도는 그들의 사회적 위치에 종속되었다. 그렇지만 여론과 같은 현상은 종교적, 지적, 정치적 엘리트 사이에서 여전히 나타났다. 1191년 중세 영국의 정치인이자 성직자였던 윌리엄 롱챔프William Longchamp는 정적에게 대중을 선동한다며 공격을 받았다. 음유시인을 고용해서 공공장소에서 많은 사람에게 자신의 치적을 찬양하고, 마치 그의 맞수가 지구상에 존재하지 않는 듯 퍼뜨리도록 주동했다는 것이다. 또 황제와 교황 사이의 선전propaganda 전쟁은 주로 설교 또는 수기로 쓴 문헌 등을 통해 나타나기도 하였다.

13세기 말부터 평민의 일반 교육 수준도 점차 높아졌으며, 특정 계급이 꾸준히 증가했다. 이탈리아에서는 인본주의가 부상하면서 소유지의 통치를 강화하려는 왕자들이 작가를 많이 고용하기 시작했다. 어떤 작가는 고문이나 외교관으로 종사하거나, 레토릭을 잘 활용하는 능력으로 홍보 담당자publicists로 고용되기도 하였다. 이러한 시기에 등장한 이탈리아의 정치철학자 니콜로 마키아벨리Niccolo Machiavelli는 왕자들이 관직을 배분하는 문제에 대중의 의견을 무시해서는 안 된다고 했다.

15세기에 인쇄기가 발명되었고, 16세기 종교 개혁을 거치면서 당면한 이슈에 관하여 의견을 갖거나 표현하는 이들이 더욱 늘었다. 독일의 신부이자 학자인 마르틴 루터Martin Luther는 당대 식자층만 알 수 있는 고전 라틴어 대신 교육받지 못한 평민을 위해 독일어로 설교하고 집필하면서 대중에게 향했고 인본주의자들과 갈라섰다. 그의 '95개조 반박문Ninety-five Theses'

은 전 유럽으로 배포되었는데, 그의 비판은 중요 사안에 의견을 나누는 더욱 큰 집단을 형성하는 데 이바지했다. 유럽이 30년 전쟁(1618~1648)을 치르는 동안 나타난 다양한 사안은 여론을 창출하거나 여론에 영향을 미쳤으며, 연설, 설교, 면 대 면 토론 등의 방법을 통해 여러 의견이 오갔다. 몇몇 공직자나 종교 지도자는 엄격한 검열을 통해 자신들의 뜻에 반하는 사상을 배포하는 것을 통제하고자 하였다. 프랑스의 샤를 9세는 1563년에 왕의 특별한 허가 없이는 아무것도 인쇄할 수 없다고 명하기도 하였다.

여론 형성에 영향을 미치는 연설이나 설교, 면 대 면 토론과는 달리, 조용하지만 일상생활에서 공중에게 정보를 전달할 수 있는 의미 있는 정보 배포 수단들이 유럽 국가에서 등장하게 되었다. 정규 우편 서비스는 1464년에 프랑스에서, 1490년에는 오스트리아 제국에서 시작되었는데, 엄청난 정브의 확산을 촉진했다. 초보적인 형태의 사적 뉴스 서비스가 정쿠 당국과 부유한 상인들에 의해 유지되었으나 일반 공중은 이용할 수 없었다. 비록 빈번한 검열로 제약을 받았지만, 1600년경에 정기적으로 발행된 신문이 처음 등장했으며 그 후 신문이 급격히 증가하였다. 17세기에는 일종의 신문사가 유럽 도시를 증심으로 등장하기 시작했다. 특히 벨기에 앤트워프, 독일 프랑크푸르트, 네덜란드 암스테르담, 영국 런던, 프랑스 리옹 등 환전거래소를 설립하려는 도시에서 신문사가 늘어났다. 정치나 경제와 관련된 모든 정보가 무역의 주 무대인 이들 도시에 집중되었고 이러한 정보는 신문사들을 통해 은행 등의 경제 집단에 영향을 주었다.

여론은 무엇으로 구성되는가

여론을 구성하는 세 가지 주요 요소로는 여론 형성의 주체인 '공중'과 여론의 대상인 '이슈,' 그리고 이슈에 대한 공중의 표출된 반응인 '의견'을 들 수 있다. 여기서는 이슈의 특성과 의견 형성 과정을 간단히 살펴보고자 한다. 학자들은 공중을 어떻게 규정하는가에 상관없이 한 현상이 여론으로서 산정되기 위해서는 적어도 다음 네 가지 조건을 충족해야 한다는 점에 동의한다.

> 첫째, 이슈가 있어야 한다.
> 둘째, 그 이슈에 관해 의견을 표현할 수많은 개인 또는 공통적 관심을 가진 집단이 있어야 한다.
> 셋째, 적어도 이러한 의견들은 일종의 합의를 반영해야만 한다.
> 넷째, 이러한 합의는 직접적이거나 간접적으로 어떠한 영향력을 행사해야 한다.

이러한 조건에 대하여 좀 더 상세히 살펴보자. 첫째, 여론은 모두 또는 적어도 다수의 사람에게 수용되는 이슈가 있어야 한다. 여론은 대체로 하나의 이슈를 중심으로 형성되는데, 그 이슈는 공통의 관심사이거나 공동의 이익과 관련된 것이며 사람들의 관심을 끄는 논쟁적 성격을 갖는다. 다시 말하면, 여론이 형성되는 주변의 문제 또는 이슈는 집단 다수의 문제여야 여론을 형성할 수가 있다. 다음으로 여론은 사회구성원 집단의 다수 의견과 동화되고 조합되는 특성을 갖는다. 이러한 주요 특성은 여론이 사회 집단에서 공통적으로 수용된다는 점이다. 즉 여론을 형성하는 주체로서 주어진 쟁점에 관해 공통적 관심을 가진 개인과 집단이 있어야 하는데, 여기서 집단은 쟁점을 인식할 수 있으며 쟁점에 영향받는 사람들이다. 그렇다고 여론이 소수의 몇몇 사람들에 의해 형성되지는 않으며, 반대로 집단구성원 전원의 만장일치를 요구하지도 않는다. 어떤 이슈에 관해 공통된 관심을 가진 집합적 집단이 여론을 형성하는 주체라면 이들은 그 이슈를 인식할 수 있으며, 이를 통해 영향받게 된다. 각 개인은 일정한 시간에 특정한 집단의 일원이 되기도 하지만, 또 다른 집단의 구성원이 될 수도 있으므로 다양한 쟁점에 대하여 선택적 반응을 보이기도 한다(박무익 · 이계오 · 이기재, 2017: 6).

한편, 여론은 특정한 이슈를 중심으로 개인들이 가진 의견이 집합되어 공존하는데, 이러한 특성으로 방향성과 강도의 차원에서 여론을 분석할 수 있다. 여론의 '방향성'이란 이슈에 대한 찬성과 반대를 표하는 것이며, 이는 쟁점에 동의하거나 동의하지 않는 감정적, 정서적 성질을 내포한다. '강도'란 의견의 소유자가 의견에 대해 느끼는 확신의 정도를 의미한다(원우현 · 박종민, 2000: 10~11). 아울러 여론은 집단의 사회적이고 문화적 일치(합의)에 근거하며, 일시적이지 않고, 군중처럼 무질서하지 않다. 여론은 집단처럼 조직되며 특정 기간에 지속될 수 있다.

그러나 여론은 또한 변화하기 쉽다. 여론을 형성하는 과정에는 직접적이고 간접적인 커뮤니케이션 수단이 필수적이다.

여론은 그 형성 과정에서 표현되어야 하며, 자유로운 커뮤니케이션을 전제로 하고 있어 표현된 의견은 다른 사람들의 의견에 영향을 미칠 수 있다. 즉 어떤 특정한 장소나 대면 접촉 없이도 전개될 수 있는 여론은 정치적, 경제적, 사회적, 종교적 이슈처럼 상호 다른 문제로 커질 수 있다. 여론은 공중 간에 직접 접촉을 가능케 하고, 크고 공식적인 정당과 언론, 라디오와 TV처럼 특정 관례와 목적을 지닌 기관과 집단이 연관되기 때문에 효과적일 수 있다.

한편, 국민이 주권을 지닌 현대 민주주의 사회에서 여론은 합법적 권력 행사의 토대가 된다(윤석민, 2011: 462). 공중의 의견으로서 여론은 사회구성원이 공적 이슈에 관심을 가지고 특정한 주제에 대하여 인식하고 이해하며 이를 평가한 내용을 언어적으로 표출한 것이다. 하지만 여론은 소통 과정을 통해 형성되며 정치적으로 중요한 의미를 지니는 사회구성원의 공통된 의견으로서, 그 영향력이 단지 정치와 선거에만 국한되지는 않는다. 물론 정부와 정치, 선거와 관련한 이슈에 대한 여론은 특히 중요하지만, 문화와 패션, 문학과 예술, 소비자의 지출과 마케팅 및 홍보 영역 등에서도 여론은 강력한 영향력을 갖고 있다.

이처럼 광범위한 영역에서 여론의 영향력에도 불구하고 현대 사회에서 구성원 개개인들의 의견을 파악하기란 쉽지 않다. 특정 이슈가 발생하여 관련 공중이 형성된다고 하더라도 이들이 상호 작용하면서 어떠한 방식으로 의견을 표출하는지 여론의 형성 과정을 구체적으로 확인하기란 어렵다. 따라서 여론에 영향을 미치고자 하는 목적을 가진 이들은 이론적 이슈보다는 실질적 여론 형성 과정에 관심을 더 둔다. 예를 들어, 정치인과 홍보 전문가는 여론 조사를 통해 투표나 구매 결정에 영향을 미칠 구체적 방법들을 추구한다. 즉 여론을 조사해 봄으로써 공중의 행위에 영향을 미칠 수 있는 바람직한 태도나 의견을 결정하고자 하는 경향이 있다.

여론을 구성하는 요소 가운데 특히 이슈는 여론이 '무엇에 대한 것'인지를 의미한다. 특정한 이슈는 대개 다양한 하위 이슈를 포함하고 있어 여러 미디어를 통해 이슈가 전달되고 확산하는 특성이 있다. 또 특정한 공적 이슈는 시간에 따라 발생한 이후에 성장하고 쇠퇴하는 역동적 흐름을 가진다. 미디어가 전달하는 주요 이슈는 궁극적으로 공중이 이해하고 평가하게 되는 여론의 재료가 된다. 따라서 여론은 특정 이슈가 발생하지 않으면 형성되지 않기 때문에 이슈의 특성이 무엇인지 먼저 살펴봐야 한다.

여기서 주목할 사항은 모든 뉴스나 공적 사안이 여론의 이슈로 부상하지는 않는다는 점이다. 또 특정 이슈가 많은 사회구성원의 관심을 받아야 여론으로 조성될 수 있다. 어떤 이슈는 공중의 관심을 별로 받지 못하지만, 어떤 이슈는 공중에게 중요한 사안으로 여론 형성에 실마리를 제공한다. 즉 이슈의 중요성과 성격에 따라 사회구성원 전체로 이슈가 확산하거나 그렇지 못한 사안이 있는 것이다.

여론을 조성하는 이슈의 전파 속도에 영향을 미치는 요인으로는 이슈 내용의 현저성salience과 뉴스 가치news values를 들 수 있다. 현저성이란 특정한 이슈나 뉴스가 국민에게 관심을 일으키는 폭과 강도를 의미한다. 이슈의 현저성이 높을수록 전 국민이 관심을 갖게 되며, 관심의 폭이 클수록 이슈의 확산 속도를 가속화할 수 있다. 특정한 이슈가 담고 있는 뉴스 가치 중 일탈deviance과 사회적 중요성social significance은 사람들이 뉴스에 관심을 갖게 한다. 일탈이란 기존 관행에서 벗어나고 규범을 위협하는 정도를 의미하며, 사회적 중요성은 정치, 경제, 사회, 문화 영역에서 구성원들이 중요하게 여기는 정도를 의미한다(Shoemaker & Cohen, 2006). 미디어 사회학자 데이비드 슈메이커 David Shoemaker(1996)는 일탈과 사회적 중요성이 있는 뉴스가 사람의 관심을 끈다고 했다. 사회적 중요성은 공중이 자신이 속한 사회에서 전통과 교육 등의 사회화 과정을 겪으면서 학습한 결과로 발생한다(이종혁 · 윤호영, 2019: 9～11).

여론의 재료로서 이슈는 미디어가 선택해서 공중에게 제시하는 의제 설정 기능agenda setting function에 따라 사회적 중요성을 부여하기도 한다. 사회적 중요성 이외에도 뉴스 가치로 시의성, 영향성, 저명성, 심층성, 갈등성, 참신성, 근접성, 인간적 흥미 등이 있다. 비록 특정 사안이 여러 뉴스 가치를 담고 있다고 해도, 항상 국민적 관심과 여론을 형성하는 논쟁거리가 되지는 않는다. 이슈는 무엇보다 내재한 뉴스 가치 중에 국민적 관심도가 높고, 사회적 중요성 정도가 공중에게 크다고 여겨져야 한다. 이때 뉴스 미디어는 특정 이슈를 집중적으로 보도함으로써 이슈의 현저성과 중요성을 창출하고, 이슈에 대한 보도 횟수를 늘리며 관련 기사를 1면 등 중요한 위치에 게재하는 방식을 동원한다(임종섭, 2011). 요컨대, 언론사들은 특정한 뉴스에 관한 공중의 관심을 끌기 위해 의제 설정 기능을 통해 해당 이슈의 중요성을 부각하고, 수용자의 관심도를 높여 여론이 형성될 수 있도록 여론 조성 환경을 만드는 것이라고 볼 수 있다.

이슈는 일반적으로 뉴스 미디어에서 수용자로 흘러간다. 이슈의 확산은 소수의 오피니언 리더opinion leader의 역할보다 다양한 사람들의 소규모 매개와 재매개를 통해 우발적으로 발생하는 경향이 있다. 예를 들어, 전 세계적으로 영향을 미친 코로나19 감염에 대한 이슈 확산은 개인 간 우발적 접촉을 통해 곳곳에서 나타나며 한순간에 대규모로 확대될 수 있다. 이는 이슈의 흐름이 반드시 뉴스 미디어에서 수용자에게 일방적으로 이뤄지지 않음을 시사한다(Watts, 2007).

여론 형성의 과정은 이슈가 생성하고 성장하며, 소멸하는 것으로 단순화할 수도 있다. 하지만 이슈와 여론을 형성하는 주체인 공중의 역할을 살펴보기 위해 다음과 같이 구분할 수 있다.

(1) 이슈 생성 단계

(2) 이슈의 문제시화 단계

(3) 공중의 토론 및 대안 형성 단계

(4) 공중의 의견 형성 단계

먼저 여론이 형성되는 가장 기본적인 첫 단계는 이슈 생성 단계다. 여론의 재료로서 이슈는 어떤 사회든 구성원이 관심을 가지게 되는 공적인 문제 혹은 쟁점이라는 다양한 사안으로 존재한다. 여기서 사회란 가정, 기업, 종교 단체, 교육 기관, 정부, 정당 등 구체적이고 개별적인 사회 기관을 포괄하는 제도를 말하는데, 여론은 이러한 크고 작은 사회를 구성하는 집단에 의해 걸러지고 변형된다. 사회 집단에는 또한 정치적 집단, 경제적 집단, 도덕적·의식적 집단, 예술적·오락적 집단, 친족 집단 등이 있다(이동근, 2015).

다음으로 이슈의 문제시화 단계에서 이슈들을 발굴하는 역할은 대부분 언론이 수행하고 있다. 오늘날 언론이 만족시켜 주는 대중의 요구는 뉴스에 대한 요구가 지배적이다. 언론은 뉴스 기사를 선별하여 이슈를 문제화하면서 공중의 관심을 불러일으킨다. 언론은 객관 보도, 공정 보도를 통해 사안과 쟁점을 신속하게 전달하고, 의미를 해석해 주며 의제를 설정하는 기능을 수행한다. 언론은 이처럼 공중에게 중요한 사안이 무엇인가를 알려줌으로써 공중이 의제와 관련해 구성원 간 상호 의사를 교환할 수 있도록 하는 역할을 한다.

세 번째 여론 형성의 단계는 공중의 토론과 의견 형성 과정이다. 이 단계에서는 언론이 설정한 의제에 관하여 관심을 가진 공중은 자율적으로 생각하며 공적 토론에 참여하는데 온라인과 현실상에서 토론을 벌이게 되며, 대안이 형성되기도 한다. 공중의 토론 과정에서 상당수의 사회구성원이 특정한 이슈에 관해 전부 의견을 갖고 있지는 못하더라도 최소한 그 이슈에 관하여 인지할 수 있게 된다.

마지막으로 공중의 의견 형성 단계에서는 언론이 보도한 뉴스를 통해 특정 이슈에 대하여 공중은 개인적인 판단을 내리거나 자신이 속한 집단의 견해를 수용하기도 한다. 특정한 이슈에 관해 공중은 합리적인 판단뿐만 아니라 개인의 신념과 취향 또는 소속 집단의 다양한 정서적 요인들도 고려해 여론에 대한 의견을 형성하기도 한다.

한편 여론은 고정된 집단적 생각이나 단순히 사회구성원 의견의 총합이 아니다. 시시각각 변화하는 유기체적 특성을 가진 여론은 종종 개인의 생각이 집단의 생각으로 발전하기도 한다. 그런데 어떤 사안에 관해 사회구성원인 개인이나 집단이 가진 생각과 의견을 정확히 파악하는 데는 현실적인 한계가 있다. 왜냐하면 특정 이슈와 주어진 상황에 따라 각기 개별적인 여론의 주체인 대중의 마음이 고정 관념으로 완고한 듯하면서도 외부적 환경 변화나 오피니언 리더의 설득력 있는 주장에 따라 흔들리기도 하기 때문이다. 특히 공중의 이해관계에 따라 집단 내에서도 뚜렷한 생각의 차이가 발생하고 경쟁적 관계가 나타나기도 한다. 예를 들어, 기업의 경영진과 노동조합에 속한 노동자의 관계를 보면 기업과 관련된 정부 정책에 노사가 유사한 입장을 가질 수도 있고 전혀 다른 견해를 주장할 수도 있을 것이다.

여론에 영향을 미치는 요인

여론에 영향을 미치는 많은 요소가 있지만, 무엇보다 환경적 측면에서 우리의 생각과 의견에 영향을 미치는 사회문화적 조건을 강조하지 않을 수 없다. 특정한 한 사회의 문화는 인간의 사회적 교류를 허용하고 개인의 역동적 삶을 보장하는데, 특히 개인이 일상생활을 영위하는 데 문화적 요소인 가치와 신화, 전통, 그 밖에 인간이 창조한 모든 산물과 관련된 총체적 양식은 개인의 태도나 의견 형성에 지대한 영향을 미친다. 문화는 대부분 후천적으로 습득되면서 기술의 혁신과 사상의 교류로 하나의 문화권 내에서도 특정한 문화 양식에 의해 지배받지 않는다. 또, 문화적 다양성이 증가함에 따라 개인의 태도나 의견의 수용 범위가 넓어지고 있다. 아울러 사회구성원들은 여러 유형의 집단생활을 통해 태도나 가치, 의견 형성에 상호 영향을 미치고 특정 의견을 공유하기도 한다(이동근, 2015).

특히 사회적 환경 요인은 여론과 태도의 발전에 중요한 역할을 한다. 가장 흔한 것은 가족이나 친구, 이웃, 직장, 종교적 공동체, 학교 등 사회적 환경의 영향이다. 사람들은 대개 자신이 속한 사회적 집단에 가장 널리 퍼져 있는 의견들에 따르기 위해 자신의 태도를 조정한다. 사람들의 태도는 여론의 구성요소로서 가치와 의견 사이의 중간적 위치를 차지한다. 사회구성원이 아무리 강한 태도를 지니고 있더라도 한 개인이 지배적인 사고에 도전하는 새로운 사실이나 관점을 배우게 된다면, 이전에 가졌던 강한 태도는 변화할 수 있다. 특별히 자신이 존경하는 사람들이 견지하는 여론과 반대되는 견해를 배우게 될 때 이러한 태도 변화가 발생하기 쉽다.

개인이 보유한 가치values 역시 여론에 영향을 미치는 중요한 개념 중 하나다. 가치는 사람들이 특정한 주제에 의견을 형성할 것인지를 결정하는 데 영향을 줄 수 있다. 일반적으로 사람들은 자신의 가치에 따라 그 의견을 개진하고 싶을 때 의견을 형성하는 경향이 있다. 프랜시스 윌슨Francis Wilson(2013)은 《여론의 이론*A Theory of Public Opinion*》(초판 1962)에서 여론 형성에 영향을 미치는 주요 요인을 규명한 바 있다. 그는 의견이란 본질적으로 태도의 문제이고, 태도는 특정한 감정과 정서가 일관되게 나타나는 구조라고 보았다. 여론에 대한 개념은 시민, 또는 공중에게서 나온 것이며, 의견을 가진 공중이 정치적 통제의 한 요인이라고 주장하였다. 그러나 다수의 의견이 항상 여론과 같은 것은 아니며, 여론은 다수의 의견과 소수의 의견을 모두 포함한다. 여론은 대체로 논쟁적이고 이슈에 따라 강도가 오르내리는 경향이 있으며, 영속적이기도 하고 유동적이기도 하다. 따라서 다양한 가치를 보유한 사회구성원의 조직되고 통일된 여론이 존재했던 적은 찾아보기 힘들다.

여론 형성에 영향을 미치는 주요 요소로서 인간 행동의 가치는 의견의 정확함과 의견이 다루는 주제의 중요성에 의존한다. 이때 관습과 종교는 우리의 의무에 대한 개념을 왜곡시키는 주요한 힘이며, 유일하고 가치 있는 의견은 미신(맹신)이나 관습으로부터 자유로운 것들이다. 여론은 사람들 가슴에 근원을 두지만 그 출처는 이성에 토대를 둔다. 이는 일시적인 흥분이나 순간의 지나가는 열정이라기보다 천천히 형성되는 확신을 표현한 것이다. 여론은 단순한 공중의 감정과는 다르게 지적인 활동의 산물이다. 하지만 사회문화적인 전통은 가치 판단을 함축하고, 일종의 진실을 담보하고 있다. 또 이성적 판단을 향한 여론의 진화를 믿는 사람들은 공중의 태도에 성숙한 합리성을 주장하는 민주적 전통의 공적 판단 기준을 영속적으로 유지하고자 할 것이다. 문제는 여론이 사회 질서를 유지하고 공적 사안을 결정하는 데 맥락을 형성하는 전통적이고 기본적인 가치를 과연 얼마나 포함하고 있느냐는 것이다(Wilson, 2013: 97~102).

개인이 지닌 여러 가치는 생애 초기에 채택되는데, 대부분 부모와 학교로부터 유래한다. 한 가정의 구성원은 유사한 환경적 요인의 영향권 아래에 있으며, 부모는 의식적으로나 무의식적으로 자녀에게 자신의 견해를 주입하고, 충고나 가르침 형태로 자신의 가치와 신념을 자녀에게 심어 준다. 사회화 과정이란 특정 사회에서 다른 사람들과 잘 어울려 지낼 수 있도록 집단생활에 필요한 기초적인 태도나 신념, 사상이나 행동 등을 배워 가는 과정이다. 삶의 초기 과정에 있어 사회화는 대개 가정에서 이루어진다. 부모의 의견이 다른 사람의 의견과 다를지라도 자녀가 어릴 때는 부모의 영향이 가장 클 수 있으므로 부모의 견해를 자연스럽게 받아들일 개연성이 높다.

한 개인이 가치와 태도, 의견을 형성하는 데 학교 역시 중요한 사회 기구로서 영향을 미친다. 학교는 교육 제도를 통해 일정한 교과 과정을 제공하고, 사회구성원에게 지식과 문화적 소양, 역사와 전통 교육, 사회적, 정치적 교육 내용을 전달한다. 각 나라의 교육 제도에 따라 교육 기간은 다르다. 우리나라의 경우, 초등 교육과 중등 교육은 의무 교육으로 학생들은 교사와 학생으로부터 의식적으로나 무의식적인 영향을 받기 쉽다. 특히 학교 제도를 통해 개인은 가치나 태도가 자신과는 다른 다양한 사람들의 의견에 노출되기 시작하고, 다른 동료 학우로부터 다양한 생각과 의견을 접하게 되며, 교사로부터는 사회적, 정치적 교육과 규칙 준수를 통한 사회화 과정을 경험하게 된다. 특히 고등 교육 기간에 사회구성원은 대체로 사회 체제와 국가, 국제 질서, 문화 시민적 자질 등을 터득하고, 정치와 관련하여 자신만의 고유한 이념적 성향을 결정하기도 한다. 대중은 성인으로서 대학 교육을 통해 얻은 이념적 성향을 장기적으로 유지하기도 하는데, 정치적 효능감political efficacy과 자신감은 시민으로서의 정치적 실천으로 연결되기도 한다. 사회 주요 이슈나 정치적 현안에 관한 판단과 감각 등은 대체로 고등 교육을 통해 길러지며, 교육 과정에서 사회 공동체를 위해 책임을 다하는 시민의 역할이 강조된다.

다음으로 여론에 영향을 미치는 요소 가운데 중요한 개념 중 하나가 인간이 지닌 고정 관념이다. 일찍이 월터 리프먼Walter Lippmann은 우리가 지표면의 한정된 범위에서 일하고 살면서 제한된 사람들과 관계를 맺고 있기에 폭넓은 영향력을 갖는 공적인 사건에 대해 기껏해야 하나의 국면과 하나의 관점만을 볼 뿐이라고 판단하였다. 따라서 불가피하게 우리가 직접 관찰할 수 있는 것보다 더 넓은 공간과 더 긴 시간대, 더 많은 사물에 걸쳐 있으므로 우리의 의견은 다른 사람들이 보고한 것과 자신이 상상할 수 있는 것이 결합해 만들어진다고 역설하였다. 그에 따르면, 우리는 세상을 직접 보기 전에 먼저 들으며, 대부분의 사물을 실제로 경험하기 전에 그것을 상상한다. 따라서 교육을 통해 우리가 정확히 깨닫지 못한다면, 이러한 선입견이 지각의 전 과정을 깊숙이 지배하게 된다(Lippmann, 1922: 116~117).

실제로 어떤 사건 현장의 목격자라고 하더라도 현장의 상像을 그대로 재현할 수 없으며, 우리가 의식하는 대부분의 사실은 부분적으로 만들어진 것에 불과하다. 그런 점에서 리프먼은 사람들이 전통과 문화의 산물인 고정 관념을 통해 세상을 인식한다고 보았다. 사람들은 먼저 보고 나서 정의를 내리기보다 우리 문화가 우리를 위해 정의 내린 것을 고른다. 즉 먼저 정의를 내린 다음에 본다는 것이다. 그는 고정 관념을 "우리 머릿속 이미지(그림)"로써 묘사했는데, 공중을 구성할 정도의 큰 집단에서 그러한 그림들의 총합이 바로 여론이라고 주장하였다(Wilson, 2013: 99).

고정 관념固定觀念/stereotype이란 심리학 용어로 사람이 어떤 생각·관념을 가질 때 그것이 잘못되어 누군가를 설득하고 혹은 상황이 바뀌어도 당사자가 그 생각 또는 관념을 수정하지 않는, 지나치게 일반화되고 고착된 사고방식이다. 어떤 집단이나 사회구성원의 전형적 특징에 관한 신념이라고 정의할 수 있는 고정 관념은 사회나 인간이 지닌 도식schema에 크게 의존한다. 여기서 도식이란 어떤 대상이나 개념에 관한 조직화하고 구조화된 신념이다(한규석, 2009). 고정 관념은 세상에 대한 질서 정연하고 다소 일관성을 지닌 상像으로 우리는 습관, 취향, 능력, 위안, 희망 등을 스스로 이 상에 맞추려고 한다. 고정 관념이 세상에 대한 온전한 상은 아니지만 있을 법한 세상에 관한 상으로서 우리는 여기에 순응하고 산다. 사람들은 고정 관념을 통해 장소나 익숙한 것, 정상적인 것, 의지할 만한 것의 매력을 발견하고 익숙한 바로 그곳에 세상의 관습과 형태가 존재한다

(Lippmann, 1922/2021: 123).

고정 관념의 유형은 중립적이지 않다. 고정 관념은 우리의 자존심을 보증해 주며, 우리의 고유한 가치와 입장, 권리에 대한 감각을 세상에 투영하는 것이다. 그러므로 고정 관념은 그에 첨부된 감정으로 가득 채워져 있다. 고정 관념을 인식론적 필수 조건으로 간주한 리프먼은 다음과 같은 두 가지 이유에서 인간에게 고정 관념이 필요하다고 주장하였다. 첫째는 일상생활에서 발생하는 모든 일을 있는 그대로 상세히 이해하는 것은 소모적이므로 인간은 고정 관념을 통해 일상생활을 더 빠르고 효과적으로 이해할 수 있다고 보았다. 두 번째는 고정 관념을 통해 사물이나 생각이 인간에게 익숙해짐으로써 인간은 도전받거나 공격당하거나 가혹하게 반응할 필요가 없다는 것이다. 즉 복잡해진 현대 사회에서 실제 세상은 과거보다 감춰진 경우가 많아 잘 보이지 않고, 때로는 상상조차 할 수 없을 정도로 아주 먼 거리에 있어 실제 세상을 인식하기 위해 고정 관념은 필수 조건일 뿐만 아니라 고정 관념을 통해 편안하고 친숙해진다는 것이다. 이러한 주장은 고정 관념이 한 집단을 다른 집단과 구별하는 일종의 일반화된 신념으로서 항상 부정적일 필요는 없다는 견해와도 일맥상통한다.

고정 관념은 편견의 근거가 되기도 하는데, 대체로 세 가지 특징을 갖고 있다.

(1) 지나친 일반화overgeneralization: 대부분의 고정 관념은 한두 사람(혹은 사례)의 행태를 보고 듣고 형성된 것으로, 각 개인의 차이를

무시하고 한 집단을 지나치게 단순화시켜서 본다.

(2) 부정확하다inaccuracy: 대부분의 고정 관념은 정확하지 않다.

(3) 잘 변하지 않는다resistance to change: 자신의 고정 관념과 다른 정보를 들어도 한번 형성된 고정 관념은 잘 바뀌지 않는다.

고정 관념에 비해 편견偏見/prejudice, bias이란 어떤 집단이나 집단구성원에 대한 비합리적인 부정적 평가로 정의된다. 편견은 흔히 객관적 사실보다는 집단 소속에 근거하여 발생하며, "공정하지 못하고 한쪽으로 치우친 사고나 견해"를 말한다(현성용 외, 2008: 436). 어떤 특정한 집단이나 개인(흑인, 외국인)을 대상으로 충분한 지식이나 경험을 갖기 전에 형성된, 즉 나쁜 감정, 부정적 평가, 적대적 언동의 총체를 뜻한다. 편견은 상대방이 특정 집단의 성원이라는 이유만으로 상대방을 평가하여 지닌 태도이며 대체로 부정적인 특성을 갖는다.

편견은 대부분 부정적이며, 사람이나 집단(대상)에 대한 혐오, 차별과 밀접한 관계가 있다. 편견을 가진 사람은 그 편견으로 자존심을 보호하는 방패로 쓴다. 사람들의 정체감에는 개인으로서의 정체감과 집단으로서의 정체감이 있다. 자신이 속한 사회 범주(성, 학교, 가문, 민족, 국가 등)가 제공하는 것이 집단정체감이다. 편견을 가진 사람들은 상대 집단을 멸시, 차별함으로써 스스로 우월하게 느끼고 자신의 가치를 확인한다(한규석, 2009: 495).

편견의 특징은 다음과 같다. 첫째, 불충분하고 부정확한 근거에 기초하며, 특정 선입관에 강하게 영향을 받는 태도다. 만일 잘못된 예측을 하였지만 새로운 사실이나 증거에 기초하여 잘못을 수정할 수 있는 경우에는 그 예측을 편견이라고 할 수 없다. 그러나 편견의 경우 그 뒷받침이 되는 근거 등에 관심을 가지지 않고 새로운 정보 등의 영향도 부정하며, 고집스럽다. 둘째, 대상에 대한 가치 판단이 포함되어 있다. 즉 어떠한 가치 기준에 기초한 상태에서 실제보다 긍정적으로 높게 평가하거나 부정적으로 낮게 평가하는 태도가 나타난다. 셋째, 대다수 편견은 비논리적이고 감정적인 태도로 나타난다. 따라서 편견은 태도로서는 강고强固하며 논리적이고 현실적인 비판에 대해서는 강하게 감정적인 저항을 나타낸다. 넷째, 편견은 집단적 현상이다.

편견은 경험이나 분석 이전의 집단에 대해서 갖는 판단이라고 할 수 있다. 편견은 사회를 범주화하여 일면적인 인과 관계를 기초로 단순화한다. 그리고 이를 공유하는 사람들 간에 집단적인 정체성을 만들어 내는 사회적 통합의 기능을 지닌 때도 있다. 예를 들어, 인종에 대한 편견을 가진 백인은 흑인이 못사는 이유가 그들이 게으르거나 의지가 부족하기 때문이라고 생각하며, 흑인과의 교제나 결혼을 꺼린다. 한 연구를 보면, 백인이 흑인을 뒤에서 밀치는 장면을 본 백인들은 대부분 장난치고 있다고 판단했지만, 흑인이 백인을 밀치는 장면에서는 폭력을 가한다고 지각하였다(Duncan, 1976; 현성용 외, 2008: 437 재인용).

편견의 발생 원인은 사회적 학습이나 현실적 집단 갈등, 사회적 불평등, 범주화 등이 있는데, 사회적 학습은 당시의 사회상을 반영하는 일종의 사회적 규범으로써 어릴 때부터 학습되는 것이다. 부모, 또래 집단, 미디어 및 교과서 등이 중요한 역할을 한다. 한국인이 지닌 지역에 대한 편견의 경우 그 편견이

2세에게도 그대로 전수된다는 연구 결과(김혜숙, 2002)는 부모 역할의 중요성을 암시한다. 다음으로 현실적 집단 갈등은 이스라엘과 팔레스타인 간의 영토 분쟁처럼 한정된 자원을 놓고 두 집단이 경쟁할 때 서로 적대감을 가지고 상대를 부정적으로 평가하게 된다.

사회적 불평등은 불평등한 지위나 분배가 만족스러운 쪽과 불만스러운 쪽 모두 상대에 대한 편견을 갖게 만든다는 것이다. 지위나 분배에 불만을 지닌 개인이나 집단은 상대적으로 박탈감을 느껴서 자신보다 더 혜택을 받았다고 생각되는 개인이나 집단에 분개하고 편견을 가지게 된다. 특히 범주화는 대인지각 과정에서 자연 발생하는 인지적 편파가 고정 관념과 편견을 초래한다는 주장이다. 남자와 여자, 젊은이와 노인 등 집단으로 범주화해서 지각하는 경향은 정보를 신속하게 처리할 수 있는 장점이 있지만, 고정 관념에 따라 처리하여 오류를 범할 가능성이 커진다(현성용 외, 2008: 437~438).

일반적으로 사회적 혼란은 편견을 낳기 쉽다. 이러한 상황에서는 공포심이나 불만, 적의 등이 강해지고 보다 약한 집단에 대해 자기 방위를 도모하고자 하기 때문이다. 전쟁이나 재해 같은 경우 그것이 더욱 현저하게 나타나기도 한다. 편견으로 인해 소수 민족이나 이교도에 대해서 평상시에는 생각하지 못한 잔혹한 행위가 발생하며, 지배자의 선동이나 여론 조작 등에 의해 국가적인 규모의 편견이 나타나는 일도 있다. 편견은 다양한 구성원들로 이루어진 사회에서 자주 나타나고, 고질적인 집단 갈등에 항상 뿌리 깊게 놓여 있으며, 일종의 태도, 신념과 같이 작용한다. 편견은 고정 관념처럼 인지적 및 정서적 측면에서 사람들의 인지 체계와 정보 수용 과정에 영향을 미친다(한규석, 2009: 487).

고정 관념과 편견이 유지되거나 증폭되는 데는 몇 가지 이유가 있다. 첫째, 자료 수집에서부터 편향성이 나타난다. 즉 가설을 검증할 때 가설을 부정하는 자료보다는 가설을 지지하는 자료를 찾는 경향이 있다. 이러한 현상은 확증적 정보 탐색이자 확증적 가설 검증 방략이라고 볼 수 있다. 즉 자신의 기대를 지지하고 확인해 주는 정보를 탐색할 때 사전 기대는 많은 정보를 효율적으로 처리하도록 하지만, 잘못된 판단을 유도하기도 한다. 둘째, 자료를 해석할 때 편향성이 나타난다. 애매모호한 정보를 접했을 때 이를 기대에 부합하는 쪽으로 해석하는 것이다. 즉 기대에 부응하지 않는 행동이나 현상은 상황 특수적인 것으로 여기게 된다. 셋째, 기억의 용이성에 따라 편향성이 나타난다. 기대에 부응하는 사건의 발생 빈도를 과다하게 평가할 뿐만 아니라 그러한 사례가 더 쉽게 떠오르는 것이다(Crocker, 1981).

이처럼 고정 관념에 토대를 둔 다양한 의견은 여론 형성 과정에 다양하게 작동할 수 있다. 여론이 이성적 판단에 근거하든, 비합리적 특성으로 공적 결정에 불완전하게 영향을 주든, 여론은 특정한 시간에 주어진 주제에 대한 특정한 집단의 사람들이 생각한 것들의 총합이기도 한 것이다. 국민 다수의 의견이 다양한 미디어를 통해 활발히 논의되고 수렴됨으로써, 그러한 의견의 효과는 특정한 정부의 정책 결정에도 영향을 미칠 수 있다.

2장

여론 지도자는 누구인가

"누가 여론을 이끌고 누가 따르는가는 상당 부분 그때그때 사안에 따라 결정된다. 특정 분야의 여론 지도자가 자신과 상관없는 다른 분야에서도 여론 지도자가 될 가능성은 작다."

— 베르너 세버린Werner Severin, 제임스 탠커드James Tankard (2001: 289)

여론에 영향을 미치는 여론 지도자public opinion leader와 외부 세계에 대한 맥락이나 상황을 이해하는 정보원으로서 대인 간 커뮤니케이션은 중요한 요소다. 대체로 사람들이 어떤 사람과 대인 커뮤니케이션을 통해 (여론에 대한) 의견을 갖게 되며 어떤 영향을 받는지 잘 나타나지 않는다. 하지만 특정 사안과 관련해 여론 지도자는 대중적 이슈를 규정하고, 그에 관한 개인의 의견에 영향을 미친다는 점에서 여론 형성 과정에서 종종 그 역할이 드러나기도 한다. 특히 정치 지도자들은 공중이 상대적으로 잘 모르는 문제에 대하여 미디어에 주목하도록 공중의 주의를 환기하여 전국적 이슈로 전환할 수도 있다.

하지만 사안이 정치적 쟁점인지, 공공 정책과 연관된 내용인지, 일상생활에 관련된 사건인지, 대중문화와 예술에 관한 사안인지 등에 따라 영향력을 미치는 여론 지도자는 다를 수밖에 없다. 구체적으로 상품 구매, 유행, 시사 문제, 경제 동향, 부동산, 영화 관람 등 모든 분야에서 여론 지도자가 발견될 수 있다. 한 예로 시장에서 물건을 살 때 주 소비층인 장년 여성층은 장바구니 물가에 대한 여론 형성에서 나름의 지도력을 이끈다. 이는 여론 지도력이 공적 생활에 속하는 주요 인물들에게만 한정되지는 않음을 내포한다. 여론 지도자는 사람들이 특정한 주제에 관해 지도를 구하는 어떤 인물이 될 수도 있다. 따라서 주어진 사회 집단 내에 누군가는 지역 정치에 대하여 특별히 박식하고, 누군가는 외교 문제에 대해 지식이 풍부하며, 또 다른 누군가는 부동산 전문가로서 여겨질 수 있다. 이러한 지역의 여론 지도자들은 일반적으로 자신들의 친구나 지인 이외에는 잘 알려지지 않지만, 여론 형성에 있어 그 누적적인 영향은 상당하다.

엘리후 카츠Elihu Katz(1957)는 여론 지도자가 미디어보다 사람들의 의견, 행동, 행위에 더 많은 영향을 가지고 있다고 주장하였다. 여론 지도자들이 미디어보다 더 영향력이 있는 이유를 그는 다음과 같은 점을 들었다. 첫째, 그들은 신뢰할 만하고, 목적 지향적이지 않다. 둘째, 여론 지도자는 개인의 의견과 행동을 더 많이 변화시키거나 결정짓는 역할을 갖고 있다. 그렇다고 여론 지도자들이 항상 홍보하고자 하는 것을 고취하는 외부 대리인으로 이용될 수 있음을 뜻하지는 않는다. 아울러 영향력 있는 개인들이 행위를 변화시키고자 하지 않을 수 있으며, 여론 지도자의 지위를 상실할 수도 있다(Zhang, 2020).

카츠는 폴 라자스펠트Paul Lazarsfeld와 함께 쓴 《퍼스널 인플루언스*Personal Influence*》(1955)에서 "누가 오피니언 리더인가?"라는 질문에 대해, "가치의 표현," "전문적인 능력," "사회적 네트워크의 특성"과 같은 요소 중 하나 또는 그 이상의 특성이 주목할 만한 오피니언 리더를 만든다고 답하였다. 이러한 개인적 특성은 여론 지도자의 지도력을 보완한다. 여론 지도자는 대체로 다른 사람들보다 더 많은 미디어 노출을 획득하는 개인들이며, 특정한 이슈에 관하여 특별히 교육받은 사람들이다. 여론 지도자는 타인의 수용을 추구하며 특히 자신의 사회적 지위를 높이고자 스스로 동기를 부여한다.

여론 지도자에 관한 사례로, 공중에게 환경 이슈와 기후 변화 프로젝트를 홍보하기 위해 전략적으로 실행한 사례를 들 수 있다. 기후 변화 프로젝트를 위해 미국의 전 부통령이었던 앨 고어Al Gore는 오피니언 리더의 개념을 사용하였다. 고어는 환경 이슈에 관해 교육받은 사람들을 모집함으로써(설득함으로써) 오피니언 리더를 찾았고, 그들을 자신들이 속한 커뮤니티와 친구 및 가족들 사이에서 영향력 있는 사람들로 보았다. 거기서 출발해 그는 자신이 원하는 정보들을 확산하도록 오피니언 리더들을 훈련시켰으며, 그들이 지역 사회에 영향을 미치게 하였다. 즉 고어는 지역 사회의 오피니언 리더들을 활용함으로써 기후 변화에 주목하고, 그들의 행동을 변화하도록 많은 미국인을 교육하고 영향을 줄 수 있었다(Nisbet & Kotcher, 2009).

여론 형성 과정에서 오피니언 리더의 역할은 뉴스 미디어와 대중 간의 매스 커뮤니케이션과 수용자들 간에 발생하는 대인 커뮤니케이션의 두 과정을 통해 논의할 수 있다. 이 두 과정을 논리적으로 조화시키기 위하여 등장한 대표적인 이론은 폴 라자스펠트 등(Lazarsfeld et al., 1944)이 최초로 정립한 '커뮤니케이션 2단계 유통two-step flow of communication 이론'이다(그림 2-1 참조).

엘리후 카츠와 폴 라자스펠트(Katz & Lazarsfeld, 1955)는 후속 연구를 통해 오피니언 리더 개념을 더욱 발전시켰다. 커뮤니케

그림 2-1 커뮤니케이션 2단계 유통 이론

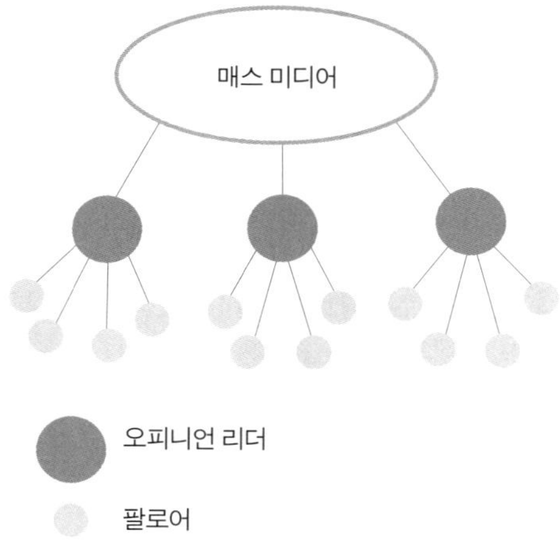

출처: https://en.wikipedia.org/wiki/Two-step_flow_of_communication

이션 2단계 유통 이론의 핵심은 사람들의 태도를 변화시키는 데 매스 미디어의 영향보다는 수용자들과 접촉한 오피니언 리더의 영향이 더 크고, 오피니언 리더가 커뮤니케이션 2단계 혹은 다단계 흐름에서 핵심적 위치를 차지한다는 것이다.

그 후 많은 연구자가 소비자나 이용자들의 여론, 신념, 소비 행태 등에 주요 영향을 미치는 '특별한 개인'의 속성을 규명하는 시도를 전개하였다. 커뮤니케이션학자들은 미디어 환경에 따라 그 명칭과 형태적 특성을 달리하지만, 오피니언 리더처럼 커뮤니케이션 및 정보 확산의 과정에서 영향력을 행사한다는 측면에서 유튜브와 트위터, 블로그를 비롯한 온라인 채널의 오피니언 리더들을 '유력자influential,' '영향력자influencer,' '온라인 유력자e-fluentials' 등으로 표현하면서 여론에 영향을 미치는 중요한 연구 대상으로 삼아 왔다. 이 이론에 따르면 뉴스 미디어가 제공하는 정보의 영향력, 특히 설득 효과는 수용자 대중에게 직접적으로 나타나기보다 언론 접촉이 빈번한 오피니언 리더들이 관여하는 대인 커뮤니케이션을 통하여 간접적으로 나타난다. 커뮤니케이션 2단계 유통 이론은 뉴스 미디어의 효과가 대인 채널의 개입에 따라 제한되는 경향을 설명하기도 한다.

특히 매스 미디어의 효과가 작다고 주장하는 학자들은 매스 미디어보다 사람들 사이에 직접적인 접촉이 여론 형성에 더 효과적이라고 보고, 매스 미디어의 영향력을 별로 중요시하지 않는다. 여론 형성 과정에서 이슈를 문제시화하고 토론하는 단계에서도 오피니언 리더나 인플루언서influencer의 역할이 중요한 것으로 나타났는데, 일반적으로 인플루언서는 여론 선도자나 트렌드 형성자trend setter로서 중요한 역할을 담당하며, 매스 미디어가 전달한 정보의 확산과 관련해 영향력을 발휘하기도 한다.

여론 지도자의 속성과 대인 커뮤니케이션 효과

여론 지도자와 추종자를 구분하는 요인으로는 가치의 의인화, 능력, 전략적, 사회적 위치 등을 들 수 있다. 가치의 의인화란 영향력 있는 사람으로서 추종자들이 본받기를 원하는 사람을 가리킨다. 영향받는 사람은 대개 영향력 있는 사람을 존경하며, 가능한 한 그와 비슷해지기를 원한다. 이런 점에서 여론 지도자는 지도력이 요구되는 분야에서 지식이 있거나 유능하다고 인정받아야 하며, 집단구성원이 관심을 갖는 정보와 의견을 제공하기 위해 외부 집단과 계속 접촉하는 사람들이 여론 지도자가 될 가능성이 크다.

여론 지도자와 추종자들은 매우 유사한 속성을 지니며, 대개 동일 집단에 속해 있다. 하지만 주어진 특정 주제에 대한 관심도에서 여론 지도자가 추종자들보다 알고 있는 정보가 많거나, 집단 내에서 누가 여론 지도력을 발휘하는지 알고 있는 경우가 많다. 또 이 둘은 집단 내에 불거진 문제에 관한 정보를 얻기 위해 집단 외부의 누구를 알고 있는가 하는 사회적 위치로 구분된다. 예를 들어, 국제적 이슈에 관한 여론 지도자는 지역 문제에 영향력이 있는 사람들보다 자신이 영향력을 행사하는 분야를 적절하게 보도하는 미디어를 더 많이 접하는 것으로 나타났다(Severin & Tankard, 2001/2004: 290).

과거에는 여론 지도자가 의견들을 결집하거나 어떤 주제에 관한 의견차를 줄이는 방법으로서 상징을 창안하거나 슬로건을 만들었다. 1차 세계 대전 당시 연합군은 미국의 대통령 우드로 윌슨Woodrow Wilson의 슬로건이었던 "모든 전쟁을 종식하기 위한 전쟁" 아래 싸웠다. 2차 세계 대전 후 소비에트 연방과의 관계는 "냉전Cold War"이라는 용어로 대표된다. 이 말은 1947년에 미국 대통령 보좌관이었던 버나드 바루크Bernard Baruch가 최초로 사용했다. 여론 지도자들이 밝힌 상징과 슬로건은 언론에 자주 등장하고, 매스 미디어와 소셜 미디어를 통해 수용자들에게 전달되며, 어떤 주어진 이슈에 관한 여론의 초석이 되기도 한다.

그러나 21세기 디지털 미디어 사회에서는 특정 주제에 관한 관심도나 전문성은 여론 지도자가 추종자들보다 항상 앞서 있지만은 않다. 온라인 네트워크를 통해 대인 커뮤니케이션 망이 크게 확대되었으며, 집단 규범에 동조하도록 하는 사회적 압력의 원천으로서 개인이 갖는 가치와 의견에 대한 사회적 지지의 근원이 되고 있다. 네트워크화된 미디어의 발전과 사회적, 심리적 변인 사이의 상호 작용은 대인 커뮤니케이션을 과거의 면 대 면 소통 방식이 아닌 다차원으로 진화시키며, 정보의 흐름에 따라 여러 지점에서 다양한 사회적, 심리적 체계가 작동하기도 한다. 또한 매스 미디어 정보가 인터넷 미디어를 통해 확산되고, 유통되면서 다양한 정보원에서 생산된 정보가 재가공되고, 왜곡되거나 수정되면서 공중의 의견 형성 과정에 영향을 미치기도 한다. 과거 매스 미디어 효과의 작동 방식과는 또 다른 차원의 네트워크 확산 과정에서 여론 지도자들의 대인 커뮤니케이션 영향을 눈여겨봐야 할 이유이기도 하다.

수많은 연구가 미디어 의제와 그것이 공중 의제에 미칠 수 있는 영향력을 보여 주었지만, '누가' 의제를 설정하는가 하는 문제는 최근까지 잘 규명되지 않고 있다. 그 배경에는 현실에서 시시각각 발생하는 무수한 사건들 자체가 의제로서 부상할 가능성이 크기 때문이다. 미디어는 사회에서 일어나고 있는 사건과 이슈를 단순히 전달하기도 하지만, 미디어 의제를 결정하는 데는 다양한 요인이 작용한다. 즉 누가 미디어 의제를 설정하는가의 문제는 무엇이 미디어 내용에 영향을 미치는가와 같은 질문들로 확장되는데, 여기에는 사건 당사자뿐 아니라 피해자, 이익 집단, 정책입안자 등 다양한 주체들이 연관될 수 있다. 예를 들어, 2023년 7월 14일에 발생한 카카오톡 데이터센터 화재와 같은 사건은 이용자의 피해가 커지면서 더욱 다양하고 일상적인 이슈와 연계되었다. 또 구글과 넷플릭스의 망 사용료를 둘러싼 '망 중립성' 이슈와 관련해서 통신사들과 해외 플랫폼 사업자들을 비롯한 이해관계자, 압력 단체, 특정한 이익 집단이 특정 이슈를 미디어 의제로 부상하도록 한 사례도 들 수 있다.

한편, 여론 형성 과정에서 여론 지도자들의 강력한 대인 커뮤니케이션 효과는 사회적 차원에 관한 개인들의 판단에 영향을 미칠 때 나타난다. 예를 들어, 특정한 주제와 관련해 다른 사람의 문제를 듣는 것이 개인적인 상황만을 염려하게 만들 수도 있다. 하지만 이 문제가 타인에게도 해당하는 문제이며, 나아가 중대한 사회 문제임을 인지하게 만들 수도 있다. 특히 집합적 의견에 대인 커뮤니케이션이 어떻게 영향을 미치는지를 살펴본다면, 그 효과에 대해 이해할 수 있을 것이다. 이와 관련한 실증적인 연구는 찾아보기 힘들다. 물론 개인이 접하는 다양한 환경에서 대인 커뮤니케이션을 통해 대중 의견을 인지하고 유사 합의 효과를 낳을 것이라고 가정할 수는 있다. 즉 사람들이 자신과 비슷한 사람들과 함께 만나고 함께 일하기 때문에 이들의 상호 작용이 비슷한 견해를 가진 사람에 대한 선택적 노출로 이어질 수 있으므로, 대인 커뮤니케이션을 통해 알게 된 견해는 표본을 거쳐 사회적인 차원에서 의견의 분위기가 점점 합의의 방향으로 움직이고 있다고 인식할 수 있다. 결국 여론 형성 과정에 있어 대인 커뮤니케이션은, 인지적 활용 가능성 측면에서 사람들과의 소통을 통해 알게 된 특정 견해를 가장 중요한 것으로 만듦으로써 대중 의견에 대한 인식에 영향을 미칠 수도 있다는 것이다(Mutz, 1998/2000: 98).

커뮤니케이션 과정에서 사람들이 메시지를 지각하고 정보를 처리할 때 태도나 신념의 변화를 보이기도 한다. 이는 대인 커뮤니케이션에서 발화자가 바라는 행동으로 반응하는 것이기도 하다. 특히 메시지의 효과가 강력한 경우, 사람들의 지각, 태도, 행동 등을 변화시킬 수도 있으며, 그렇지 않은 경우는 지각이나 태도만 변화시킨다(Severin & Tankard, 2001/2004).

대인 커뮤니케이션에서 구성원과 집단 사이의 정서적 유대가 공고한 경우에는 동조 압력이 강한 편이다. 동조 현상은 주위 사람들의 행위나 사고를 따라가는 현상으로 많은 사회적 행위에 관여된다. 동조는 정보가 불확실한 상황에서 잘 나타나며, 정보가 확실한 상황에서도 타인의 일치된 견해는 무형의 압력으로 작용하여 동조하게 만든다(한규석, 2009: 463). 물론 개인과 집단에 따라 차이가 존재하지만, 사회구성원에게는 집단으로부터 정보를 얻거나 주위의 사람들이 말하고 행동하는 것으로 스스로 따라서 하는 동조 행위가 나타나기도 한다.

동조 행위가 나타나는 이유는 대개 정보의 힘이 크며, 다른 하나는 규범적 압력 탓이 크기 때문이다. 대인 커뮤니케이션 과정의 불확실한 상황에서 다수가 일치하는 행위나 개인의 일관성 있는 행위는 정보력을 지녀 동조 반응을 얻기가 쉽다. 만약 실제 생활에서 집단의 압력이 강하게 작용한다면 자신의 뜻과 맞지 않더라도 집단의 다른 성원들과 같이 행동함으로써 우리는 집단 성원으로서 수용되고 인정받으려 하므로 압력에 굴복하게 된다. 즉 사람들은 자신이 속하거나 속하고자 하는 준거 집단의 규범을 받아들여 동조하는 경향이 있다.

여론 지도자로서 대통령은 어떻게 영향을 미치는가

미디어 의제에 영향을 미칠 수 있는 사람들 가운데 대통령을 빼놓을 수 없다. 각 나라의 정치 지도자로서 대통령은 그 나라에서 최고의 뉴스 메이커이며, 다른 사람들에게는 가능하지 않은 매스 커뮤니케이션에 대한 접근권을 갖고 있다. 여론 형성 과정에서 초기 단계인 이슈를 만드는 의제 설정자로서 대통령은 주요한 행위자이다. 대통령이 언급한 발언이나 정책 발표, 의회 연설문 등은 언론이 의제를 설정하는 데 뉴스 가치가 높은 정보가 될 뿐만 아니라 상황적 요소를 고려해 보더라도 많은 언론사가 동시에 보도할 가능성이 매우 높다. 아울러 여론 지도자 가운데에서도 대통령은 광범위한 의제를 설정할 수 있는 위치에 있으므로 거의 모든 발언이 미디어 의제 설정에 주요 정보원으로서 영향력을 미칠 수도 있다. 특히 대통령이 이슈에 관해 상당히 명확한 의제를 제시하는 기회 중 하나가 대통령의 의회 연설이다. 미국뿐만 아니라 한국에서도 대통령의 국회 연설은 모든 언론의 주목을 받고 전 국민에게 보도되는 큰 이벤트다.

미국에서 대통령 연설이 신문과 텔레비전 방송의 미디어 의제 설정에 어떤 영향을 미치는지 분석한 한 연구(Gilberg et al., 1980)를 살펴보자. 이 연구는 1970년 닉슨 대통령의 의회 연설 이후 미국의 주요 5개 미디어(2개 신문사, 3개 텔레비전 네트워크) 모두에서 대통령 의제와 연설 이후 미디어 의제 간의 상관관계가 높게 나타났음을 규명하였다. 특히 특수한 영역에서는 의제에 대한 대통령의 영향력, 대통령의 리더십 유형의 차이, 다루는 이슈의 성격과 개수 등 다양한 요소들이 미디어 의제 설정 효과의 방향을 결정하는 데 주요 역할을 한다고 보았다.

이후 랜디 밀러Randy Miller와 웨인 완터Wayne Wanta(1995)는 의제 설정자로서 대통령의 역할에 관해 연구했다. 이 연구에서는 클린턴 대통령의 의회 연설 후 응답자 577명을 대상으로 조사했다. 그 결과, 대통령 연설의 시청과 일반적인 미디어 노출 모두 의제 설정 효과를 증가시켰지만, 실제로 미디어 노출이 효과를 좀 더 증가시킨다고 응답자들은 밝혔다. 즉 의회 연설은 대통령 메시지에 대한 일회적 노출일 뿐이고, 뉴스 미디어의 보도와 분석은 그 메시지가 반복될 기회를 주는 것으로 나타났다(Severin & Tankard, 2001/2004: 328).

국내에서도 대통령의 리더십과 정책 의제 설정 양태에 관한 연구들이 이루어졌다. 김혁(2014)은 역대 대통령들의 주요 연설문 내용을 분석해 대통령들의 이념이 정책 의제 설정에 어떠한 영향을 미쳤는지와, 대통령들 간 의제 설정의 양태에 어떤 차이가 있는지를 분석하였다. 그는 대통령의 연설문에 나타나는 개별 대통령들의 의제 설정에서 대통령 개인의 리더십 스타일과 정책 의제 설정의 방향성은 어떠한 연관성을 갖는지를 알아보기 위해 연설문을 통해 표명된 정책 의제 및 가치 체계, 국민 및 국가 의식, 정치, 비전에 대해서도 분석하였다. 구체적으로 한국 대통령들의 취임사, 신년사, 주요 기념사, 국회 연설, 대국민 담화에 한정하여 435개 문서들을 분석한 결과, 대통령들의 정책 의제 설정의 격차는 기본적으로 그들의 이념 성향에 영향을 받으며, 의제 형성의 환경, 즉 사회적 요구나 여론 환경으로부터도 심대한 영향을 받는 것으로 나타났다(김혁, 2014).

여론 지도자로서 정책 의제 설정과 관련해 대통령의 역할을 보여 주는 다른 연구로 박웅기(2017)의 박근혜 전 대통령의 '통일대박에 대한 의제 설정 효과' 연구를 들 수 있다. 그는 〈조선일보〉와 〈한겨레〉를 중심으로 대통령의 발언과 의제 설정 효과를 분석하였다. '통일대박'에 대한 의제 설정 효과 연구에서는 2014년 박근혜 대통령의 이른바 '통일대박' 발언이 정부에 대한 새로운 여론을 형성하기 시작한 것으로 나타났다. 이 연구는 박근혜 정부의 '통일대박' 정책에 대한 여론을 언론 보도를 통해 분석했다. 이를 위해 국내의 언론사 2곳이 통일에 대해 어떻게 보도하는지, 이를 읽는 독자들을 대상으로 실제 의제 설정 효과가 나타나는지를 설문 조사를 통해 확인하였다. 그 결과, 미디어에 대한 노출의 정도가 어느 정도 여론 형성에 기여한다는 초기의 의제 설정 이론의 결과와 비슷한 결론을 도출하였다.

또한 박웅기(2019)는 2년 후 문재인 대통령의 국민연금 관련

의제 설정 효과도 분석했다. 국민연금은 기본적으로 대한민국의 기본 복지 제도다. 특히 박근혜 대통령 때부터 시작된 국민 복지에 대한 논의는 문재인 정권에서도 주요 공약으로 내세운 정책 중 하나였다. 이런 시점에서 2018년 문재인 대통령의 국민연금 개정 발언은 정부의 국민 복지 정책에 대한 새로운 여론의 형성을 시작으로 과거 박근혜 대통령의 노인 복지 제도와 비슷한 정책의 연장선에 있다고 볼 수 있다. 이 연구도 기본적으로 문재인 정부의 '국민연금' 정책에 대한 여론을 분석하기 위해 국내의 언론사 2곳이 국민연금에 대해 어떻게 보도하는지, 이를 읽는 독자들을 대상으로 실제 의제 설정 효과가 나타나는지를 설문 조사를 통해 확인하였다. 그 결과, 문재인 대통령의 미디어 노출 정도가 어느 정도 공공 의제 형성에 기여한 것으로 나타났으며, 앞선 연구와 마찬가지로 여론 지도자로서 대통령의 의제 설정 효과가 비슷하게 나타났다.

이상의 연구들은 여론 형성 과정에서 초기 단계인 이슈를 만드는 의제 설정자로서 대통령은 주요한 행위자이고, 대통령이 언급한 발언이나 정책 발표, 의회 연설문 등은 언론이 의제를 설정하는 데 뉴스 가치가 높은 정보이며, 상황적 요소를 고려해 보더라도 많은 언론사가 동시에 보도할 가능성이 높음을 추론해 볼 수 있다. 아울러 여론 지도자 가운데에서도 대통령은 광범위한 의제를 설정할 수 있는 위치에 있으므로 거의 모든 발언이 미디어 의제 설정에 주요 정보원으로서 영향력을 미칠 수도 있음을 의미한다.

온라인 여론 지도자는 누구인가

인터넷 시대에 오피니언 리더는 종종 '프로슈머prosumer'라고 지칭되기도 한다. 이들은 과거에 매스 미디어를 통해 뉴스와 정보를 많이 소비하고, 그들의 삶에서 타인과 정보를 공유하는 영향력 있는 오피니언 리더(여론 지도자)와 유사하다. 커뮤니케이션 2단계 정보 유통 이론에 따르면, 지식이 많고 박식한 소수 시민인 여론 지도자 혹은 유력자들은 정보를 분배하고 타인에게 영향을 미치며 설득할 힘을 가진 사람들이다. 이에 비해 현대의 '프로슈머'는 그들이 타인들과 더 빈번히 상호 작용하고, 뉴스와 정보에 매우 많이 관여하며, 소셜 네트워크 내에서 타인과 콘텐츠를 더 많이 공유하고 배분하는 경향이 있다는 점에서 오피니언 리더를 닮았다고 볼 수 있다(Ritzer, Dean, & Jurgenson, 2012).

프로슈머와 여론 지도자 사이의 관계를 보면 전통적 여론 지도자가 더 사회적이고, 뉴스를 더 많이 소비하며, 정치에 더 많이 참여하는 경향이 있다는 연구 결과가 있기에 소셜 미디어 상에서 이들의 활동을 살펴보는 것이 중요하다. 예를 들어, 여론 지도자는 친구가 더 많이 있고, 사회 활동에 더 많이 관여하며, 시민적 참여와 정치적 참여를 더 높은 수준에서 드러낸다면 온라인에서 프로슈머들의 행위는 많은 점에서 과거에 오프라인 여론 지도자가 보여 준 것 같은 정치적 산물(결과)을 낳고 있다. 실제로 기존의 연구는 온라인상에서 뉴스와 정치 정보에 더 많이 관여할수록 개인이 정치적으로 더 많이 참여하게 되는 경향이 있음을 밝혀냈다. 예를 들어, 인터넷 뉴스와 정보를 소비하는 개인은 정치에 대해 더 많이 토론하고 정치적으로 더 많이 참여하는 것으로 나타났다(Shah et al., 2005). 또 빈번한 상호 작용과 정보적 목적에서 소셜 미디어 이용은 간접적으로 정치적 참여를 증대시켰다. 이처럼 소셜 미디어 프로슈머가 전통적인 여론 지도자와 유사하다면, 그들은 정치적 정보와 관련된 소셜 미디어를 포함해 온라인에서 정치적 활동을 벌이거나 오프라인에서 정치에 참여할 가능성이 높음을 시사한다.

특히 소셜 미디어상에서 다양한 행위에 능동적으로 참여하는 것은 사람들에게 그들의 영향을 양적으로 측정할 수 있게 하는데, 이는 의견 지도력에 대한 자기 인식에 영향을 준다. 예를 들어, 소셜 미디어는 사람들에게 얼마나 자주 그들의 메시지가 좋은지, 리트윗되었는지 말해 주기도 한다. 프로슈머들은 이에 따라 소셜 미디어에 더 많이 참여해서 그들의 온라인 행위가 사람들의 반응을 촉발할 수 있는지 볼 수 있다. 프로슈머의 행동은 동료에게 영향력 있게 보이려는 동기와 타인을 설득할 필요성에 따라 추동될 수 있다.

소셜 미디어에서 각기 다른 차원의 관여를 위한 동기들은 다양한 편이다. 예를 들어, 소셜 미디어에서 콘텐츠에 기고하거나 창조하는 것은 자기표현과 사회적 상호 작용 동기에 의해 촉진된다. 콘텐츠 창조는 더 나아가 개인의 권한이나 영향력이 확대된다고 인식했을 때 추동되고, 또는 타인을 설득할 필요성에 따라 동기가 부여된다. 이런 점에서 프로슈머가 이러한 모든 행위에 충분히 참여한다는 점을 고려한다면, 그들은 스스로 영향력을 가지고 있다는 인식을 보유할 가능성이 높다. 즉 사람들이 소셜 미디어에서 타인과 더 많이 상호 작용하고 뉴스와 정치 콘텐츠를 공유하며, 소비하고 창조한다면, 그들은 소셜 네트워크 내에서 자신을 오피니언 리더로 여기게 되리라고 예상할 수 있다. 이러한 맥락에서 소셜 미디어상에서 매우 다양한 행위에 참여하는 일은 사람들이 자신이 영향력 있음을 믿도록 유도하는 것이다. 과거에 뉴스 및 정치 정보의 수동적 소비자였던 개인은 이제 타인을 설득하기 위한 콘텐츠를 창조하고 배포할 수 있게 된 것이다(Macafee, 2013).

온라인 여론 지도자가 소셜 미디어 내에서 '프로슈머'라고 명명되는 것처럼, 그들은 뉴스와 정보를 더 소비하고, 배포하며 생산하는 경향이 있다. 물론 모든 소셜 미디어 이용자가 페이스북에 포스트를 쓰거나 뉴스 기사를 리트윗하며, 유튜브에서 뉴스 비디오를 생성하거나 공유하지도 않는다. 또 적어도 모든 이용자가 이러한 행동에서 같은 정도로 참여하지는 않는다. 인터넷 행위에 대해 오랫동안 견지된 생각은 대부분 이용자는 능동적으로 온라인에 많이 참여하지 않고 소수 이용자가 대부분 기여하고 있다는 것이다.

하지만 다수 네티즌이 콘텐츠를 창조하거나 뉴스와 같은 정보를 시시때때로 공유하고 있다. 오늘날 페이스북에 논평을 올리거나 메시지를 트위팅하는 것은 위키피디아에 글을 쓰거나 편집하든지, 혹은 블로그를 유지하는 것보다 훨씬 더 수월하다. 따라서 소셜 미디어상에서 여론에 영향력을 미칠 수 있는 프로슈머들을 규명하기 위해 그들의 소셜 미디어 내에 다양한 행동을 더 탐구해야 한다.

그렇다면 소셜 미디어는 개인이 정치적 사안에 대하여 타인들을 설득하고자 노력하는 데 구체적으로 어떤 기능을 제공하였을까? 먼저 소셜 미디어는 적은 비용의 경로르 더 넓은 정치적 토론의 장을 제공함으로써 시민들이 정치에 참여하는 방식을 변화시켰다. 다음으로 소셜 미디어는 정치적 참여 장벽을 낮추었고, 참여에 있어 불평등을 줄이는 데 일조하였다. 더 나아가 소셜 미디어는 시민들이 뉴스와 정치 정보를 소비하고, 생산하며, 배포하고, 발언하도록 허용함으로써, 정치적으로 설득할 새로운 기회를 창출하였다. 특히 소셜 미디어는 오늘날 뉴스와 관련한 여론 지도자들의 특성과 영향을 변화시켰다.

브라이언 윅스Brian Weeks 등(Weeks et al., 2017)은 온라인상에서 소셜 미디어의 영향력을 분석하기 위해서 프로슈머들에 대해 연구했다. 그 결과, 소셜 미디어 프로슈머는 비프로슈머보다 뉴스 이용과 상호 작용을 위해 소셜 미디어를 훨씬 더 많이 사용하였고, 소셜 미디어에서 정치적으로 표현을 더 많이 하였으며, 정치적 콘텐츠를 더 많이 창출하였다. 또한 그들은 뉴스를 이용하기 위해 소셜 미디어 앱을 훨씬 더 많이 사용하는 경향이 있었다. 그에 따라 소셜 미디어 프로슈머들은 온라인에서 활동한 결과로 자신을 여론 지도자로 간주하는 경향이 있었다. 이러한 개인은 커뮤니케이션 활동에 더 많이 관여하며, 그들의 소셜 네트워크에서 더 중심적인 위치를 차지하고 있었다.

앞서 살펴본 윅스 등(Weeks et al., 2017)의 연구는 소셜 미디어 내의 행동이 몇 가지 중요한 정치적 결과를 갖는다는 증거를 제공한다. 여기서 주목할 점은 소셜 미디어 프로슈머인 개인이 타인과 상호 작용하면서 소셜 미디어와 앱에서 뉴스를 읽고, 정치적 콘텐츠를 창조할 뿐 아니라 공유한다는 것이다. 그들은 이러한 플랫폼에서 잠재적으로 상당한 정치적 영향력을 수행하며, 소셜 미디어에서 매우 높게 관여하고 있다. 또한 그들은 사이트상에 이용할 수 있는 다양한 도구들을 사용하여 다른 사람들이 일정한 방식으로 투표하도록 설득하거나, 정치적 대의나 정치 후보자에 관한 타인의 마음을 변화하고자 시도하는 경향이 매우 높았다. 프로슈머들은 자신들이 소셜 미디어 내에서 개인적으로 영향을 줄 수 있는 것으로 여겼다(Weeks et al., 2017).

이러한 연구 결과는 전통적 뉴스 수용자 규모가 줄어든 시점에도 소셜 미디어에 참여한 뉴스 이용자가 매우 영향력이 높은 잠재력을 가지며, 오늘날 사람들이 노출되는 뉴스와 정보는 점차 소셜 미디어의 동료한테서 온다는 점을 시사한다. 또 사람들은 소셜 미디어상에서 받은 정보를 더 신뢰하는 경향이 있고, 이러한 정보를 소비하고, 생산하며, 공유하고, 댓글을 다는 프로슈머는 그들의 네트워크에서 타인의 견해를 형성할 잠재력이 있다. 이와 같은 프로슈머는 스스로 자신의 네트워크 내에서 정치적 의견의 결정권자라고 보며, 타인의 마음을 변화시키고자 노력하는 것으로 나타났다. 프로슈머가 동료를 설득할 수 있다면, 이는 소수의 비율에 해당하는 공중이 자신들의 소셜 네트워크에서 특별한 장악력(지배력, 영향)을 보유할 수도 있고, 사회적 움직임이나 정치적 캠페인이 이를 이용할 수도 있다는 점을 함축한다.

여론을 형성하는 사회 세력은 무엇인가

어느 사회에서든 많은 사람과 기관이 여론을 형성하고 표현하는 데 중요한 역할을 행한다. 여론의 주체는 여론을 만들어 내고 표현하는 데 이바지하는 모든 조직, 기관, 집단을 의미한다. 제임스 브라이스James Bryce(1939)에 따르면 다음 세 가지 유형의 사람들이 여론을 만들고, 표현하며, 촉진하는 데 중요하게 기여하고 있다. 첫 번째, 여론을 세우는 사람들이다. 이 유형의 사람들은 여론의 대리인으로서 그들의 견해에 따라 매스 미디어를 사용하는 입법자와 언론인이 있다. 두 번째, 적극적 행위자인 사람들은 사회적이고 정치적인 생활을 하는 유형이다. 이들은 아주 박식하고, 여론을 특정한 방향으로 이끄는 사람들이다. 대다수 정치인이나 정치평론가 등이 여기에 속한다고 볼 수 있다. 세 번째, 여론을 불러일으키는 사람들을 포함한다. 이들은 공적인 집회, 시위, 운동 등에 참여하는 사람들이다. 브라이스는 이 세 가지 유형 가운데 두 번째 유형에 속하는 사람들이 여론의 대리인으로서 상대적으로 가장 중요한 역할을 행하고 있다고 보았다.

현대 사회에서 여론을 형성하는 주요 세력으로는 언론과 입법부(국회), 대규모 집회, 정당, 라디오·TV·인터넷과 같은 미디어, 교육 기관, 종교 단체, 선거, 사회 조직·단체 등이 있다. 이외에도 이슈를 생성하거나 여론 형성 과정에서 참여하는 다양한 주체들이 있겠지만, 여기서는 제도로서 존재하는 단체나 기관을 중심으로 간략히 살펴보고자 한다.

첫째, 언론은 여론 형성을 위해 가장 유용하고 효과적인 도구다. 언론은 개인들이 정보를 얻는 매개체이자 국가적인 관심사와 공적 이해관계와 연관된 문제에 관한 뉴스를 전달한다. 언론은 공적 관심의 모든 중요한 이슈를 토론하고 분석하며, 사설, 논평, 분석 뉴스 기사는 항상 여론을 만들고 표현하는 데 큰 역할을 한다. 구체적으로 양질의 권위 있는 신문과 방송 등 언론은 민주주의를 반영하는 거울이다. 사람들은 그들이 각종 채널 또는 신문에 쓰인 기사가 무엇이든지 재고하지 않고 즉각적으로 믿는 경향이 있다. 따라서 인쇄 매체나 방송 매체 같은 언론은 대체로 여론의 중요한 대리인으로서 행동한다.

둘째, 입법부(국회)를 들 수 있다. 입법부는 국민이 선출한 대표들로 구성된다. 정치적 지도자의 입법 기관, 즉 의회다. 입법부는 여론의 거울이자 여론을 형성하고 표현하는 대리인으로서 행동한다. 국회의원들은 토론하고, 입법부의 토론들을 기록물로 간행하며, 국회의 안팎에서 국회의원들이 표현한 입장들은 여론을 만들고 반영하는 중요한 역할을 행한다.

셋째, 대규모의 집회나 토론회 등도 여론을 형성하는 세력이다. 모든 민주주의 국가에서 사람들은 모임과 협회를 형성하고, 회의, 행진, 시위 등을 개최할 권리와 자유를 갖는다. 아울러 민주 국가의 국민은 공적으로 중요한 모든 이슈와 관심사를 토론할 권리와 자유를 가지고 있다. 그러한 대규모의 미팅과 집회는 여론을 형성하는 대리인이다. 다양한 시민단체들이 주관하는 집회 등에서 특정 이슈와 관련된 시민들의 여론이 만들어지기도 한다.

넷째로, 정치적 단체인 정당을 들 수 있다. 정당은 정치적 교육의 대행자다. 정당은 정부의 활동과 성공, 실패, 누락, 실수 등에 관하여 국민에게 모든 정보를 제공한다. 각 정당은 각자에게 유리한 여론을 창출하고자 노력하며, 공적으로 중요한 이슈들을 강조하기 위해 집회와 소요, 시위, 행진과 운동을 조직한다. 모든 이러한 행동은 여론을 만드는 데 역할을 담당한다. 정당은 이해관계를 표현하고, 이해관계를 종합하며 정치적 커뮤니케이션을 위해 중요하고도 유익한 적극적인 대리인으로서 작동한다. 이러한 것이 모두 여론을 형성하는 데 중요한 역할을 하는 것이다. 정당의 지도자는 국민에게 아주 강력한 영향을 갖고 있다. 정당은 많은 건설적인 프로그램을 착수하고 인상 깊은 연설을 전달하며, 그들의 이데올로기를 전파하기 위해 사회 내에서 다른 이벤트들을 수행한다. 이런 방식으로 정당은 여론을 전개하고 강화해 간다.

다섯째, 정보 혁명 시대에 라디오, TV, 인터넷도 여론 형성에 중요하게 이바지하고 있다. 라디오 및 TV 토크쇼와 토론 프로그램은 여론을 형성해 가기 위해 동기를 부여하는 요소들로 작용한다. 선거 기간에 이러한 매스 미디어의 사용은 여론을 만들고 변화하는 수단으로 작동한다. 특히 인터넷과 소셜 미디어는 수많은 이용자가 온라인상에서 여론을 형성할 수 있도록 이슈에 대하여 정보를 공유하고 토론하며, 의견을 모아 가는 주요 공론장으로서 작동한다.

여섯째, 교육 기관도 여론 형성의 주요 세력이다. 교육 기관의 교실에서 각종 강연, 연설, 미팅과 세미나가 진행된다. 저명한 지도자, 학자, 작가가 이러한 미팅과 집회에 참여하고, 상호 의견과 입장을 교환함으로써 학생과 교사의 견해에 영향을 미친다. 또한 교실에서 교사가 표현한 견해도 학생에게 영향을 주는데, 가끔은 교사가 표현한 견해가 학생의 사고에 본질적인 부분이 된다. 또한 교육 기관에서 강의하기 위한 계획서는 어떤 구체적인 목표로 준비되는데 이런 모든 요소가 여론의 형성을 돕는다.

일곱째, 종교 단체(제도)도 여론을 형성하는 세력이다. 인간의 정치적 견해는 자신의 종교적 견해에 의해 영향받는다. 예컨대 인도의 경우 많은 정당이 종교에 기반을 두고 있다. 종교 신자는 정치적 면모를 갖고 있는데, 종교의 은폐하에 정치적 견해들이 표현되고 확산하며, 사람들은 '신실하게' 이러한 견해를 추종하면서 여론을 형성해 간다. 국내의 경우, 태극기 집회에 참여하는 우익 성향의 시민들 가운데 기독교 단체에 속하는 일부가 종교 행사를 내세우면서 정치적 의사를 표현하기도 하고 정당을 결성하여 여론을 만들어 내기도 하였다.

여덟째, 선거 제도도 여론 형성에 영향을 주는 요소다. 민주주의 사회에서 선거는 정기적으로 개최되는데, 이러한 선거는 정치 교육의 수단이다. 정당들은 선거 공약을 준비하고, 대중 집회, 모임, 행진, 팸플릿, 광고형 드라마, 공연 등을 통해 국민 사이에 자신들의 프로그램을 확산하고 널리 전파한다. 선거 기간 동안에 정당들은 강력한 캠페인을 시행하므로 정치에서 가장 중립적인 사람조차도 영향받게 된다.

아홉째, 여론 형성 세력으로 사회적 기관(단체) 또는 조직을 들 수 있다. 모든 사회에는 비정치적인 특성을 가진 여러 단체가 있으며, 이들은 여론을 표현하고 형성하는 데 기여한다. 예를 들어, 여성 단체, 노동 단체, 농업 단체, 교원 단체, 의사 단체, 경제인연합회, 소상공인 단체, 사회복지협회 등을 비롯해 많은 조직은 다른 이슈와 요구로서 정부와 사회에 관심을 표면화하고, 여론 형성을 돕는다. 이 모든 대리인은 여론을 형성하고 반영하는 데 주도적 역할을 행할 수 있다.

마지막으로 비공식적인 세력이라 할 수 있는 가정의 영향을 들 수 있다. 여론 형성에는 공식적이고 비공식적인 과정들이 모두 포함되는데, 여론 형성을 위한 공식적인 세력들은 앞에서 살펴본 바와 같이 많지만, 비공식적인 세력으로서 가정도 개인의 의견 형성에 중요하다. 가정은 여론이 형성되는 가장 중요한 지점으로 간주하는데, 사람들은 습관이라거나 선호하는 것과 싫어하는 것을 가정에서 배우게 되기 때문이다. 개인들은 사회에서 자신의 의견을 표현할 때, 가정의 사회화를 통해 습득한 가치와 태도를 바탕으로 의견들을 제시함으로써 그러한 의견들이 모여 궁극적으로 여론 일부가 되는 것이다.

이처럼 다양한 여론 형성 세력들은 공중이 고정된 집단의 개인들을 의미하거나 정확한 수의 개인들의 집합을 의미하는 것이 아니라는 점을 시사한다. 공중은 공통된 관심을 공유하는 사회의 한 부분을 상징하며, 공적 관심의 문제에 관하여 유사한 견해와 의견을 고수하고 있는 집단을 모두 포함한다. 여론이 반드시 모든 국민의 의견이 될 필요가 없는 것처럼, 여론은 또한 대다수majority 의견도 아니다. 여론은 반드시 의견의 다양성을 반영해야 하기 때문이다. 따라서 여론은 전문가의 의견이나 고위 관료들만의 의견도 아니며, 어떤 공적 이슈나 관심사에 대한 국민의 한 집단 또는 많은 집단의 정리되고 숙고한 의견이라고 할 수 있다.

여론의 형성은 자동적이지 않고, 확실한 과정도 아니며 오히려 매우 복잡한 형성 과정을 거친다. 여론은 볼 수는 없지만, 그 효과는 느낄 수 있다. 공적 관심을 받는 이슈가 부상했을 때 사회의 다른 집단이 그들의 관심을 표현한다. 이러한 관점은 현재의 정치적 사건에 관하여 작은 토론과 논의, 사상가의 견해, 여러 작가의 글 등을 통해 개인 스스로 견해를 가질 수 있도록 직간접적으로 자극을 주거나, 개인이 직접적으로 여론 지도자, 작가의 견해를 지지할 수도 있다. 즉 특정한 이슈들에 대한 다양한 여론 세력들의 견해는 여론으로 부상하면서 공중의 더 큰 관심과 지지를 얻게 될 수 있다.

3장

언론은 여론을 어떻게 형성하고 틀 짓는가

"현대 사회로 다가갈수록 언론은 정부와 기업의 이익에 점점 더 놀아날 것이다."

— 월터 리프먼(1922: xi)

1922년 월터 리프먼은 《여론*Public Opinion*》에서 언론은 기업처럼 영리를 추구하기 위해 점점 더 소비자의 시장 논리와 광고에 따라 보도 내용을 결정한다고 비판하였다. 그는 더 나아가 언론에 대해서 매우 부정적 시각을 견지했다. 하지만 리프먼 역시도 뉴스 미디어가 외부에 있는 세상과 그 세상에 대한 우리 마음속 이미지를 연결해 주는 중요한 통로임을 역설하였다. 그는 인간이 적응해야 할 객관적 세계는 실제로 도달할 수 없고 머릿속에 그릴 수도 없으며, 언론이 없다면 여론이란 존재할 수 없다고 보았다. 특히 현대처럼 복잡하고 다원화된 사회에서 개인이 사회 속에서 일어나는 여러 가지 현상을 직접 경험해서 이해하기는 불가능함을 제시하였다.

무엇보다 여론은 자연 발생적으로 형성되는 것이 아니라 조성될 수 있는 조건이 성숙해야 한다. 여론이 만들어지려면 특정 사안이 많은 사람에게 인지될 수 있도록 가시화되어야 하는데, 사안이 아무리 중요해도 많은 사람이 이에 대해 제대로 알지 못하면 여론화할 수 없다. 이런 점에서 다원화된 민주주의 사회에서는 여론 형성 과정에 매스 미디어의 역할이 매우 중요하다고 인식된다. 그 이유는 매스 미디어를 매개로 여론이 조성되는 경우가 많기 때문이다. 최근에는 무수한 인터넷 언론사와 소셜 미디어의 등장으로 매체의 범주가 다양해졌지만, 이와 같은 다중 매체 시대에도 여론 형성의 토대인 이슈를 생성하는 주류 언론사의 역할은 간과하기 어렵다.

언론은 그날그날의 뉴스 기사 선택과 그 기사들을 어떻게 보여 주는가를 통해 사람들에게 무엇이 그날의 중요한 이슈인지 단서를 제공한다. 이러한 뉴스 미디어의 의제 설정 기능은 신문이든 텔레비전 뉴스 프로그램이든 유사하다. 그날의 뉴스 보도를 위해 어떤 주제를 선택하거나 거부할지, 즉 두드러진 기사 표제들을 위해 몇몇 기사들을 골라 첫 면에 게시하거나, 뉴스 캐스터가 주도하며 다른 주제들은 아예 다루지 않거나, 기사 내용에서 심도 있게 취급할지를 결정하기도 한다. 어느 사건에서든 뉴스에서 두드러진 이슈는 공중에 의해 중요한 것으로 인식되며, 빈번하게 공적 의제로써 우선적인 의제가 된다.

뉴스 미디어의 의제 설정은 이슈의 중요한 점에 초점을 맞추는 것이다. 이런 점에서 뉴스 미디어는 많은 이슈에 관한 여론의 모체라고 볼 수 있다. 언론의 상품으로서 뉴스는 언론인이 직업적인 견해와 관점을 갖고 개인적인 의견과 감정들을 포함해 쓰고 편집한 결과물이다. 뉴스는 이슈를 생성하고, 이슈의 방향에 일부 영향을 미치지만, 공적 이슈는 상당히 독립적으로 전개되기도 한다. 공적인 사안이 언론을 통해 논의될 때 중심 주제는 대체로 편향된 내용이다. 편향된 사람들은 정치적으로 당파적인데, 지나칠 경우 기자는 전적으로 자신의 고정 관념이 담긴 기사들을 작성한다. 이때 기자의 취재 행위는 자신의 고정관념을 채우기 위해 질문하고 연관된 사실들을 수집하는 그 이상이 아닐 수도 있다(McCombs, Einsiedel, & Weaver, 1991: 5~7).

언론의 의제 설정 기능이 중요한 이유는 바로 사람들에게 무엇이 중요한지를 생각하게 만든다는 데 있다. 의제 설정 기능이란 매스 미디어가 특정한 이슈들을 중요한 것으로 강조하여 부각할 때 수용자도 그러한 이슈들을 중요하다고 인식하도록 만드는 효과를 말한다. 의제 설정 기능은 사람들이 매스 미디어의 보도 활동에 의존하여 현실 세계를 인식한다는 점에서 월터 리프먼의 "매스 미디어가 우리 머릿속의 상pictures in our heads을 구축한다"라는 견해에 바탕을 둔다(오택섭 외, 2015: 72).

의제 설정 효과는 언론사가 시간과 지면을 할애하여 특정한 의제를 공중에게 제시하면서 당면한 주요 의제가 무엇인지 설정함으로써 공중의 인지 변화에 지대한 영향을 미치고(McCombs & Shaw, 1972), 그들에게 무엇을 생각할 것인가에 대한 의제를 끊임없이 제공함으로써 영향을 미친다고 할 수 있다. 다시 말해, 공중의 현실 구성과 사회의 전반적인 주요 이슈에 대한 인식 형성에 있어 매스 미디어가 장기적이고, 누적해서 영향을 미칠 수 있음을 시사한다. 구체적으로 특정 이슈에 대한 뉴스 미디어 보도량은 이슈에 대한 국민적 관심도를 수치화할 수 있는 지표이기도 하다.

뉴스 미디어가 이슈를 선택해 일차적으로 특정 이슈를 집중적으로 보도하면 현저성을 만들어 낼 수 있다. 즉 뉴스 미디어는 이슈에 대한 보도 횟수를 늘리고, 관련 기사의 지면을 늘리는 등등을 통해 수용자에게 해당 이슈의 중요성을 알리게 되고 그 이슈는 수용자 사이에서도 관심을 끌게 된다. 이처럼 특정 이슈에 대한 뉴스 미디어의 현저성 생산과 수용자로의 현저성 전이는 모두 해당 이슈에 대한 여론 형성의 핵심 기제라고 할 수 있다(이종혁 · 윤호영, 2019: 11).

특히, 뉴스 제작 관행상 드러나는 언론의 공명성과 편재성, 이슈의 누적성은 여론 형성 과정에서 이슈를 문제시할 수 있는 주요 특성이다. 먼저 공명성이란 기자들이 출입처 제도와 같은 업무상 취재 보도의 관행을 공유하고, 특정 부처와 인물 등의 취재원들을 통해 정보를 입수하기 때문에 서로 비슷한 목소리를 내는 현상이다. 이러한 공명성으로 인해 공중은 다른 메시지에 노출될 가능성이 배제되거나 줄어듦으로써 다양한 의견을 가질 수 없게 된다.

언론의 편재성은 전파 미디어와 인터넷 미디어의 발달, 그리고 모바일 기술의 획기적인 발전으로 인해 대중이 언제, 어디서든 같은 뉴스 기사나 정보를 곳곳에서 쉽게 접할 수 있게 하는 특성이다. 즉 뉴스의 편재성으로 인해 공중은 특정 사안에 관한 매스 미디어의 영향을 쉽게 받게 된다. 이렇게 반복적으로 노출되는 언론 메시지의 '누적성'으로 인해 공중은 이슈화된 사안에 대하여 언론이 제시하는 타인들의 의견을 인식하게 되고, 일부 사회구성원들은 이와 부합하는 태도와 의견을 형성하게 된다.

언론사들은 또한 외부의 정치적, 상업적 압력과 이익 단체의 언론을 통한 선전 및 조작 등으로 인해 여론을 잘못된 방향으로 이끌 수도 있다. 특히 영향력 있는 뉴스 미디어로서 언론사는 문제를 이슈화하는 단계에서 의제 설정 기능을 통해 어떤 견해를 주요 이슈로 만들고 쟁점화하면서 지배적인 여론으로 몰고 갈 수도 있다.

정치인들이 유난히 매스 미디어의 영향력을 크게 간주하는 이유도 사람들이 언론에 보도된 사안을 중요하게 생각하고, 공적 사안에 관해 대중은 어떻게 생각하는지를 간접적으로 파악하는 경향이 있기 때문이다. 매스 미디어가 어떤 견해를 지배적인 여론으로 내세우면, 이와 반대되는 의견에 대한 사람들의 지지는 점차 줄어들도록 하는 영향을 미칠 수도 있다. 부연하면, 매스 미디어가 이슈를 쟁점화하는 방식은 어떤 견해를 지배적인 여론으로 내세우면서 시작되고, 이에 반대하는 의견을 가진 사람들이 더욱 침묵하게 되면서 결과적으로 매스 미디어가 지배적인 의견이라고 공표한 것이 실제로 지배적인 여론으로 자리 잡게 된다(이동근, 2015: 36~37).

뉴스를 생산하는 언론사들의 특정 이슈에 대한 여론 조성은 두 가지 경로를 거친다. 첫 번째 경로는 이슈에 대한 게이트키핑gate-keeping으로 수많은 사건과 이슈 가운데 몇 개를 선택해 기사화하고 영향성, 저명성, 심층성, 갈등성, 참신성, 유용성, 근접성, 오락성 등의 뉴스 가치에 따라 해당 이슈를 평가하는데, 이런 과정을 거쳐 선택된 이슈가 얼마나 크게 보도되는가에 따라 현저성의 정도를 부여받게 된다(이종혁 · 윤호영, 2019). 두 번째 경로는 다른 미디어의 이슈 보도가 영향을 미치는 외부 경로다. 특정 뉴스 미디어가 보도한 이슈를 다른 미디어가 따라서 보도하는 미디어 간 의제 설정이 발생하는 것이다. 뉴스 가치가 높은 이슈는 주목도와 보도량도 커 여론의 관심을 받고, 뉴스 가치 평가가 높지 않은 이슈더라도 소수 미디어의 보도를 통해 대부분 미디어의 보도로 이어질 수 있어서 미디어 간 의제 설정을 통해 여론의 큰 관심을 받게 되는 것이다(임종섭, 2011). 이와 같은 두 가지 의제 설정 경로로 이슈를 조성할 수 있는 언론 미디어는 사회 각계각층의 뉴스원을 통해 정보를 취재하여 뉴스를 생산한다.

매스 미디어는 여론 형성에 어떻게 작용하는가

매스 미디어가 여론 형성 과정에 어떠한 영향을 미치는가 하는 문제는 과거 커뮤니케이션학자들의 주된 관심거리였다. 여론과 관련한 기존 이론들은 대체로 매스 미디어가 의제를 쟁점화하면서 사회구성원 간의 토론 과정을 거쳐 여론이 형성된다는 단계론으로 여론 형성 과정을 설명한다. 즉 여론 형성의 단계론에서는 언론이 정치적, 사회적 이슈를 쟁점화하여 여론이 확산하다가 시간이 흐르면서 점차 소멸하는 과정을 일회적 파동으로 제시하였다(Dearing, 1998). 이에 따르면, 여론은 특정 이슈가 발생한 후 미디어의 보도를 통해 사회구성원의 관심을 끌고, 다양한 공간에서 벌어지는 구성원과 미디어 간의 대화나 상호작용, 의견 교환 등을 통해 변화한다. 여론은 시간에 따라 서로 다른 미디어 간 상호 작용을 바탕으로 복잡하게 변화하는데 특정 집단에 의해 고정되지 않고 이슈를 생성, 성장, 소멸시키기도 한다.

여론이 되기 위한 이슈는 먼저 공중의 관심을 유발할 수 있는 현저성과 뉴스 가치를 생성해야 한다. 이러한 이슈를 발굴하는 역할은 대부분 언론이 수행하고 있다. 대중은 뉴스가 있어야 하고 뉴스를 간절히 원하며 이를 필요로 한다. 이는 현대 정보 사회에서 뉴스와 같은 정보재가 마치 사회의 신경 세포 조직을 살아 움직이게 하는 생명선 같은 역할을 하기 때문이다. 이러한 맥락에서 언론 미디어가 여론의 형성 과정에 매우 중요한 역할을 한다고 볼 수 있다.

미국의 언론학자 커트 랭Kurt Lang과 글래디스 랭Gladys Lang(Lang & Lang, 1983)은 여론 형성에서 언론의 역할은 정치 지도자의 발언과 정치적 사안을 알리는 것이라고 했다. 아울러 대중은 언론을 통해 사안을 인지할 뿐만 아니라 통일된 여론을 형성하기 전에 언론을 통해 이슈를 관찰하고 생각을 정리할 수 있다고 강조하였다. 그들은 더 나아가 언론이 감시자로서 제3의 정당 역할을 담당하며, 대중의 의견이나 반응을 가시화한다고 보았다. 또 언론에 의해 가시화된 대중의 의견은 정당이나 정치 지도자에게 압력을 행사한다고 주장하였다(Lang & Lang, 1983, 윤석민, 2011: 463에서 재인용).

특히 언론이 대중에게 제공하는 뉴스란 최근에 일어난 일에 적시성을 갖춘 신선한 정보라고 정의할 수 있다. 대부분의 사람들은 자신이 좋아하는 것과 관련된 뉴스를 선호한다. 뉴스에 관한 관심은 주제와 배경, 등장인물에 대한 친숙함, 개인적인 관심사에 미치는 영향 등에 정비례한다. 또한 특정 뉴스에서 영향을 미치는 사람과 행위의 중요성에 따라 뉴스에 대한 관심사도 증가한다. 언론사는 사회 체계 내의 무수한 활동에 관한 정보를 수집하여 뉴스라는 형태로 정보를 재가공하여 전달한다. 예를 들어 소상공인을 비롯해 중견 기업, 대기업 등 기업은 자신의 사업에 영향을 미치는 사회 구조의 무수한 활동에 대한 정보를 얻기 위해 날마다 언론이 생산하는 뉴스를 수집하고 주시한다. 경제 주체뿐만 아니다. 입법부나 행정부, 사법부, 연구소, 대학 등 다양한 사회 조직도 자신들의 활동을 대중에게 알리거나, 정책 수립 전후에 대중의 의견을 수렴하거나, 이슈 발표 전 우호 여론을 형성하기 위해 언론을 통해 이슈 만들기 작업을 하기도 한다.

여론은 특정한 이슈가 발생하지 않는다면 형성되지 않기 때문에 이슈의 성격에 따른 여론 형성 과정을 살펴봐야 한다. 이슈란 주제와 성격에 따라 많은 사회구성원의 관심을 받기도 하고, 어떤 이슈는 사회구성원의 관심이 저조하여 여론의 사각지대에 놓이기도 한다. 여론의 형성 과정은 일부 공중이 특정한 문제를 규명한 후에, 이를 다른 사람들이 주목할 수 있게 가져오면서 시작된다. 이는 공식적 혹은 비공식적으로 이뤄진다. 특정한 이슈가 언론을 통해 문제로 규정되면서 다른 사람들이 이를 알아보고 확인하게 된다.

언론의 중요한 인지적 영향 중 하나는 뉴스에서 특정한 목표나 속성에 관하여 여론을 집중시키는 것이다. 역사적으로 여론에 대한 의제 설정 효과는 그 증거가 강력한 편이다. 하지만 역설적으로 우리가 무엇에 대하여 생각하고 어떻게 생각할 것인지를 언론이 형성한다는 전제는, 태도나 의견, 행위를 형성하는 데 뉴스 미디어의 역할이 무엇인지 생각하게 한다.

매스 미디어가 특히 여론에 강력한 효과를 가지고 있음을 주장한 노엘레노이만(Noelle-Neumann, 1974)은 침묵의 나선 이론을 통해 사회구성원들이 매스 미디어를 통해 자기 주변 다수의 의견을 파악하는 경향이 있음을 밝혔다. 매스 커뮤니케이션과 대인 커뮤니케이션을 통해 구성원 간의 상호 작용이 나타나는데, 이 과정을 통해 지배적 여론이 형성된다는 것이다. 여기서 매스 커뮤니케이션이란 익명의 이질적인 거대한 수용자들을 대상으로 하는 커뮤니케이션으로서 공적인 메시지를 일시적으로 모든 수용자에게 동시에 전달하는 특성이 있다. 매스 미디어가 정치 이슈와 관련해 막강한 영향력을 갖는 것은 바로 이러한 특성을 발휘해 다수에게 메시지를 즉시 전달하는 공시성 publicity을 지녔기 때문이다. 특히 뉴스를 주로 다루는 언론 미디어는 정치적 사안이나 대통령, 장관, 공직자 등 인물에 대한 견해를 밝히거나 그들이 전하려는 메시지를 대중에게 전달함으로써, 사람들이 공인과 연관된 사안에 관하여 관심을 가지도록 하며 특정 사안에 대한 일정한 태도나 의견을 형성하는 데 영향을 미칠 수 있다.

침묵의 나선 이론은 사람들이 사회 내에서 자신의 견해가 우세한 다수 의견에 속하면 공개적으로 의견을 표명하고, 그렇지 않은 소수에 속할 때 침묵을 지키는 경향이 있음을 강조한다. 그 결과, 사회적으로 다수에게 지지받는 의견은 더욱 힘을 얻게 되고, 소수 의견은 점차 힘을 잃게 됨에 따라 지배적 의견이 여론으로 형성되기 쉽다는 것이다. 또한 이 이론은 개인의 의견을 표명하는 데 차이가 발생하는 원인을 인간이 지닌 근원적 심리 작용인 '사회적 고립의 두려움'이라고 설명한다. 사람들은 자신이 속한 공동체나 사회로부터 거부당하거나 소외되는 것에 대한 두려움을 가지고 있고, 이를 회피하기 위해 여론의 향방을 끊임없이 확인하고 구분하는 능력을 활용하여 미디어를 통해 여론 분위기를 파악한다는 것이다.

노엘레노이만은 각 개인이 고립에 대한 공포가 있다고 규정한다. 공포는 특정 집단 또는 사회의 의견에 따라 한 구성원을 고립, 무시 또는 배제하는 원인이 되는데, 고립에 대한 공포는 자신의 의견을 말하는 것보다 침묵을 유지하는 방향으로 이끈다고 주장하였다. 예를 들어, 정부가 어떤 정책을 발표했을 때 특정 의견이 다수의 사람에게 지배적인 의견으로 인정된다면, 반대되는 의견을 지닌 소수의 사람은 고립에 대한 공포로 인해 침묵하려는 경향이 크다. 이때 미디어는 지배적인 의견과 그에 대한 사람들의 인식에 관여하는 중요한 요소가 될 수 있다(Shanahan, Brossard, & Nesbitt, 2007).

노엘레노이만은 매스 미디어가 여론 형성에 강력한 영향을 미치고 있다는 점을 밝혀냈다. 침묵의 나선 이론은 여론의 형성, 변화, 강화의 과정을 사회심리학적 차원에서 잘 설명해 준다. 특히 한 개인의 의견이 인기가 없다고 인식되었을 때 그 사람은 자신의 의견을 잘 표현하지 않거나 숨기는 경향을 보인다. 한 개인이 의견을 표출하고, 다른 개인이 침묵하는 경향은 한

그림 3-1　침묵의 나선 모델

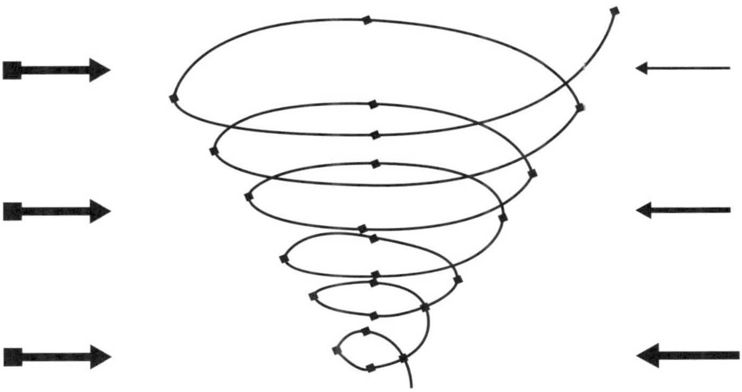

매스 미디어가 지배적인 것으로 표현하는 의견	다른 의견을 공개적으로 표현하지 않고 생각을 지배적인 의견으로 바꾼 사람들의 수	다른 의견에 대한 사람들의 지지 정도

출처: https://ko.wikipedia.org/wiki/침묵의_나선

의견을 지배적인 것으로 확립하는 '나선의 과정'에서 출발하는데 시간이 지나면서 이렇게 변화하는 인식은 한 의견을 더욱 지배적인 것으로 확립하며 그것은 유동적인 상태에서 굳어진 규범이 된다.

노엘레노이만은 침묵의 나선 형태를 다음과 같이 4단계로 구성해 설명하였다.

1단계는 권력자가 주목되어 있지 않았던 화제를 꺼낸다.

2단계는 주목되어 있지 않았던 화제에 대해서는 곧바로 반대 의견이 나오기 어려우므로, 일단 옳은 것으로 인식된다.

3단계는 특정 화제를 향한 지지나 찬성 이후에 나오는 비판에 대해서, 옳지 못하다고 평가해 배제를 시행한다.

4단계는 소수파가 된 비판 세력이 다수의 압력을 받아 비판을 포기한다.

침묵의 나선 이론은 거시적이면서도 미시적 차원에서 여론 형성 과정에 대한 설명력을 가졌다. 즉 특정한 이슈에 대한 여론의 움직임과 특히 선거 기간 동안 여론의 동향을 파악하는 데 도움이 되며 뉴스 미디어의 역할과 책임에 대하여 중요한 문제를 제기할 수 있다. 예를 들어, 여론 예측 조사 결과와 같이 매스 미디어의 다수 의견에 대한 보도가 현상으로 나타나면 여론에 대한 예측이 현실화되고, 소수가 목소리를 내지 못하게 된다. 다만 이 이론은 침묵의 이유를 지나치게 단순화하고 있으며, 침묵 효과에서 나타날 수 있는 인구학적, 문화적 차이를 간과한다는 비판을 받기도 한다.

언론 미디어는 수많은 기삿거리 중에서 수용자가 흥미가 있을 것으로 생각하는 몇몇 기사에만 초점을 맞추게 된다. 미디어 프레임이란 기사의 어떤 특정한 면에 관심을 두도록 하고 사건들을 서로 연결해 주며, 그래서 기사들이 의미하는 바를 이해하도록 도움을 주는 이야기 줄거리를 뜻한다. 한마디로 미디어 프레임 또는 미디어 틀은 기사에서 가장 의미 있는 것이 무엇이냐는 질문에 답을 주는 것이다(권혁남, 2006: 84).

미디어 프레임은 흔히 권력을 가진 사람들에 의해 종종 정의되고, 선택되며, 뉴스 미디어에 의해 운반된다. 이와 관련해 2차 세계 대전 이후 약 40년 동안 국제적 사건의 뉴스 보도들을 조사한 연구를 보면, 최우선적인 뉴스 틀을 결정짓는 데 '냉전' 프레임이 종종 큰 역할을 한 것으로 나타났다. 한 예로 미국에서 레이건 정부 시절 라틴 아메리카에 관한 많은 뉴스는 미국에 위협을 가하는 공산주의자라는 차원에서 틀 지어졌다. 당시 라틴 아메리카에서 일어나는 사건들은 다양한 관점으로 볼 여지가 많이 있었다(Severin & Tankard, 2001/2004: 383).

언론 미디어는 이슈를 다양한 방식으로 틀 짓는 경향Framing the News이 있다. 여기서 틀frame이란 "맥락을 제공하고, 선택, 강조, 배제, 인지정교화 등의 사용을 통해 해당 이슈가 무엇인지를 전달하는 것 등과 같은 뉴스 내용에 대한 주요 편성 관점"으로 정의할 수 있다(Tankard et al., 1991). 미디어학자들은 뉴스 미디어 보도를 조사하는 데 틀 짓기 개념이 유용함을 밝혀내는 다양한 연구를 수행했다. 미디어의 틀 짓기 개념은 과거 미디어의 '편견'에 관한 연구를 어느 정도 대체할 수 있는 새로운 패러다임을 제시했다. 편견에 관한 연구가 뉴스 보도에서 후보자나 정당과 같은 조직에 대해 어떻게 보도하는지(긍정/중립/부정)에 초점을 두었다면, 틀 짓기 관점에서는 특정 기사 유형으로 포장함으로써 해당 사건에 대한 편견이나 틀을 잘 간파하지 못할 수도 있다. 즉 언론 보도의 틀 짓기는 수용자에게 더 미묘하면서도 강력한 영향을 미칠 수 있는데, 편견이 개입된 기사가 다른 형태로 포장될 수도 있다.

로버트 엔트먼Robert Entman(1993)은 뉴스 프레임과 관련해 다음 네 가지 기능을 강조하였다. 미디어 프레임은 (1) 문제를 규정하고, (2) 원인을 진단하며, (3) 도덕적 판단을 내리고, (4) 처방을 제시한다는 것이다. 그는 각각의 뉴스 틀 짓기 기능은 문장별로 수행될 수도 있고 전체 텍스트에서 수행될 수도 있다고 하였다. 샨토 아이옌거Shanto Iyengar(1991)는 미디어에 의한 가장 중요한 뉴스 틀 짓기 중 하나는 해당 문제에 대해 누구에게 책임이 있는지, 그 문제를 해결하기 위해 누가 도울 수 있는지를 암시하는 것과 밀접한 연관이 있다고 주장한다. 그의 연구는 많은 TV 뉴스가 정황을 배제한 채 서로 분리된 개별적 사건에 초점을 맞춤으로써 시청자들이 사회 문제에 대한 책임을 사회 전반보다는 개인에게 돌리게 한다고 주장하였다. 예를 들어, 테러리즘에 관한 보도는 비행기 납치, 인질극 상황, 폭발 장면 등에 초점을 맞출 수도 있지만, 정치, 경제적 억압, 국제 정치, 지역 분쟁 등에 영향을 받은 일반적 정치 문제로 테러리즘을 다룰 수도 있다. 전자의 뉴스 틀은 수용자들이 테러리즘에 대한 책임을 특정 개인이나 집단에 돌리게 하지만, 후자의 뉴스 틀은 그 책임을 사회 전반적 요인으로 돌리게 한다(Severin & Tankard, 2001/2004: 383~384에서 재인용).

여론에 영향을 미치는 선거와 미디어 프레임의 사례를 살펴보자. 대통령 선거를 앞두고 어떤 후보가 낙태를 규제하는 새로운 제안을 발표했을 때, 미디어가 후보의 진술 자체만을 보도한다면 그것은 매우 짧은 기사에 불과할 것이다. 하지만 기자가 독자들이 쉽게 이해할 수 있도록 프레임을 가지고 기사를 작성했을 경우, 낙태 규제를 제안한 의제에 대한 특정한 프레임을 제시함으로써 그 후보가 발표한 새로운 낙태 규제안을 설명할 수도 있다.

특히 선거 캠페인 보도가 프레임되는 방식은 선거 캠페인에 지대한 영향을 끼치며, 역동성을 만든다. 예를 들어 미국 대통령 선거 캠페인 보도를 지배한 많은 프레임 중 게임 프레임은 후보자 간에 전략과 여론 조사에서의 순위, 승리 가능성 등에 집중한다. 그러다 보니 유권자에게 정치나 선거, 정책과 후보들에 대한 정보를 충분히 제공하기보다는 후보의 전략적 움직임, 유세 일정, 여론 조사에서의 순위 등을 과다하게 보도하고, 공격적 내용을 크게 부각하는 전략적 프레임을 더 많이 사용하는 경향이 있었다(권혁남, 2006: 85). 이러한 게임 프레임은 선거 막바지에 미디어의 선거 보도에서 잘 나타난다.

매스 미디어는 또한 여론 형성 과정에서 공중의 잠재적인 태도를 확인하고 사람들이 행동을 취하도록 활성화할 수 있다. 예를 들어, 선거를 앞두고 특정 정당이나 후보자에게 미온적인 태도를 가진 유권자는 매스 미디어의 선거 여론 조사 보도에 따라서 기꺼이 그 정당이나 후보자에게 투표하게 할 뿐 아니라, 다른 방식으로 정당이나 후보자에게 기부하게 할 수도 있다. 또한 정도는 아주 다양하지만, 매스 미디어는 틀 짓기를 통해 개인들이 다른 사람들은 무슨 생각을 하는지 알게 하는 중요한 역할을 한다. 이런 방식으로 미디어는 수많은 개인과 광범위한 지리적 영역을 포함할 수 있도록 여론의 재료인 이슈를 틀 짓고 이슈를 구축할 수 있다.

공중은 여론 형성에 어떻게 참여하는가

여론의 형성 과정에서 이슈를 생성하는 주체들은 언론사뿐만 아니라 정치인과 유명인, 전 연령층의 네티즌이다. 이들은 인터넷과 소셜 미디어를 적극적으로 활용함에 따라 여론 형성 주체의 다변화를 초래하고 있다. 네티즌은 대중이자 공중으로서 독립적인 시민들이고, 정치적, 사회적, 문화적 집단에 소속되어 블로그나 인터넷 카페 등에서 이슈를 생성하기도 하며 내적 역동성을 표출하는 주체다. 이들은 온라인상에서 이슈를 생성하는 데 참여하기도 하고, 상호 작용적으로 커뮤니케이션하면서 공론장을 활발하게 만드는 잠재력이 있다.

여론 형성 과정에서 공중은 토론과 대안 형성 단계에 참여하게 된다. 이 단계는 이슈와 관련해 밝혀진 문제에 대한 다양한 해결책과 방법을 찾기 위해 공중이 치열하게 토론하고 대안적인 제안을 모색하는 단계다. 문제를 다루는 방법이 이 단계에서 모두 펼쳐지고 진행된다. 특정한 이슈에 대한 긍정적인 측면과 부정적인 측면이 모두 논의되고, 토론되면서 숙의되는 그 과정에서 참여자들이 문제 해결을 위한 목표에 도달할 수 있는지도 분석된다. 이 단계에서는 문제 자체가 매우 상세하게 연구되며, 여론을 불러일으키기 위해 오피니언 리더가 뉴스거리를 다양한 미디어에 제공하기도 한다. 그런 이슈들은 기사로 보도되면서 공중의 인지도를 높일 수 있다.

신문이나 텔레비전 방송에서 나온 이슈가 알려진 이후에 다른 집단과 지역의 사람들이 언론 매체에 나와서 이슈와 관련한 토론에 참여하기도 한다. 이러한 토론 단계에서는 공중을 설득하기 위해 다양한 슬로건(구호)이 제시되기도 한다. 때때로 여론 형성 과정에서 감정에 치우치는 군중이 등장하기도 하면서 이슈에 대한 합리적인 측면은 고정 관념을 자극하는 슬로건과 감정 소구 등에 의해 상실되기도 한다.

공중의 토론 단계에서는 민주주의 사회에서 이성적이고 비이성적인 고려 사항이 모두 여론 형성 과정에 등장하게 된다. 예를 들어, 매스 미디어에 대한 '적대적 매체 지각' 현상이 나타날 수도 있다. 이 현상은 특정한 문제에 찬성하거나 반대하는 사람들 모두 언론 보도가 자신들의 입장에 불리한 쪽으로 편향되어 있다고 평가하는 경향을 말한다. 사람들은 쟁점 사안이 발생하면, 우선 그 사안에 대한 자기 의견을 일차적인 준거점으로 삼아서 언론 보도를 주관적 관점에서 평가하고, 언론이 막강한 영향력을 발휘함으로써 여론 형성에 적지 않은 영향을 미칠 것으로 판단한다. 이때 사람들은 자신의 의견이 일반 여론과 일치한다고 믿는 투사 행위를 통해 자신의 의견이 그대로 반영된 것이 바로 여론이라고 믿는 경향이 있다(오택섭 외, 2015: 78).

가상 공간에서 네티즌은 여론 생성 과정에서 정보의 생산자이면서 소비자로서 이슈에 대한 치열한 토론과 대안을 제시하기도 한다. 네티즌은 자신이 운영하는 것이 블로그든 유튜브 채널이든, 자신이 습득한 다양한 정보를 생성하고, 전달하며, 공중의 지지를 받고자 의견을 제시하면서 사회 여론을 형성하는 데 능동적으로 참여하고 있다. 특히 SNS 환경에서 정보 생산자 또는 의견 발화자는 이미 명성과 인기를 확보한 명사나 기존 뉴스 미디어뿐만 아니라 1인 미디어의 발전으로 일반 개인까지도 정보 생산자로 확대되었다는 점이 중요하다. 이들은 공중의 토론을 활발하게 하는 개별적인 장을 제시하면서 여론을 생성하고 확산시키는 데 부분적으로 주도적 역할을 하기도 한다.

특히 온라인 채널에서 인플루언서들은 다양한 집단 간의 연결 기능을 수행하는 '매개적 노드nod'로서 협상자의 역할도 한다(Ghosh & Lerman, 2009). 매개적 인플루언서는 인플루언서들과 수많은 팔로어 간의 직접적 상호 작용이나 거래를 활성화하는 데 기여한다(이원태 · 차미영 · 양해륜, 2011). 또한 트위터, 페이스북, 유튜브 같은 소셜 미디어는 이용자들이 토론에 참여하고 직접 여론 형성 과정에 개입하도록 유도하는 공론장의 역할을 담당한다.

소셜 미디어를 이용하는 개인들이 적극적으로 의견을 표명하지 않을 때도 온라인상에서 타인의 의견을 읽는 것만으로 여론 형성이나 담론 과정 일부분에 자신들이 참여하는 느낌을 받기도 한다. 이러한 경험은 SNS가 언론인이나 정치인이 아닌 일반 이용자가 직접 자신들의 이야기를 할 수 있는 공간이기 때문에 가능한 것이다. 또 SNS를 통해 사회 이슈에 관한 정보와 의견을 종종 받거나 올리는 사람들은 이미 참여의 동기가 강하게 형성되어 있기 때문이다.

공중의 토론과 대안 형성 단계에서 소셜 미디어의 활용은 나이, 성별, 사회경제적 배경 등을 초월해서 자신의 의견을 쉽게 게시하거나 다른 사람들의 견해를 피력하고 다른 웹사이트로 쉽게 '퍼 나르기'를 가능하게 한다. 이를 통해 온라인에서 이슈를 문제시할 뿐만 아니라 대안 모색을 위한 토론을 활성화할 수 있다. 즉 트위터를 비롯한 페이스북, 유튜브 등의 SNS는 공중의 새로운 정치 참여의 공간이 되고 사회 문제를 토론할 수 있는 공론장이 되기에 충분조건을 갖추고 있다. 네티즌은 온라인상에서 치열한 찬반 논쟁을 전개하면서 이슈에 관한 토론을 치열하게 펼쳐나가기도 한다. 구체적으로 온라인상에서 특정 주제에 관하여 찬성과 반대의 다양한 커뮤니티를 구성하면서 네티즌은 자신의 정치적 욕망을 분출시키는 경향이 있다. 그 과정에서 여론의 주체는 특정 정치 세력이나 정당, 또는 선거 후보자를 지지하는 세력으로 형성될 가능성도 있다. 하지만 특정인이 좋거나 싫어서 결성된 집단이기 때문에 이들은 여론 형성의 범위에 한정되지 않고 온라인 커뮤니티를 통해 자신들의 이해관계를 결집하고 나아가 적극적으로 여론을 표출하기도 한다(오관석, 2008).

매스 미디어에서 이슈화되어 뉴스 기사로 다뤄지는 사안이 여론으로 형성되기 위해서는 공중의 토론과 의견 형성 과정이 중요하다. 특히 대의 민주제 사회에서는 민주적 토론과 의사 결정을 위해 공중의 표현과 소통의 자유가 보장되어야 의견이 형성될 수 있다. 이른바 여론의 질은 공공 토론의 효율성에 달려 있다. 효율성의 기초는 자유로운 토론이며, 매스 미디어는 공중에게 중요한 사안이 무엇인가를 알려주고 공중의 의견을 가시화하여 구성원 간 상호 의사를 교환할 수 있게 하는 역할을 한다. 매스 미디어는 매일같이 다양한 뉴스 기사를 신속하게 전달하고, 해설 및 심층 보도로 주요 이슈들의 의미를 해석해 주며 궁극적으로 공중에게 의제를 설정하는 기능을 수행한다. 이렇게 매스 미디어가 설정한 의제에 관심을 가진 공중은 (자율적으로 생각하며 성숙한 시민 의식을 토대로) 인터넷과 소셜 미디어상에서 공적 토론을 벌이게 된다.

공론장에서 벌어지는 공적 토론은 여론 형성을 위한 필수 조건으로, 동일 언어의 사용과 용어나 개념에 관한 사회구성원 간 합의를 전제로 한다. 토론 과정에서 상대방을 이해하지 못한다면 대화 자체의 의미가 없으며, 여론 생성의 모태가 되는 이슈나 쟁점에 관해 공중이 잘 파악할 수 없으므로 의견을 모으기 어렵다. 특히 여론은 일반적으로 (구두 혹은 문자) 언어로 표현된다. 상당수의 사회구성원이 특정한 이슈에 관해 전부 의견을 갖고 있지는 못하더라도 최소한 그 이슈에 관하여 인지하고 있어야 여론이 형성된다. 대체로 여론은 토론 과정을 거쳐 이성적이고 합리적인 숙의가 이뤄지지만, 여론 형성 과정에서 비이성적이거나 감정적인 요소가 개입될 수도 있다.

무엇보다 공중의 의견은 언론이 보도한 뉴스를 통해 특정 이슈나 상황에 대한 개인적, 집단적 생각으로 만들어지기도 한다. 이러한 공중의 의견 형성 과정에는 사람들의 이성과 정서적 감성이 결합해 있다. 즉 공중이 대중이나 군중과 구별되는, 합리적으로 토론할 수 있는 이성적 존재로서 합리적 판단만 하는 것이 아니라, 의견을 형성하는 과정에서 개인의 신념, 느낌, 기호, 취향, 감정, 희망 같은 정서적 부분도 동시에 작용하는 경우가 비일비재하다.

공중이 참여하는 의견 형성 단계에서는 모든 연설과 구호,

대화와 토론으로부터 여론이 형성된다. 이때 사회구성원의 다수majority는 특정한 이슈에 관하여 마지막 결정에 도달하게 되며, 그 결과 의견에 대한 비교 분석을 통해 결론이 도출되고 표현된다. 이 최종적인 의견이 여론으로 수렴된다. 많은 숙의 후에 공중은 어떤 결정에 도달하게 되는데, 특정한 사회 집단의 의견만 반영되는 것을 금지해야 한다. 이 사항을 효과적으로 실행하기 위해 다양한 사회구성원들이 능동적으로 의견 형성 단계에 참여하고, 의견을 개진하는 노력이 뒷받침되어야 할 것이다. 물론 사안에 따라 공중이 토론이나 숙의 과정을 거치는 시기가 아주 짧을 수도 있으며, 매스 미디어가 여론 형성을 가속화하는 사례들도 있다.

매스 미디어가 정책 여론에 미치는 영향

2022년 5월 새로운 정부 출범 이후, 교육부 장관이 불과 34일 만에 사퇴한 일이 있었다. 이 사례를 통해 매스 미디어가 이슈를 생성하고 의제를 설정한 이후 공중의 의견이 빠르게 여론으로 형성되는 과정을 살펴볼 수 있다. 이 사태의 결정적 계기는 "5세 입학 내용을 포함한 학제 개편안"에서 촉발되었다. 이 개편안이 부정적 여론을 일으켰기 때문이었다. 교육부 장관이 대통령에게 업무 보고를 시작한 7월 29일에 발표된 이 교육 제도 개편안은 10일 만에 철회되었으며 '장관직 사퇴'라는 결과를 초래하였다(표 3-1 참조).

표 3-1 교육 제도 개편과 관련한 사건 개요

날짜	내용
7. 29	박순애 교육부 장관, 대통령에 교육부 업무 보고, 대통령 시행 지시 교총, 한유협, 사립유치원협 등 유관 교육 단체, 일괄 반대 성명
7. 30	박순애 장관, YTN에 출연해 교육 개편안 대담 초등/영유아 교육 유관 단체, 교육학 전공 대학 교수, 정의당/민주당 등 야당, 학부모 카페 댓글 찬반 논란 가속화 보도
8. 1	박순애 장관, 오전 김현정 뉴스쇼(CBS) 출연 43개 교육/보육/시민단체연합 '만 5세 초등학교 취학 저지 범국민연대' 집회 한덕수 총리, 오전 박 장관 전화, 개편안에 대해 학부모 등 다양한 의견 경청 주문 박순애 장관, 오후 영등포구 한국교육시설안전원에서 약식 기자회견 진행
8. 2	대통령, 박 장관 전화해 각계각층 의견 수렴 및 교내 방과후 돌봄 중심 편제 지시 야당 인사 및 전교조, 개편안 비판 또는 시위 박순애 장관, 오후 6개 학부모 단체 긴급 간담회 참석
8. 3	장상윤 교육부 차관, 유치원 학부모 9명과 긴급 간담회 및 라디오 시사 프로그램 출연 박순애 장관, 광주 방문해 소방 시설 점검 야당 및 서울, 울산, 경기 교육감, 개편안 반대 의견 제시
8. 4	학부모 단체, 개편안 철회 위한 국회 긴급 토론회 개최 박순애 장관, 2학기 코로나19 학사 운영 방침 발표장에서 기자 질문 요청 거부해 논란 박순애 장관, 교육부 간부 회의에서 맘카페 댓글 홍보 및 결과 보고 지시하기도
8. 5	외고 학부모회 및 전교조, 박순애 장관 사퇴 촉구 회견
8. 8	박순애 장관, 교육부 장관직 사퇴(취임 34일, 학제 개편안 발표 후 10일)

사건의 발단은 장관의 업무 보고 내용이 전국 일간지와 온라인 신문에 속보로 나오면서부터다. 여러 교육 유관 단체가 이에 반대 성명을 발표하였다. 반대 이유로는 유아기 발달 상황을 고려해야 한다는 것을 비롯해, 유아·돌봄·초등 교육 방식의 차이, 입시·사교육 과열 심화 예상, 맞벌이 가정 사교육비 부담 증가 등이 반대 이유로 제기되었다. 초등·영유아 교육 유관 단체, 교육학 전공의 대학 교수들, 정의당·민주당 등 야당, 학부모 카페 등에서도 찬반 논란이 가속화되었으며, 이에 관한 부정적인 언론 보도가 많았다.

특히 현장의 의견 수렴 없이 진행된 학제 개편안에 대하여 사교육 과열 등을 우려한 교원연합의 반대 성명에다, 정책의 즉각 철회를 촉구하는 학부모 단체의 주장이 이어졌다. 또한 학부모와 교육 단체의 개편안 반대 국회 기자 회견/토론회가 개최되었다. 이는 언론 보도를 통해 부정적 여론으로 확산되었다. 더 나아가 '박순애 장관 사퇴 촉구 기자회견'을 연 전국교직원노동조합(전교조)과 전국외국어고등학교 학부모연합회 등의 움직임은 장관직 사퇴와 교육부의 개편안 철회라는 결과로 이어졌다.

그림 3-2는 정부 정책이 어떻게 반대 여론에 부딪혀 좌초되었는지를 각 여론 형성 단계에 따라 정리한 것이다. 7월 29일 정책이 보고되자 전국 일간지들이 속보로 의제를 설정한 후, 교육부 장관이 대통령에게 사안을 보고한 하루 만인 7월 30일 이후, 교육 유관 단체의 일괄 반대가 나타났고, 이는 언론사들이 이슈를 문제시하기에 충분하였다.

그림 3-2 학제 개편안 발표에 관한 여론 형성 과정

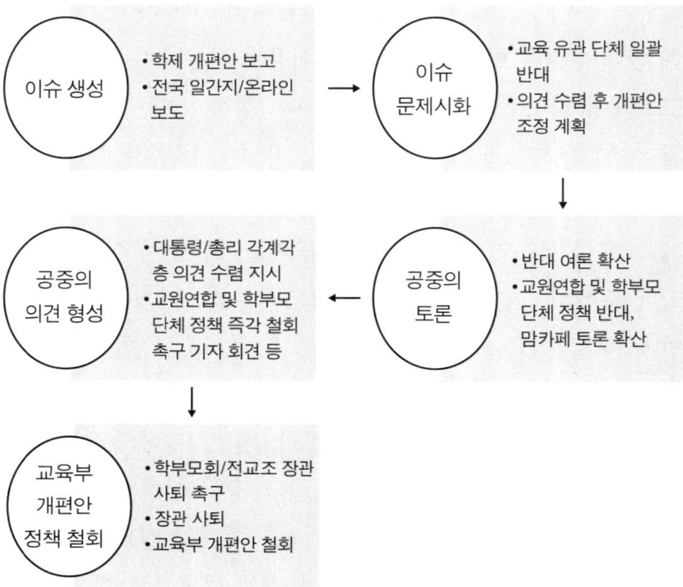

정부는 뒤늦게 공중의 토론 단계에 앞서 의견 수렴 후 개편안을 조정하겠다고 발표했으나, 언론에서 문제시한 이슈를 보도한 이후 반대 여론이 확산되는 촉매가 되었다고 볼 수 있다. 그 결과 공중의 토론은 더욱 활발해졌으며, 교원연합 및 학부모 단체들의 정책에 대한 반대 견해는 온라인상 공중의 토론장인 온라인 카페나 SNS, 기사 댓글창 같은 공론장에서 활발한 토론으로 이어졌다. 다양한 단체들의 입장 발표와 함께 학부모들의 반대 의견이 언론에 보도되면서 공중의 의견이 부정적인 여론으로 형성되었고, 이에 따라 대통령과 총리는 각계각

층의 의견을 수렴하도록 지시하였다. 그렇지만 이러한 대응은 교원연합 및 학부모 단체의 반대 여론을 더욱 거세게 불러일으켰고, 유관 단체들은 정책의 즉각 철회를 촉구하는 다양한 기자 회견을 열었다. 야당은 이를 정치 쟁점화하였고, 교육부 장관의 사퇴를 촉구하는 시위도 벌였다. 여론 형성 세력의 주체로서 교육 기관과 사회단체, 여기에 정당까지 동참함으로써 정책과 반대되는 여론은 급속하게 형성되었다. 이에 따라 학제 개편안 발표 10일 만에 박순애 장관은 새로 출범한 정권에 부담을 주지 않으려 사퇴하게 되고, 교육부 차관이 개편안 정책 철회를 발표하였다.

그림 3-2의 여론 형성 과정을 살펴보면, 무엇보다 공중의 토론과 의견 형성 과정은 교육부 정책뿐만 아니라, 새로 출범한 정권에 대한 비판으로까지 연결되는 양상을 보였다. 교육 현안마다 각을 세우던 전교조와 한국교원단체총연합회(교총)도 이 사안에 관해서는 함께 반대하였다. 교육 단체들은 관련 학제 개편 방침을 철회할 것을 요구하는 공개서한을 대통령실에 전달했으며, 정책 발표 단 하루 만에 시작된 온라인 반대 서명에 참여한 인원은 단 이틀도 되지 않아 13만 명을 넘어섰다(김소희, 2022. 8. 1).

표 3-2는 학제 개편안과 관련한 여론 형성 과정에서 언론사가 이슈를 어떻게 발표하고 문제시화했는지를 보여 준다. 기사 제목에서 엿볼 수 있듯이 대부분의 언론사는 정책에 대한 취지와 핵심 내용보다는 만 5세 입학의 문제점을 중심으로 부정적인 프레임으로 보도한 경향이 있었다. 특히 이슈 생성 단계

표 3-2 이슈 생성과 이슈 문제시화 관련 언론 보도

날짜	언론사	기사 제목
2022. 7. 29	조선	초등학교 1년 일찍 들어간다… 이르면 2025년부터 만5세 입학
	중앙	2019년생부터 만5세 초등 입학한다… 자사고 존치, 외고는 폐지
	서울경제	"교육격차 해소" 명분에도… 학부모 "입시 · 취업경쟁 가중" 반발
	서울	초등 입학연령 1년 당긴다… 격렬한 '논란' 예고
	세계	한 학년 만5 · 6세 뒤섞여 수업… 교육현장 혼란 우려 [뉴스 투데이]
	경향	박순애 "교육청과 논의 안했다"… 일방적 학제개편 논란
	머니투데이	"연년생인데 같은 학년되나요" 입학연령 하향에 예비학부모 '멘붕'
7. 30	YTN	박순애 장관 출연해 교육개편안 대담
	YTN	초등학교 입학 1년 빨라진다… 2025년부터 만 5세 입학 추진
	한국	"형들과 경쟁하는 만 5세 어쩌나"… 취학 연령 하향에 벌써 거센 반발
	세계	전문가들 "7세 입학, 유아 발달에 안 맞고 입시 · 취업 경쟁 부추겨
	한국경제	"7살 초등학교 입학 결사반대"… 맘카페 단톡방 불났다
	매일	'7살 초등학교 입학' 추진에, 학부모들 불만 부글부글
	매일경제	"1년 빠른 입학 누가 원하나요?"… '7세 입학 추진'에 맘카페 난리, 교총도 반발
	서울(넷만세)	똥 못 닦는 7세 수두룩"… 맘카페도 2번남도 '취학연령 하향' 비판 한목소리
8. 1	CBS	박순애 장관, 오전 김현정 뉴스쇼(CBS) 출연, 입학연령 4년→12년 개편안 제안
	세계	'초등 학제 개편안'에 거리로 나선 학부모들… "소중한 영 · 유아기 지켜줘야" 한목소리
	한국	"만 5세 어린 자식 경쟁 내몰 수 없다" 학부모·교사 대통령실 앞 성토
	국민	'만 5세 입학' 거센 역풍에… "확정 아냐" 허둥지둥
8. 2	국민	한덕수 "다양한 국민 의견 경청하라"… 교육장관에 지시

	파이낸셜 뉴스	'맘카페'가 尹정부 움직였다… 초등 조기입학 수정
	서울	서울, 취학연령 하향 반대 1인 시위하는 전교조 위원장
	강원도민 일보	"4살 아이가 오빠랑 같이 학교다닐 판… 학제개편 철회해야" 맘카페 '부글부글'
	중앙	대통령실 "국민 뜻 못 거슬러"… '5세 입학' 尹지시서 한발 후퇴
	중앙	[속보] 박순애 "국민이 원치 않는 정책, 폐기될 수 있어"
	국민	'만 5세 입학' 불 붙자… 허겁지겁 간담회
	경향	'만 5세 입학' 발표 나흘 만에… 박순애 "국민 원치 않으면 폐기"
	중앙	"장관님, 위로받자고 이래요?"… 학부모 손 잡던 박순애 머쓱
8. 3	KBS 라디오	장상윤 차관, KBS 라디오 '최경영의 최강시사' 출연
	YTN	강득구 "만 5세 입학, 학생 · 학부모 · 교사 98% 반대"
	문화	〈사설〉 '5세 취학 아니면 말고' 박순애 교육장관 당장 바꾸라
8. 4	서울	성난 민심 "공론화도 국민 세금으로"… 교육부 "확정적으로 알려진 건 저희 불찰"
	세계	박순애 취임 한 달… 도덕성 · 전문성 논란이 '과속 정책' 비판으로
	서울	박순애 학제 개편안 질문에 '묵묵부답'… 기자들 피해 달아나다 신발 벗겨지기도
	YTN 라디오뉴스	박순애, 사퇴해야. 누군가 반드시 책임져야 할 심각한 일
	연합뉴스	박순애, '만5세 입학' 논란 당시 맘카페 댓글홍보도 지시
8. 7	세계	잇따른 '갈지자' 발표에 보수까지 냉담… 사라진 박순애 부총리
8. 8	동아	[단독] 박순애 교육장관 주내 교체 가닥
	조선	교육부, '만 5세 입학' 접나…국회 보고서에서 뺐다
	중앙	[속보] 박순애 부총리, 곧 거취 관련 긴급 기자회견…사퇴할 듯
	조선	박순애 교육장관, 35일 만에 사퇴… "학제 개편 논란, 제 불찰
	세계	박순애 부총리, 취임 34일 만에 사퇴… 尹정부 장관 첫 사임
8. 9	세계	[속보] 교육차관 "만 5세 입학, 현실적으로 추진하기 어려워져

에서부터 "격렬한 논란," "교육 현장 혼란," "일방적 학제 개편," "학부모 멘붕"과 같은 단어는 이슈를 문제화하는 방향으로 여론을 이끌었다. 이슈 문제시화 단계에서는 "벌써 거센 반발," "입시, 취업 경쟁 부추겨," "결사반대," "불만 부글부글," "맘카페 난리" 등 부정적인 시민들의 반응을 중심으로 공중의 토론거리를 제공하였다. 의견 형성 단계에서는 "국민 의견 경청"과 "학제 개편 철회" 요구, "국민 뜻 못 거슬러… 한발 후퇴" 등으로 기사 제목들이 이어졌다. 사건 발생 불과 1주일여 만에 교육부 장관 교체설이 한 신문의 사설 제목에서 나왔고, "성난 민심," "과속 정책," "반드시 책임져야 할 심각한 일" 등으로 여론이 형성되어 갔다.

이러한 기사 제목만 보고도 여론의 향방과 추이에 대해서 언론이 시민들의 여론 형성 과정에 미친 영향을 어느 정도 추론할 수 있다. 이는 단기간에 국민적 여론이 단계별로 형성되는 과정을 보여 준 것뿐만 아니라, 정부의 신중하지 못한 정책 발표와 대응이 어떤 결과를 초래하였으며, 정책 수립 과정에서 시민의 다양한 의견 수렴 과정이 얼마나 필요하고 중요한지를 시사하는 사례라고 할 수 있다.

4장

온라인 여론은 어떻게 형성되는가

"현대 사회에서 개인들은 뉴스 추천과 정치 정보에 대해 온라인 소셜 네트워크에서 다른 사람들에게 갈수록 더 의존하게 되며, 그들의 지식과 의견, 행동 등은 이러한 사이트 속 정보의 흐름과 사회적 다이내믹에 의해 영향을 받는다."

— 브라이언 윅스 외(2017: 105~123)

온라인 여론은 인터넷 시대가 가져온 하나의 산물이다. 온라인 여론 역시 공중이 메시지(이슈)를 공유하고 서로 관심사를 교환하는 커뮤니케이션 과정을 통해 형성된다. 이는 온라인 여론 형성에도 먼저 공공의 관심사(이슈)가 있어야 하며, 이러한 관심사를 쟁점화하는 데 소통 채널로서의 인터넷 언론과 특정 이슈에 관심을 가진 다수의 네티즌이 존재해야 함을 의미한다. 온라인 여론은 단순히 정보나 의견 전달에 의한 것이 아닌, 메시지에 대한 상호 대화 과정을 통해 형성된다. 온라인 미디어의 대표적인 속성인 정보 공유와 대화로 자발적인 커뮤니케이션 행위를 유도하면서, 다양한 인터넷 언론들이 온라인 여론 형성의 장으로서 역할을 하는 것이다(Nielsen Koreanclick, 2012. 1. 19).

인터넷상에서 대화와 토론을 통해 형성되는 온라인 여론online public opinion은 특정한 사회적 현상이나 구체적인 역사적 무대와 사회적 공간에서 공중이 관심이 있는 주제에 관해 표현한 의견 또는 태도의 집합체로서 정의할 수 있다. 보다 구체적으로 온라인 여론은 인터넷에 접속한 참여자로 한정하여 특정한 쟁점을 둘러싸고 정서적으로 밀접한 사회구성원 간에 네트워크를 통해 형성된 다수의 의견이라고 간주할 수 있다(오관석, 2008: 46). 여론이 특정한 사회적 공간 내에서 사회 문제에 갖는 다수의 의견 집합체라고 한다면, 온라인 여론은 시간과 공간에 제한되지 않고, 사람들 사이에 정보 교환을 쉽게 하면서, 다수의 채널을 통해 공중의 의견을 빠르게 확산시킬 수 있다.

여론 형성 과정에서 이슈의 중요성을 부각하는 온라인의 의제 설정 기능은 국내에서도 일찍이 인터넷 사용이 전 국민으로 확산한 2000년대 초반부터 발견된다. 예를 들면 2000년에 설립되어 2019년에 해체된 '노사모(노무현을 사랑하는 사람들의 모임)' 홈페이지는 온라인 공론장의 기능을 수행했던 대표적 사례로 들 수 있다. 노사모는 대한민국 최초의 정치인 팬클럽을 지향하면서 만들어졌고, 이후 시민 사회 운동을 지속해서 벌여 나갔으며, 노무현 전 대통령이 되임, 서거 이후로도 운영됐으나 2019년 활동을 종료하였다(노무현재단, 2019. 11. 1). 노사모의 선거 캠페인은 온라인 정치의 양방향 특성을 살려 네트워크를 형성하면서 이슈를 발굴하고 공감대를 형성하였고, 온라인 선거 캠페인을 통해 의제 설정과 네티즌의 관심을 유도할 수 있는 영화 배우나 가수 등의 활동을 활용하여 노무현 후보 홈페이지로 유입하는 데 성공한 사례다(윤성이, 2003).

온라인상에서 공중이 정치적 의견을 표출하는 행위는 선거 기간에 폭발적으로 증가하는 경향이 있다. 특히 한국의 대통령 선거는 전국적인 이슈가 온라인상에서 형성되고 시선이 집중되는 반면, 총선의 경우에는 시선의 분산 효과가 나타났지만, 전국적인 이슈와 지역 이슈가 혼재되어 선거 열기를 높이고 경쟁을 부추기면서 정치 참여를 증대시킨 경우도 있었다(오관석, 2008).

미국에서는 온라인 여론이 선거에 영향을 미친 사례로 "마카카macaca" 사건을 들 수 있다. 2006년 11월 중간 선거 기간에 보수 공화당의 조지 앨런George Allen 상원의원이 자신과 맞설 민주당 후보 제임스 웹의 선거운동원을 두고 "마카카"라고 말하는 모습이 담긴 테이프가 공개되었다. "마카카"란 단어는 '짧은 꼬리원숭이macaque'라는 의미에서 파생된 말로서 몇몇 유럽 국가에서 타인종을 비방하는 말로 사용된다. 민주당의 선거운동원이 인도 출신이라는 점을 들어 희화화한 것으로 적절치 못한 발언이라고 할 수 있다. 해당 내용이 유튜브에 게시되면서 네티즌의 항의가 빗발쳤고, 동영상 속 인종을 비하하는 발언이 확산됐다. 앨런 의원은 이 선거운동원을 모욕할 의도는 없었고 단지 악의 없는 농담일 뿐이었다고 해명했다. 하지만 〈워싱턴 포스트*The Washington Post*〉는 이 문제를 두 차례나 1면에 보도하면서 앨런 의원이 인종적으로 적절치 못했을 뿐 아니라 어리석기까지 하다는 칼럼을 게재했다(토마스, 2006. 8. 30). 결국 앨런 의원은 낙선했다. 이는 온라인상에서 이슈가 생성되어 네티즌 사이에 비판적인 토론이 확산하였고 주류 언론이 뉴스로 보도하면서 선거에서 불리한 여론이 형성된 사례로 볼 수 있다. 이는 온라인 여론도 매스 미디어인 언론이 온라인상의 이슈를 문제시하면서 의제가 본격적으로 설정될 수 있음을 시사한다.

한편, 미디어 기술의 급속한 발전은 여론 형성의 조건들을 변화시켰다. 무엇보다 온라인상에서 미디어 이용자의 상호작용성을 강화하면서 공중의 여론 형성과 참여 방식이 더욱 수월해졌다. 특히 유튜브를 비롯한 1인 미디어의 발전으로 개인들이 이슈 생산 과정에 직접 참여가 가능해지면서 인터넷 뉴스 생산 주체가 더 많아졌다. 예를 들어 유튜브상의 무수한 개인 채널이 급격하게 늘어나는 현상은 여론 형성의 환경 자체를 변화시키기도 하였다. 이와 같은 미디어 환경의 변화로 인해 인터넷상에서 정부와 국민 사이의 소통이 활발해졌고, 정치인과 유권자의 대화도 증가하였으며, 여론을 표현하는 새로운 방법도 추가로 등장하였다. 특히 공중은 인터넷을 통한 사회적 의견들을 수집하기가 수월해졌고, 온라인상에서 활발한 토론을 통해 이슈의 쟁점화가 가능해지면서 여론을 토대로 한 공공 정책의 민주화가 증진되는 경향도 나타났다.

한 예로 중국의 공공 정책에 미치는 온라인 여론의 가치를 분석한 황빙Huang Bing(2020)의 연구를 살펴보자. 그는 인터넷의 대중화와 응용이 사람들에게 엄청난 편리함을 가져다주었으며, 이는 정부와 국민 사이의 소통과 상호 작용을 촉진하고, 새로운 방식으로 공공 정책에 여론을 표현하는 방법을 더해 주었다고 주장하였다. 그의 연구는 공공 정책에서 온라인 여론의 영향에 중점을 두고 이와 관련한 개념과 특징들을 검토했으며, 공공 정책에 미치는 온라인 여론의 긍정적이고 부정적인 효과에 관하여 사례들과 데이터를 수집하여 그 가치를 분석하였다. 황빙은 인터넷 여론이란 인터넷을 통해 특정한 역사적 단계와 사회적 공간에서 공적인 관심이 높은 사회현상이나 주제에 대해 표현한 공중의 의견 또는 태도의 집합체로 규정할 수 있다고 주장하였다. 황빙(2020)이 제시한 인터넷 여론의 특성은 다음과 같다.

첫째, 인터넷은 시간과 공간의 제한을 받지 않고, 사람들 사이에 정보의 교환을 수월하게 한다. 아울러 인터넷 여론은 다중의 채널로 급속하게 확산하고, 인터넷 사용자들의 정동을 증가시킬 수 있다. 사람들은 인터넷을 통해 온라인 여론을 빠르게 이해할 수 있다. 특히 (중국의) 큐큐QQ나 위챗WeChat, 웨이보Weibo 또는 다른 인기 있는 온라인 플랫폼을 통해 여론을 파악할 수 있다. 가상적인 네트워크 환경에서 공중은 자신을 노출하여, 더 많은 인터넷 여론을 획득할 수도 있고, 이에 따라 네티즌은 인터넷 여론에 대하여 발언의 자유를 갖고 충분히 자신의 견해와 태도를 표현할 수 있다.

둘째, 가상의 네트워크 환경에서 네티즌은 익명성으로 인해 자유롭게 자신들의 견해를 표현하고 교환할 수 있다. 온라인 환경에서는 국민의 다수와 네티즌이 모두 동등하게 말할 기회를 가지며, 익명으로 자유롭게 말할 방법을 취할 수 있다. 이러한 익명성은 인터넷 여론을 광범위하게, 다양하게, 풍부하게 하고, 인터넷 여론의 급속한 확산을 가속한다.

셋째, 가상 네트워크 환경에서는 네트워크상의 이슈들이 풍부하고 다양하므로 여론 형성 과정에서 시간과 공간의 제약을 깨뜨릴 수 있다. 다시 말해 공중이 많이 사용하는 소셜 네트워크의 경우, 다양한 네트워크 이슈들을 통합하고, 전파하며, 여론 이슈를 형성한다. 공중은 자유롭게 네트워크에 참여하여, 여론을 교환하고 상호 작용할 수 있다. 인터넷 여론의 주제(이슈)들은 사회의 정치적, 경제적, 문화적 측면을 포함해 풍부하고 다양하므로, 온라인상에서 다른 시간대에 다른 당면 이슈만으로도 활기가 넘칠 수 있다(Huang, 2020).

인터넷을 매개로 하는 온라인 여론은 사회에서 현재의 뜨거운 이슈를 반영한다. 사회 안전과 관련한 사건, 도덕적 사건, 교육적인 사건 등을 비롯해 다양한 사회적 이슈가 온라인 여론에서도 반영된다. 정책 이슈의 형성은 공공 정책에 대해 형성된 온라인 여론과 주요한 관계가 있다.

인터넷의 역할은 사회적 이슈를 정치적 영역으로 끌어올리고 공공 정책의 의제는 공공 이슈로서 형성된다. 예를 들어, 2017년 중국 '위린시 임산부 추락 사건'은 인터넷에서 널리 전파되고 논의되었는데, 보도로 인해 희생자와 그 가족은 직접적인 주목을 받았다. 2017년 8월 30일에 중국의 한 임산부가 제왕절개 수술을 받지 못해 스스로 목숨을 끊는 사건이 일어났다. 9월 6일 〈인민망〉, 〈봉황망〉, 〈신화통신〉 등 현지 언론은 중국 북서부 산시성 위린시의 한 병원에 입원한 한 산모가 가족에게 제왕절개 수술을 허락받지 못하자 병원 고층에서 투신했다고 보도했다. 초기 보도에 따르면 태아로 인해 산모의 건강에 위험을 끼칠 수 있어 의사들은 제왕절개 수술을 권했고 산모는 가족들에게 제왕절개를 하게 해달라고 요청했지만 거절당했다. 이 사건과 관련해 병원 측은 소셜 미디어인 웨이보를 통해 성명을 발표하였으며 산모와 남편의 자연분만 동의서도 공개했다. 그러나 산모의 남편은 제왕절개를 거부한 것은 병원 측이라고 주장하였다. 누구의 책임인지 밝혀지지 않은 채, 대중은 중국 뉴스163닷컴(https://news.163.com)에서 수많은 의료진이 있었음에도 어떻게 산모가 추락하도록 방치했냐는 비판을 제기하였다(안정은, 2017. 9. 7).

처음에는 이 사건이 공적 이슈가 되지 않았지만, 이후 산모가 죽기 전 병원에서 녹화된 "무릎 꿇은 여성"이라는 CCTV 영상이 유포되면서 인터넷상에서 더욱 큰 관심을 끌게 되었다. 이 사건이 인터넷상에 퍼지면서 높은 공적 관심을 불러일으켰다. 또한 병원을 비롯해 의료 정책에 대한 공중의 관심을 이끌어 냈다. 이 사례는 사건의 사회적 이슈가 인터넷 여론에 의해 촉진된 것으로, 추후 공공 정책의 이슈로 부상하게 되었다.

앞의 사례에서처럼 온라인 여론은 공중이 직접적으로 공공 의제에 참여하게 한다. 온라인 여론의 등장과 전파는 정부가 당시(그때의) 사람들 생각을 이해할 수 있게 하며, 사람들의 생활 속으로 들어가 과학적이고 현실적인 공공 정책을 수립하게 한다. 정부는 온라인 여론을 통해 대국민 서비스 정책을 계획하거나 동시에 비합리적인 공공 정책에 대응하기도 한다. 즉 온라인 여론은 정책에 필요한 조절과 개선을 취하게 하는 것이다.

공공 정책에 대한 온라인 여론의 영향 가치를 분석해 보면, 온라인 여론의 등장은 사회적 이슈들을 승화시킬 수 있으며, 공공 정책의 의제로 올려놓고 나서 공공 정책 이슈들을 형성할 수 있다. 이러한 공공 이슈들은 공중에게 새로운 정치적 참여와 그들의 권리 및 이해관계를 지키도록 방법을 제공하며, 공중은 시간과 장소에 구애받지 않고, 공공 정책 관련 여론 형성 과정에 참여할 수 있다(Huang, 2020).

온라인 여론과 SNS 공론장은 어떻게 만들어지는가

온라인 여론은 인터넷의 발달과 소셜 미디어의 활용에 따라 생성된 새로운 여론의 개념적 특성을 갖는다. 가상 공간에서 형성되는 온라인 여론에도 위르겐 하버마스Jürgen Habermas(1989)의 공론장 논의와 커뮤니케이션 능력 이론을 적용해 살펴볼 수 있다. 하버마스는 공론장의 구조가 변동하면서 시민 공론권의 회복은 시민 사회 내의 경쟁적 여론을 촉진할 뿐 아니라 의사소통의 공간도 확장했다고 주장하였다. 그는 인간은 고립된 존재가 아니라 다른 사람들과 사회관계를 이루며 일정한 사회적, 역사적 제약 조건 속에 존재하고, 의사소통 행위를 바탕으로 상호 이해할 수 있으며, 합의consensus하는 능력을 갖추었음을 역설하였다. 여기서 하버마스가 주장한 커뮤니케이션 능력은 의사소통 행위자들이 단지 상호 이해를 도모하고 대화하는 데 그치지 않고, 특정한 의제나 이슈에 대한 합의에 도달하는 것까지 포함한다(설진아 · 강진숙, 2021: 124).

하버마스(Habermas, 1996)는 여론은 사회생활의 한 영역으로 공론장의 성격을 가지며, 의견의 공적 집합체를 형성한다고 주장하였다. 그는 기존의 신문, 잡지 등 매스 미디어의 기능이 정치적, 조작 목적에 봉사하는 것으로 변질되는 과정을 보고, 공론장이 재봉건화refeudalization of the public sphere되어 간다고 역설하였다. 특히 미디어가 정치권력과 밀착하거나 지나친 상업주의에 매몰되어 시민 간에 상호 작용하거나 합리적으로 토론하는 데 한계를 갖는다고 비판하였다. 이에 비하여 온라인 미디어는 전통적 미디어에 대항하는 새로운 공론장을 제공하면서 공중이 자유로운 커뮤니케이션 행위를 통해 온라인 여론을 형성해 나가도록 추동하고 있다.

하버마스(1996)의 공론장 개념은 개방된 환경에서 의견들과 뉴스들을 공유할 장소로, 전적으로 전통적인 미디어와 면 대 면 대화를 위한 차원에서 영향력 있는 컴퓨터 매개의 커뮤니케이션으로 전이되고 있다. 하버마스는 공론장을 "여론이 형성될 수 있는 것과 같은 우리 사회생활의 한 영역domain"으로서 규정했다(Habermas, 1989: 1). 이러한 공간에서는 개인들이 토론에 참여하고 이바지할 때, 이성적이고 비판적인 논쟁들이 이뤄지고, 공적 관심에 대한 주제들만이 논의된다. 그 토론은 공중의 모든 구성원에게 개방되어야 한다는 특성을 갖는다. 따라서 여론은 공적 정책에 영향을 미치고자 하는 목표로 대화에 참여하는 시민의 의견과 생각이 합쳐지는 것으로 생각될 수 있다. 하버마스는 더 나아가 면 대 면 숙의가 중요하게 여겨지는 토론은 여론을 위하여 필수적이며, 여론은 토론과 객관적인 논쟁으로부터 나온 양질의 정보에 기초하여 변화한다고 제안해 자신의 개념을 분명히 표현하였다(Habermas, 2006).

한편, 이러한 하버마스의 공론장 개념은 면 대 면 상호 작용이 없고, 화자와 청자 간에 상호 관계가 부족한 매스 미디어의 게이트키핑 역할같이 '중개된' 공론장을 숙고하게 한다. 구체적으로 다나 보이드Danah Boyd(2010)의 '네트워크화된 공중'에 관한 글에 따르면, SNS는 공중을 전적으로 재구성하면서 토론을 위한 전통적 공간과 같은 기본적인 기능을 제공할 수 있는 능력이 있다고 볼 수 있다. 보이드는 네트워크화된 공중이 메시지들의 유포를 더 빠르고, 더 널리 퍼뜨리는 것을 허용하는 디지털 비트bits로 구성되었다고 강조한다. 또한 영속성, 복제성, 규모 확장성, 검색 역량 등과 같은 SNS의 구조적 행위유발성affordance은 공론장의 구조를 어쩔 수 없이 변화시키지만, 그렇다고 공중의 메시지가 변화하지는 않음을 주장하였다. 또 다른 공론장의 맥락 변화는 SNS의 구조적 특성으로서 개인적이고 전문적인 유대가 다양한 공적 디지털 공간에서 개인과 전문가의 표현이 서로 충돌하는 현상을 들 수 있다.

21세기 초에 하워드 라인골드Howard Rheingold(2002)는 인터넷을 통한 가상 공간은 시민들과 함께 의견을 교환하고 여론을 형성하며 정치적 행동을 끌어내는 공론장의 성격이 있다고 주장하였다. 인터넷 이용자들은 누구나 다양한 웹사이트나 소셜미디어를 통해 자신이 관심 있는 주제의 정보를 수월하게 검색, 구독, 해석할 수 있으며, 특정 이슈나 주제에 대한 자신의 의견을 자유롭게 개진할 수가 있다. 공중은 어떤 사회적 사건이 발생했을 때 온라인상에서 이에 대한 자신의 의견을 표현할 수 있는 자율성을 지녔으며, 그들의 의견은 국민 다수에 의해 인정받을 필요가 없다.

마크 본체크Mark Bonchek(1997) 역시 공론장의 중심축이 오프라인에서 온라인으로 점진적으로 이동해 왔다고 주장하였다. 그는 정치 이슈의 경우, 정치권이나 언론이 형성한 의제를 온라인상에서 네티즌이 재해석하면서 다수의 의견으로 결집하고 온라인상의 공중 의견집합체가 형성된다고 보았다. 온라인상에서 개인들의 의견은 다수의 채널을 통해 빠르게 전달, 공유되면서 여론 형성 과정에서 긍정적 또는 부정적 반응을 얻기도 하고, 다수의 공감을 획득할 때는 관심과 애정을 받으면서 쟁점이 확산할 수가 있다. 더 나아가 인터넷의 다양한 플랫폼은 상호 연결되어 있어 네티즌이 공감하는 이야기나 의견 등을 서로 퍼 나르기도 한다. 이로 인해 가상의 네트워크 환경 속에 개인의 의견은 집단의 의견으로 확장될 가능성이 커지게 되었다.

특히 온라인의 다양한 채널은 정치적 이슈에 대한 표출 도구로써, 정치적, 사회적 의제를 생산하며, 다수의 대중에게 정치적 이슈를 쟁점화하여 여론 형성의 장을 제공할 수 있다. 즉 다양한 인터넷 채널들은 재빠르게 온라인 여론을 전파할 수가 있다. 특히 광범위하고 복잡한 네트워크 환경에서 네티즌은 표현의 자유를 충분히 갖는 만큼, 온라인 여론에 대한 자신의 견해와 태도를 견지할 수도 있고, 여론이 전개되어 감에 따라 자신의 태도와 의견을 수정, 보완해 나갈 수도 있다. 이는 사이버상에서 온라인 여론 환경이 성장할 수 있는 고유한 특성과 온라인 미디어의 역할을 반영한다.

온라인 여론이 웨이보와 같은 소셜 미디어상에서 확산한 현상을 연구한 시웬중 등(Shi et al., 2022)에 따르면, 전 세계적으로 코로나바이러스가 퍼지면서 전염병 확산 방지와 통제를 위한 공공 정책이 많은 나라에 의해 채택되었다. 이 과정에서 사람들이 전염병에 대해 인식하면서 정치사회화되고 정보를 교환하는 데 온라인 소셜 플랫폼이 중요한 채널 역할을 했다. 무엇보다 엄청나게 축적된 소셜 미디어 데이터를 활용한 마이

닝 기법은 팬데믹 동안 질병에 관한 온라인 여론의 전개 과정을 분석할 때 소셜 미디어가 여론 관리와 연관해 매우 중요함을 드러냈다. 시웬중 등은 온라인 여론의 전개 과정을 탐구하기 위해 2019년 12월 1일부터 2020년 4월 30일까지 5개월 동안 4,500만 개 이상의 웨이보 포스트를 분석했다. 그 결과 코로나19 전염병의 발생과 급속한 확산은 단기간에 걸쳐 대중의 감정 중 '두려움fear' 부문에서 급격한 상승을 촉발했으며, 이러한 현상은 우한 및 인근 지역에서 특히 목격되었다. 동시에 주요 중심 도시에서 보이는 코로나19 전염병에 대한 반응은 '두려움'이란 감정이 주변의 도시보다 더 강한 것으로 나타났다. 이러한 분석은 유사한 주요 공적 사건(이벤트)하에 네트워크 여론을 관찰하는 데 참고 자료를 제공할 수 있다는 점을 보여 준다(Shi et al., 2022).

중국과 같은 사회주의 국가에서도 소셜 미디어는 인터넷 이용자들이 종종 포스팅하고 공유하거나 정보를 공동으로 생산하면서 공중을 연결하고, 소통하며 상호 작용을 하게 한다. 이 두 가지 기능인 사회적 상호 작용과 정보 공유는 소셜 미디어의 핵심이다. 중국에서도 개인 이용자나 공적인 조직, 전통적인 미디어 기업 혹은 국가 기관 등이 정보를 웹사이트상에 배포하고 있으며, 인터넷과 소셜 미디어 이용자들이 온라인 플랫폼에서 상호 작용적 대화를 통해 온라인 여론을 형성하고 있다. 이런 점에서 온라인 여론을 위한 가상 공간은 일반적으로 공적인 웹사이트와 소셜 미디어상의 사이트라는 두 차원으로 모두 살펴볼 필요가 있다.

SNS는 온라인 여론을 정확히 반영하는가

SNS를 기반으로 한 정치 토론에 관한 연구들은 SNS상에서 이용자들의 커뮤니케이션 실천과 하버마스의 건강한 공론장의 개념과의 연관성에 관해 서로 다른 평가와 견해를 제시하고 있다. 먼저 공적 토론에서 SNS의 역할에 대한 낙관적인 태도는 종종 20세기 말에 감소한 매스 미디어의 힘을 특징으로 하는 미디어 생산자들과 소비자들 사이에 재정의된 권력관계를 강조한다. 요하이 벤클러Yochai Benkler와 헬렌 니센바움Helen Nissenbaum(2006)은 SNS를 통한 소통의 편이성은 정치 토론과 관련해 개인을 수동적 수용자에서 능동적인 참여자로 그 위치를 바꾼다고 주장했다. 다른 학자들은 SNS를 기득권에 대한 도전을 분명하게 표현하고 공개적으로 행동하는 '반박하는 공중'을 촉진하는 수단으로 간주한다.

이에 반해 다른 학자들은 여론 형성에서 SNS 플랫폼이 수행한 역할에 대하여 낙관적이지 않거나 부정적이다. 루시 잭슨Lucy Jackson과 질 발렌틴Gill Valentine(2014)은 트위터가 익명성과 물리적 존재의 결핍과 연관되어 극복해야 할 부분을 지적하였고, 다른 학자들 역시 인터넷의 민주화 효과가 과장되었다고 주장한다. 인터넷 토론은 하버마스가 상상한 이성적이고 비판적인 토론을 익사시키는, 혼란스럽고 매우 당파적인 토론이라는 것이다. 크리스티안 푹스Christian Fuchs(2014)는 소셜 미디어 플랫폼들이 물질적인 이해가 바탕이 된, 개인적인 활동의 이윤을 추구하는 기업적인 허브 역할을 하는 것뿐이라고 비판하였다.

이와 같은 SNS의 역할과 특성을 종합하면 공중은 모두 정치적 토론을 만들거나 품질을 깨뜨리는 온라인 숙의deliberation의 근본적인 매커니즘을 더 잘 이해하는 것이 중요하다. 한 예로 SNS를 비롯한 소셜 미디어는 그 기능과 정보 공유 능력이 진화되고 있으나, 이데올로기적 '메아리 방Echo Chambers'과 같은 현상을 낳고 있다. 소셜 미디어는 대조적인 견해들에 노출될 수 있도록 촉진하는 데 사용되는 반면, 외부에 영향을 받는 유사한 생각을 지닌 사람들에게는 허위 정보를 전파하는 도구로 사용될 수도 있기 때문이다.

한편, 온라인 여론은 참여자의 익명성을 내포하고 있다. 가상 네트워크 환경에서 네티즌은 자신의 정체성이나 시공간의 제약을 받지 않고 견해를 자유롭게 표현하고 교환할 수 있다. 즉 네티즌은 온라인상에서 언론의 자유와 익명성을 누릴 수 있는 것이다. 온라인 환경에서는 거의 누구에게나 동등한 기회가 제공되고 네티즌은 말할 권리를 동등하게 갖는다. 적절한 시스템에도 불구하고 익명의 방법으로 자유롭게 말할 수 있다는 점은 온라인 여론의 특성을 광대함과 다양성diversity, 풍부함richness으로 규정지으며, 온라인 여론의 급속한 확산을 가속하는 요인이 된다.

특히 가상의 네트워크 환경에서는 이슈의 풍부함과 다각화가 이루어지며 시간과 공간의 한계를 돌파할 수 있게 한다(Huang, 2020). 또한 온라인 네트워크는 다양한 네트워크 문제들을 통합하고, 배포하여 여론 이슈들을 형성하며, 공중은 자유롭게 네트워크에 참여할 수 있다. 공중이 의견을 교환하고 상호 작용하는 데 온라인 여론 주제들은 늘 풍부하고, 여러 가지로 다양한 편이다. 이러한 특성에 기반하여 소셜 미디어를 비롯한 온라인 플랫폼들은 정치, 경제, 사회의 문화적 영역에서 이슈가 생성될 수 있다는 점을 포함해 다른 시간대에 다른 이슈와 연동되어 방문자 수가 급격히 늘어나는 활발한 공론장이 될 수 있다.

온라인 여론에는 이처럼 온라인상의 의견이나 정보 제공이 생산적인 공론장의 실마리를 보여 준다는 긍정적 평가도 있다(박선희, 2001). 하지만 가상 공간에서 형성되는 여론은 구조적 변동을 겪으면서 "이념적 동질 집단의 결속과 재강화를 촉진"하거나, "통합된 단일 공론장을 파편화"시켜 개인이나 집단의 당파적 공론장을 구축한다는 비판적 시각도 있다(오관석, 2008). 특히 온라인 여론은 숙의 과정에서 공론장을 형성한다기보다 즉흥적이고 비이성적 여론을 유도하고 책임감이나 윤리 의식 없이 욕설이나 비방과 같은 언어폭력이 난무하거나 다양한 의견이 공존하는 난장으로서의 성격도 있다(김병철, 2004; 윤영철, 2000). 이러한 비판의 근거에는 온라인 여론의 표출 양상이 다수의 의견 표출 방식에서 논리적이라기보다 단순한 의견 제시나 비방이 많고, 합리적 의사소통 행위나 보편적 화용 규칙에 따라 커뮤니케이션이 이뤄지는 것이 아니므로 여론에 대한 합의 도출 과정이 합리성을 지니지 못할 수 있기 때문이다.

온라인 여론에 관한 부정적 현상과 비판적 논의에도 불구하고, 무엇보다 온라인 여론은 현 사회에서 가장 뜨거운 현재 이슈를 반영하고 있다. 구체적으로, 국민 모두에게 연관되는 교육 및 복지 정책 발표나 개인의 안전과 관련한 사건 등도 온라인 여론 주제로 뜨거운 논쟁거리가 될 수 있는데, 이러한 소재 또는 주제로 여론의 큰 관심을 끌 수 있다.

실제로 이와 관련한 사례들은 모두 나열할 수 없을 정도로 많은 편이다. 여당과 야당 간의 정쟁에서 이슈 선점과 온라인 여론 확산 과정을 살펴볼 수 있으며, 정부 출범 초기에 부동산 정책이나 교육 정책, 경제 정책 발표와 관련된 이슈 사례도 들 수 있다.

윤석열 정부 출범 초기인 2022년 7월, 대통령실은 '대형마트 의무휴업 폐지'안에 대하여 국민의 제안을 정책화하겠다며 대국민 온라인 투표를 진행했으나, 약 10일 만에 남용(어뷰징) 문제가 확인됐다는 이유로 투표를 무효로 처리함에 따라 관련 논의 역시 중단되었다. 또 같은 해 9월에 '영빈관 신축 계획안'도 여론에 따라 철회되었는데, 대통령실이 약 878억 원을 들여 새로운 내외빈 영접 공간을 짓겠다는 계획을 세웠다는 사실이 언론 보도를 통해 알려졌고 야당을 중심으로 '혈세 낭비'라는 공세가 계속되자 보도가 나온 지 하루 만에 윤 대통령이 직접 철회를 결정하였다. 또한 2023년에 직장인들에게 뜨거운 이슈로 부상하였던 주 최대 69시간까지 근무가 가능한 '근로시간제도 개편안'도 이에 대한 반발 여론이 거세지자 대통령이 재검토를 지시했고, 정부는 "오해가 있다"라며 의견 수렴을 거쳐 정책을 보완하겠다고 하였다. 하지만 부정적 여론이 높아진 만큼 개편안이 전면 수정될 가능성도 있어 이를 두고 정부가 충분한 사회적 논의 없이 일단 정책을 발표하고 반응을 살피는 이른바 '여론 떠보기'를 한다는 지적이 나오기도 했다(서미량, 2023. 3. 15).

이러한 사례들은 정부가 정책을 수립하기 전에 먼저 주요한 정책적 의제를 발표하고 이에 대한 공중의 반응을 살피기 위해 온라인상 여론을 점검한 것이라고 볼 수 있다.

공중은 온라인 여론에 어떻게 참여하는가

온라인 여론에 대한 포괄적 분석을 위해서는 인터넷 뉴스 미디어뿐만 아니라 소셜 미디어와 같은 수용자 미디어에 대한 관찰이 필요하다. 여론은 뉴스 미디어로부터 수용자로의 이슈 전달에 그치지 않고 수용자 사이의 상호 대화 과정을 통해 확산하기 때문이다. 블로그, 페이스북, 인터넷상의 커뮤니티 등 수용자 미디어를 통한 정보 공유와 의견 교환이 또 다른 여론 형성의 핵심 공간이 될 수 있다(이승희 · 임소혜, 2014).

온라인 여론 형성 과정에서 미디어가 선택한 이슈들은 수용자의 연결망을 통해서 지속해서 이동하며, 다양한 수용자에 의해 재해석되기도 한다. 이와 같은 인터넷 뉴스의 확산 현상은 사회적, 공적 이슈가 여러 경로의 공개 토론과 대화 방식을 통해 역동적인 커뮤니케이션 과정을 거쳐 여론으로 형성되고 있음을 함축한다.

온라인 여론은 인터넷 특성상 시간과 공간적 제약을 받지 않고 다채널을 순회하는 특성이 있다. 최근 페이스북과 유튜브, 트위터와 같은 소셜 미디어 채널에서 뉴스 기사나 정보에 관한 이슈가 공유 및 확산하면서 정치적, 사회적 이슈가 다양한 채널로 전파되어 여론 형성 과정에서 정보 공유의 가능성을 더욱 확대하였다.

온라인 여론 형성은 공중이 참여하는 숙의 민주주의를 토대로 한다. 하버마스의 '공론장' 개념을 인터넷에 적용해 보면, 사이버 공동체 형성은 온라인 토론과 커뮤니케이션의 활성화를 자양분으로 삼고 있다. 온라인 토론이나 숙의 과정이 긍정적이든 부정적이든, 정치적이거나 사회적 이슈에 관한 여론 형성에 참여하고자 하는 네티즌의 능동성과 기대감은 무시할 수가 없을 것이다.

다양한 온라인 채널은 다수의 대중이 정치적 이슈를 표출하는 도구라 할 수 있다. 사람들은 온라인 채널에서 토론과 채팅, 게시판, 댓글 등을 통해 자신의 의견을 자유롭게 교환 및 개진할 수 있으며, 토론하고 숙의할 수가 있다. 네티즌은 기존 언론사가 생성하는 뉴스 기사를 자신의 소셜 미디어나 블로그에서 인용하고 논평하면서, 사회적 의제에 대한 자기 생각과 의견, 감정들을 쏟아내고, 이를 공유하며 토론 거리를 제공하기도 한다. 또한 온라인 매체의 효율성과 편리성은 네티즌의 커뮤니케이션 활동을 활발하게 독려했으며, 참여 의사를 높이고 있다. 온라인 채널은 정치적 이슈뿐만 아니라 사회적 의제까지도 생산하고 강화하는 기능을 수행한다. 온라인 채널을 통해 여론이 형성되면서 정치적 참여를 촉진하고 상호 이해관계를 긴밀하게 유도하는데, 이 과정에서 정치적, 사회적 이슈에 대한 커뮤니케이션 활동이 증가하기도 한다.

온라인 여론은 의제 설정에서부터 정치 활동이라는 순환

구조를 형성하는 경향이 있다. 대안 공간으로서 온라인 공간은 공론장으로서 역할을 하며, 대중의 의견을 바탕으로 여론을 형성해 간다. 대개 온라인에서 생성되는 여론은 순환 과정을 통해 재평가되고, 현실 반영의 행동까지 유발하게 된다. 하워드 라인골드(Rheingold, 2002)가 언급한 이른바 "현명한 군중smart mob"이 탄생하는 것이다. 현명한 군중이란 휴대전화와 모바일 장비, 메신저, 이메일 등 첨단 정보 통신 기술로 무장하고 정치, 경제, 사회 전반의 이슈에 적극적으로 개입해 영향을 미치며 상황을 개선하려는 적극적이고 영리한 군중을 가리킨다. 특히 소셜 미디어에서 형성된 사회적 네트워크는 공중의 소통 능력을 증진할 뿐 아니라 정치 역량을 강화하고 있다.

한편, 소셜 미디어는 공중의 동원과 조직 역량을 강화하는 데 다른 매스 미디어보다 강력한 영향을 미칠 수 있다. 네트워크를 이용하는 시민들에 의해 소셜 네트워크가 자율적으로 구축되면서 이른바 '사이버 액티비즘cyber activism'이 활성화될 수 있기 때문이다. '사이버 액티비즘'은 사이버 공간을 경유하는 정치, 사회적 목적을 가진 제반 유형의 사회 운동을 뜻한다(설진아, 2017). 즉 사이버 액티비즘은 현명한 군중이 온라인에서 형성된 여론을 바탕으로 오프라인 집회에 참여함으로써 본인의 정치적 의사를 표출하는 것을 포함한다. 이처럼 소셜 미디어를 비롯한 온라인 채널은 정치적 의제나 사회적 의제의 여론 형성 과정 등에 큰 영향을 미칠 수가 있다.

인터넷 언론을 중심으로 한 온라인 여론 형성 과정은 크게 네 단계로 구분하여 검토해 볼 수 있다. 온라인상에서 생성

그림 4-1 온라인 여론 형성의 모형

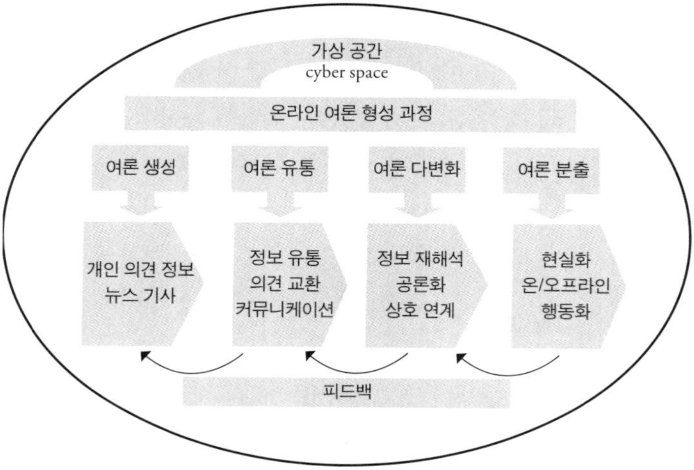

출처: 오관석(2008: 44).

되는 이슈가 여러 단계를 거쳐 여론이 형성되는데, 여론이 현실 세계로 분출되는 과정을 도식화하면 그림 4-1과 같다(오관석, 2008: 41~44).

첫 단계는 온라인상에서 개인적 의견이나 정보 그리고 뉴스 기사가 생성되는 단계다. 온라인 여론의 생성은 네트워크상의 다양한 채널에서 특정한 이슈나 문제에 대해서 의견이 생성되고 뉴스가 기사화되는 단계다. 이 단계에서는 의제가 설정되기 전에 가공되지 않은 데이터 수준의 정보나 사실 보도 차원의 뉴스 기사가 게재된다.

둘째, 정보나 기사를 바탕으로 이에 자신의 의견을 가감한 후 온라인 채널로 유통하는 단계다. 네티즌은 상대방과 정보나 뉴스 기사를 공유하고 유통하면서 재해석하는 과정을 거치는데 이 과정에서 여론이 생성된다. 인터넷 언론 특성인 양방향 커뮤니케이션이 작동하고, 공중 사이에 상호 작용이 이뤄지면서 형성된 의견을 공유하게 된다. 이때 인터넷은 기술적 편익을 제공하며, 동시적, 비동시적, 시공간을 초월하는 양방향 소통을 가능케 한다. 이에 따라서 가상 공간에서 네티즌은 언제, 어디서나 정보나 뉴스를 생성하고 자신의 의견을 교환하며, 참여의 제한이나 한계를 갖지 않고 동시다발적으로 의견을 분출할 수 있다. 특히 익명에 의한 가상 공간에서의 참여 방식은 이질적인 이해 집단과의 커뮤니케이션 공간을 구축하면서 온라인 정치화 현상을 가져올 수 있다. 즉 두 번째 단계는 온라인상에서 다양한 채널을 넘나들면서 다양한 수준의 여론을 형성하는 단계라고 할 수 있다.

셋째, 온라인에서 형성된 여론은 재해석되고 다시 사회적 공론화 과정을 거쳐 확산한다. 사회적 공론화 과정은 공적 네트워크나 사적 채널을 통해 정보가 확인되고 유통되는 과정에서 여론의 순환 구조를 형성한다. 온라인 여론 형성의 순환 구조를 보면 인터넷 언론과 정치 관련 웹사이트 등에 올라오는 여론이 지속적이고 즉각적인 피드백을 통해 의제를 설정하는 경향이 있다. 공중은 이를 확인하고 수정하며, 유통 및 확산하여 가상 공간에서 토론과 정치 활동을 펼치는 순환 구조를 형성한다(박선희 · 주정민, 2004).

온라인상에서 여론의 순환은 현실적인 비판적 담론을 공론화하는 여론의 다변화 과정을 거치게 된다. 여론의 다변화는 현실 정치에 적지 않은 영향을 미치고, 다시 피드백을 거치면서 여론이 구체적으로 반영, 실천되고, 재강화된다. 즉 이 단계에서 여론의 순환은 다양한 의견을 하나로 결집하거나 다방면으로 퍼뜨리고 다수의 의견을 한곳에 결집해 공론화 과정을 형성하는 것이다. 가상 공간의 온라인 채널은 네티즌이 토론한 내용들을 동시에 저장하여 언제든지 이슈와 토론 내용을 재소환할 수 있게 하며 재검토를 통해 공중 간의 이해관계를 결집할 수가 있다.

넷째, 온라인 여론 형성은 오프라인의 현실 세계로 연계되어 여론을 분출할 수 있게 한다. 온라인 여론의 절정은 특정한 방향성을 갖게 되는데, 전 단계에서 결집한 의견들은 현실 세계에서 재조직되어 표출되는 양상을 보인다. 이러한 여론의 표출 또는 분출 현상은 온오프라인에서 그 경계가 약화되었기 때문이며, 상호 간의 영향력과 침투성이 증대하고 있기 때문이다. 특히 가상 공간은 강화된 사적 영역의 느슨한 공동체를 확산시키고, 온오프라인의 공간을 넘나들면서 행동화하는 단계로 나타난다. 여론이 분출되는 이 단계에서는 다수의 네티즌에 의해 특정 이슈에 관한 토론 과정을 거쳐 논쟁이 일어나면서 다른 온라인 채널로도 이슈가 확산한다.

한편, 온라인 여론이 형성되는 가상 공간은 매우 다양하다. 인터넷 기반에 의해 여론이 생성, 증폭되기도 하고 시차에 따라 여론이 변화하기도 한다. 인터넷의 익명성과 이슈 관여 정도에 따라 온라인 여론은 특정한 이슈에 대해 다원적인 교류를 시도할 수 있다. 온라인 여론은 또한 참여자들이 직접적으로 정보를

그림 4-2　인터넷이 매개한 공중 의제 설정 모델

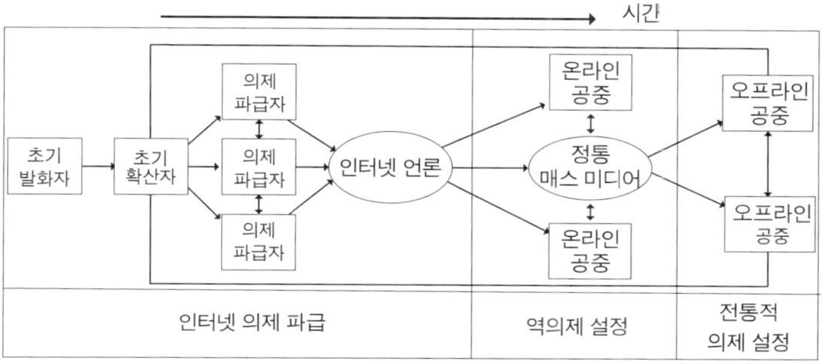

출처: http://www.mediatoday.co.kr/news/articleView.html?idxno=213995

교류하면서 다양한 채널에서 상호 작용을 통해 생성된다. 먼저 온라인 여론은 특정한 의제에 대해서 각 사이트에 게시되고, 주장되며 토론을 거치면서 공론화 과정을 거친다. 이렇게 공론화 과정을 거친 의견이 다수의 네티즌에 의해서 웹사이트뿐만 아니라 소셜 네트워크상에서 빠르게 유통되고 확산하는 과정을 통해 공적 관심을 끌고 여론으로 증폭되는 것이다.

그림 4-2는 인터넷이 매개한 공중 의제 설정 모델을 제시한 것이다. 인터넷 언론이 의제를 형성하는 데 참여하는 공중과 시간에 따라 인터넷 언론이 온라인 공중과 전통적인 매스 미디어, 오프라인 공중에게 미치는 역易의제 설정 과정을 보여준다. 이때 오피니언 리더들은 뉴스와 정치에 대하여 그들의 동료들을 설득하는 데 영향을 미칠 수도 있다.

다만 코로나 팬데믹 시기와 같이 상호 간의 비대면 활동기간이 길어지는 상황에서는 개인간의 사회적 거리가 더욱 멀어진다. 면 대 면 차원에서의 활동이 어려워지고 격리되면 개인이 타인에게 미치는 영향의 정도가 줄어든다는 평가도 있다. 이러한 환경에서 오피니언 리더가 가진 잠재력이나 영향력이 작용할 수 있는 것인지에 대해 의문을 던질 수도 있다. 그러나 이러한 '개인'의 영향력 감소에 대한 비판은 온라인 공간 또는 소셜 미디어의 특성을 감안하지 않은 것이다. 소셜 미디어 시대에는 네트워크화된 여러 미디어를 활용해서 한 개인도 익명의 다수에게 수많은 메시지를 보내어 그들의 의견이나 행동에 영향을 미칠 수 있으며, 충분히 단독으로도 영향력을 발휘할 수 있기 때문이다.

즉 오프라인 상황에서 전통적인 오피니언 리더는 종종 그들의 뉴스 소비에 따라 영향력이 한정되었지만, 소셜 미디어는 개인들이 뉴스 소비를 넘어 콘텐츠를 생산하고 공유하는 것을 포함해서 뉴스에 참여하는 수많은 방식을 허용하였다. 따라서 전통적인 대인 간 상황에서 여론 지도자의 영향력은 감소했겠지만, 유튜브를 비롯한 다양한 소셜 미디어 맥락에서는 여전히 여론 형성에 영향을 미치는 개인의 영향력이 클 수 있다.

소셜 미디어가 촉발한 온라인 불매 운동 여론

여론 형성 과정에 소셜 미디어가 영향을 미친 사례들은 많다. 특히 기업의 비윤리적 행위나 국민적 정서를 촉발하는 정치 외교적 사건, 그리고 다양한 소비자 운동으로서 특정 기업에 대한 불매 운동 등에서 그 사례를 찾아볼 수 있다. 2000년대 이후 한국에서는 정치적 소비 운동이라 할 수 있는 인터넷 카페나 소셜 미디어상에서 시민들의 다양한 불매 운동 움직임이 나타났다. 예를 들어 기업 총수(오너) 갑질로 시작된 피죤 불매 운동, 영업 사원의 갑질 논란으로 시작된 남양 불매 운동, 가습기 살균제 유해 성분으로 시작된 옥시 불매 운동, 아르바이트생 임금 착취로 시작된 이랜드 불매 운동, 일본의 보복적 수출 규제에 따른 일본 제품 불매 운동 등이 그것들이다.

한국 사회에서는 부도덕하거나 비윤리적인 행위를 하는 기업인과 그 기업, 그리고 더 나아가서는 국가를 상대로 한 정치적 소비자 운동이 소셜 미디어에서 활발하게 공론화되어 사회적으로 이슈화되었고, 이러한 여론은 기업의 평판 및 매출에도 심각한 영향을 주는 결과까지 초래하였다. 기업의 비윤리적 행위에 대하여 소셜 미디어가 부정적인 여론 형성과 불매 운동을 촉발한 국내의 대표적인 사례는 '남양유업' 사태일 것이다. 인터넷과 SNS의 파급력이 커서 한 번 알려진 기업의 갑질은 쉽게 대중에게 잊히지 않다 보니 기업 갑질에 항의하는 소비자 운동이 일회성으로 그치지 않고, 기업의 존폐까지 위협하는 상황을 초래하기도 한다(남경태, 2020). '남양유업 제품 불매 운동' 사례는 한국 사회에 퍼져 있는 불평등한 갑을 관계, 소비자 불매 운동의 영향력, 기업의 위기 커뮤니케이션의 중요성을 복합적으로 보여 주는 사례다(장정헌 · 김선호, 2014).

남양유업 사태에서 소셜 미디어가 불매 운동까지 어떻게

여론을 촉발하였는지 살펴보면, 2013년 5월 3일 남양유업 영업사원의 막말 녹취록이 폭로된 유튜브 게재 이후 남양유업의 갑질 사건은 트위터에서 '남양유업 갑질,' '남양유업 불매' 등 다량의 트윗과 리트윗을 양산하며 빠르게 확산하였다. 사건 발생 하루가 지난 5월 4일 남양유업은 사과문을 게재하였지만, 진정성 없는 사과는 소비자들의 분노를 촉발하였다. 5월 7일, 편의점 3사의 가맹주협의회에서 불매 운동이 일어난 시점에 인터넷 포털 다음 토론방 아고라에서도 불매 운동이 동시에 점화되었다. 이는 트위터, 페이스북을 통한 '인증샷'으로 확산하였고, 5월 9일 남양유업은 대국민 사과를 발표하지만 같은 날, 600만 자영업자 불매 운동이 시작되었다. 즉 5월 3일부터 5월 9일까지 불과 일주일 동안 온라인과 오프라인에서 동시다발적으로 남양유업 불매 운동이 확산한 것이다(노정동, 2013. 5. 22).

소셜 미디어가 촉발한 불매 운동의 형태와 확산 양상을 트위터를 통해 살펴보면, 2013년 5월 5일 1만 1,470건의 폭발적인 트윗 건수는 5월 4일 남양유업 측의 사과문 직후에 나타났으며, 이는 리트윗을 양산하며 확산하였다. 이후 남양유업 갑질 사건의 해당 대리점이 계약 해지된 사실이 알려지면서 소비자들의 불매 운동과 유통업체의 동참으로 이어져 사건 발생 약 2주 후에 남양유업의 우유 판매가 27%, 요구르트 판매가 34%까지 감소하는 상황이 발생하였다. 2013년 이후에도 소비자들은 남양유업의 주요 사건에 주목하며 2016년, 2018년, 2020년, 2021년까지 트위터에서 지속적인 콘텐츠를 양산했고, 반복적으로 나타나는 트윗과 리트윗이 사건에 관한 관심을 높였다.

불매 운동의 콘텐츠는 남양유업의 제품 목록과 남양유업의 '브랜드 지우기' 꼼수에 해당되는 제품 목록을 공유하는 것이고, 이는 구체적인 소비자 행동으로 연결되었다. 유튜브에서도 2013년 "비열한 남양 다큐"를 시작으로 지속적인 콘텐츠 생산과 시청으로 콘텐츠별 높은 누적 조회 수를 기록하였다. 유튜브의 반복적인 점화 현상과 플랫폼의 행위유발성, 프로토콜의 형성을 볼 수 있었다.

다양한 불매 운동에서 소셜 미디어는 각 채널 유형별 특성을 반영하는 게시물과 경로를 확보하고 있었다. 트위터는 실시간 확산, 페이스북은 게시 및 공유, 댓글 활성화, 인스타그램은 해시태그의 주요 검색 기능, 유튜브는 반복적 점화 효과와 공유, 연관성 알고리즘이 탑재되어 확산의 경로를 확보해 불매 운동이라는 온라인 여론 형성 과정에 크게 영향을 미친 것이다.

이와 같은 소셜 미디어의 특성을 반영한 모든 채널에서 남양유업 불매 콘텐츠의 확산을 확인할 수 있고, 이것은 오프라인으로 장기간 지속해서 이어졌으며, 일반 대중이 소셜 미디어를 통해 거대 여론을 형성하는 데 중요한 역할을 했다. 특히 유튜브나 트위터는 매스 커뮤니케이션을 가능하게 했다. 2013년 일어난 남양유업 갑질 사건은 매출과 브랜드 이미지에 큰 타격을 주었고 이후 여러 남양유업의 사건들과 함께 꾸준한 불매 운동으로 이어졌다. 2021년 남양유업은 불가리스의 코로나19 효과에 대한 심포지엄 이후 또 한 차례 역풍을 맞게 되었다. 2021년 4월 29일 한경닷컴이 빅 데이터 분석 플랫폼 썸트렌드와 함께 남양유업에 대한 여론을 분석한 결과, "코로나 시대 항바이러스 식품 개발" 심포지엄 개최 다음 날인 4월 14일부터 26일까지 남양유업과 관련해 '논란,' '위반,' '허위' 등 부정적인 의미의 연관 검색어가 많아진 것으로 조사됐다. 해당 기간 남양유업 관련 SNS 게시글 3만 3,691건 중 부정적인 키워드를 포함한 게시글이 65%(21,920건)로 압도적이었다. 긍정적인 키워드를 포함한 글은 16%(5,234건), 중립적인 키워드가 포함된 글은 단 19%(6,537건)에 그쳤다(이미경, 2021. 4. 29).

소셜 미디어는 상징권력으로서 공정성과 같은 사회 규범을 위반한 기업에 대하여 특정한 사건을 공론화시킴으로써 미디어가 이슈화하게 했으며, 여론으로 확산시키는 형태를 창출하였다. 위 사건은 특히 소셜 미디어가 소비자들 간의 커뮤니케이션을 활발하게 하고, 정보를 생산 및 공유하면서 사건의 과정을 중재하거나 다른 사람들의 행위에 영향을 미쳐서 사건들을 재창출할 수 있는 잠재 능력을 보여 준 사례였다고 볼 수 있다. 무엇보다 소셜 미디어와 같은 상징적 권력은 특정한 이슈에 대하여 공중이 콘텐츠를 이용하고 소통할 수 있어서 사회구성원들의 마음에 영향을 미칠 수 있다.

또 다른 사례로 2019년에 발생한 '일본 제품 불매 운동 NoNo Japan'을 들 수 있다. 이 운동은 일본 제품과 기업을 대상으로 다수의 한국 국민이 자발적으로 참여한 불매 운동 사례다. 일본 제품 불매 운동의 경우 소셜 미디어에서 'No, Boycott Japan'이라는 로고가 만들어져 무료로 배포된 이후 이를 포스팅하면서 여론 형성이 시작되었다. 이 로고는 일본 제품 불매 운동이 확산하는 데 구심적 역할을 했다고 평가받는다. 불매 운동에 참여하고자 하는 소셜 미디어 이용자들은 로고를 자신의 SNS나 메신저 프로필로 사용하였고, 업체들 또한 이를 포스터나 카드로 제작하여 매장에 게시하고 불매 운동 참여에 함께 함을 알렸다(유현정 · 송유진, 2020). 이후 2019년 7월 11일 대체재를 제공하는 '노노재팬'이라는 사이트(https://nonojapan.com)가 만들어져서 일본 제품에 대한 불매 운동을 더욱 확산시켰다. 해당 사이트는 사용자가 대체재를 제안하고 운영자가 이를 확인해서 업데이트하는 상호 교류적 성격을 보였으며, 당시 '노노재팬'은 각종 사이트의 실시간 검색 1위를 차지하였을 정도로 크게 이슈화되었다.

국내의 온라인 커뮤니티나 '맘카페'에서도 일본 제품 불매 운동에 대한 여론이 형성되었을 뿐 아니라 육아 용품 위주로 일본 제품과 대체재에 대한 정보 공유가 활발하게 이루어졌다. 일본 제품 불매 운동은 초기에 전통 매스 미디어인 방송, 신문 기사의 보도와 동시에 페이스북, 인스타그램, 카카오스토리 등 사회관계망 서비스를 통해 알려졌으며, 소셜 미디어를 중심으로 불매 운동이 확산하였고, 이를 다시 전통 미디어에서 관련 기사를 다루며 뉴스화하는 경향이 두드러졌다.

소셜 미디어가 일본 제품의 불매 운동에 어떠한 영향을 미쳤는지를 분석한 엠포스데이터랩의 보고서(2019. 10. 7)에 따르면 2019년 7월 초부터 일본 관련 다양한 정치적, 사회적 이슈로 인해 '일본 불매 운동' 관련 네이버 검색 지수가 급증하고 SNS 언급량이 8월 말까지 일 평균 6,000여 건 수준을 유지하였다. 또한 언론 보도나 시민 단체 주도가 아닌, 다양한 소비자의 의견이나 기업 리스트 등의 정보가 공유되면서 불매 운동이 주도되었음을 알 수 있다.

특히 불매 운동 초기인 2019년 7월~8월 사이 '일본 불매 운동'과 관련한 정보량을 분석한 결과, 140만 건 이상의 정보 중 약 99%가 소셜 미디어(트위터, 커뮤니티, 인스타그램, 블로그 순)를 통해 정보가 형성되었고, 뉴스를 통한 정보 형성은 1만 2,878건으로 약 1%밖에 차지하지 않았다. 또한 가장 큰 비중을 차지하고 있는 트위터의 경우 타 게시물을 단순 공유한 리트윗(RT)이 93.3%였고, 트위터 채널을 통해 각기 다른 의견으로 자발적 의견이 게시된 것이 6.7%를 차지했다. 이는 전체 기준으로 보면 영향력이 낮은 것처럼 보일 수 있지만 2013년 SNS를 통해 게시된 전체 정보량의 8배 수준임을 고려할 때 과거와 비교하면 이 불매 운동은 개개인의 관심이 다양하고, 그 규모가 상당함을 알 수 있다. 이는 불매 운동의 동력이 개별 소비자의 자발성과 SNS를 이용한 확장성으로, 불매 움직임이 SNS를 통해 확산해 여론이 조성되었고, 소비자들의 정치 사회 운동으로 확장되었음을 보여 준다.

또한 일본 제품의 불매 운동과 관련하여 언론 뉴스와 소셜 미디어 중 사용자가 많은 트위터를 중심으로 분석한 결과를 살펴보면, 언론에서는 연예인을 포함한 문화계와 스포츠계, 정치인과 관련된 불매 운동 이슈가 많았고, 대표적 SNS인 트위터에서는 불매 운동과 관련된 다양한 이슈들이 회자되었다. 사회 이슈가 장기화할 때는 통상 언론의 주도로 여론이 형성되고 이에 비례하여 반응이 증감하는 경우가 많은 데 비해, '일본 불매

그림 4-3 일본 제품 불매 운동 관심 형성 분석

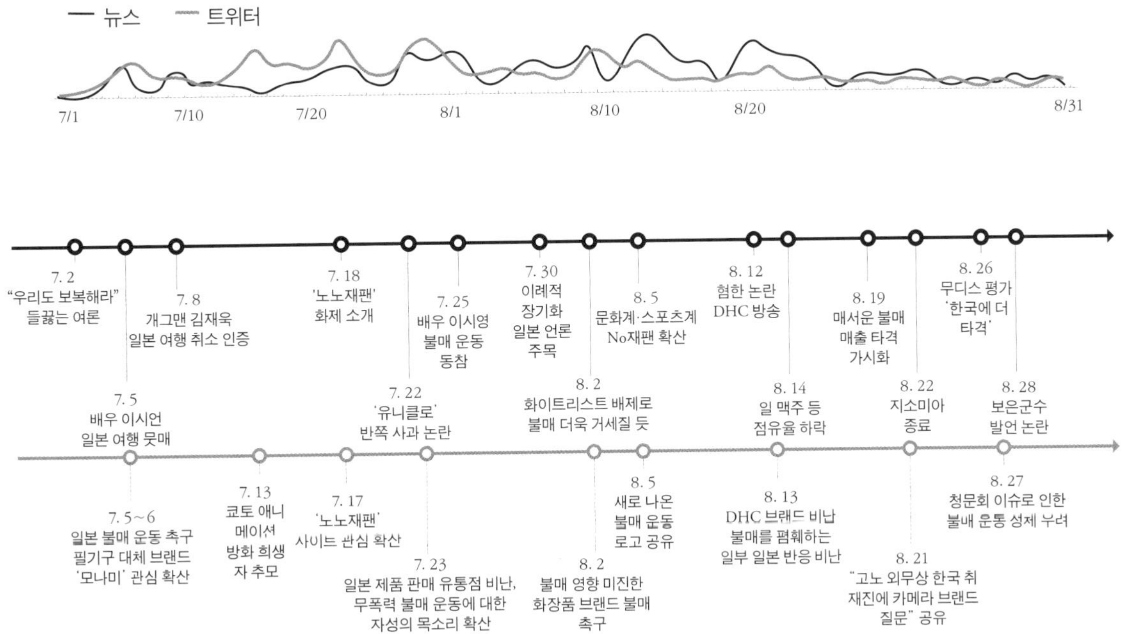

출처: 엠포스데이터랩(http://bigdata.emforce.co.kr/wp-content/uploads/eMFORCE-DataLab_Insight_Report_일본불매운동_20191007.pdf)

운동'에 대한 여론 반응은 초기를 제외하고 언론에 비례하지 않고 소셜 미디어를 기반으로 자발적으로 움직였다.

소셜 미디어를 통한 불매 운동의 영향은 일본 관광, 자동차, 음료, 의류 등의 제품 소비에서 매출 감소로 이어져 실질적인 영향을 미친 것으로 나타났다. 2019년 7월 이후 소비자들이 불매 운동을 벌인 결과, 2019년 일본을 방문한 한국인 관광객은 30만 3,700명으로 전년 동기 대비 48.0% 감소하였고, 일본산 자동차 판매는 56.9%가 감소하였다. 또 일본 맥주 수입액은 전년 동기 대비 34분의 1 수준으로 줄었고, 대표적 일본 의류 브랜드인 유니클로의 경우 8개 신용카드사의 신용카드 매출액이 한 달 사이 70% 감소했다(정세라, 2019. 8. 15). 일본 생활용품 브랜드인 무인양품은 일일 평균 카드 이용 건수가 19.7% 감소하는 등 불매 운동이 한국 내 일본 제품 매출에 실질적인 영향을 미친 것으로 나타났다.

한편, '노노재팬'은 사이버 공동체 구성원 간의 능동적인 참여로 일본 제품 불매 운동에 집단 지성을 발휘한 사례다. 노노재팬에서는 일본 제품 브랜드와 대체재를 찾고 공유하여, 불매 운동이라는 사회적 실천으로 연결되었다. 또한 그 과정에 있어 이 웹사이트는 정보의 정확성을 위해 상호 협력을 기반으로 콘텐츠를 구축하고, 보완하여 더 가치 있는 정보를 창출한 '공동 창조형' 협업 모델이라고 할 수 있다. 앞서 살펴본 국내외 불매 운동 사례는 사이버 공동체를 형성해 주는 소셜 미디어가 구성원들의 능동적인 참여로 비윤리적인 기업과 일본 제품에 대한 불매 운동에 집단 지성을 발휘하고 사회적 실천까지 연결한 사례다.

이상의 사례들이 시사하는 바는 여론 형성 과정에서 언론 주도가 아닌 소셜 미디어가 여론 형성을 주도했다는 점이다. 인터넷을 기반으로 한 소셜 미디어 이용자의 소통 방식은 쌍방향적이고 수평적이며, 능동적이었다. 소셜 미디어는 공중이 이슈에 대하여 보다 적극적 정보 추구와 집단적 영향력의 행사를 수월하게 한다. 더 나아가 미디어와 연결된 공중의 사회적 활동이 사용자 중심의 집단행동을 촉진하고, 여론 형성에 참여함으로써 사회구성원 간의 정보 공유를 통해 의미를 형성하고 사회적 실천을 위한 협업을 장려한다는 점을 주목할 수 있다. 이는 소셜 미디어가 온라인상에서 사회적 가치를 연결하고 촉구하는 사람들 간의 사회적 네트워크를 촉진하거나 강화하는 경향이 있기 때문이다.

앞서 살펴본 사례에서도 소셜 미디어는 사회 정치 이슈와 관련되어 정보를 일반 대중도 쉽게 접할 수 있도록 해 주었고, 나아가 사회 운동에도 일반 대중의 참여를 확장하는 계기를 제공하였다. 구체적으로 트위터, 페이스북 등 소셜 미디어를 통해 일반 대중이 국내외 주요 정치적, 사회적 현안에 개입하는 감독자 시민으로서 이른바 거대 여론을 형성하는 데 중요한 역할(천혜정, 2019)을 하게 된 것이다. 이러한 현상은 소셜 플랫폼이 상호 연결된 결과로, 크고 작은 사용자가 결합한 미디어 생태계의 특성을 보여 준다. 다시 말해 다양한 인터넷 카페 등과 소셜 미디어 플랫폼 이용자는 활발한 커뮤니케이션을 통해 온라인 및 오프라인에서 의견을 공유하고, 집단의 행동을 촉진하였다. 이에 따라 사이버 공동체로서 공중은 시간적, 물리적 공간의 한계를 넘어서 하나의 가상 공간에서 공통의 관심사와 동질성을 발견하며, 지속해서 이슈를 발굴하고, 토론하며 소통한다. 그럼으로써 공중은 정보와 데이터를 교류할 뿐만 아니라, 역사 의식을 고취하기도 하고, 문제 인식을 공유하면서 불매 운동과 같은 특정 기업이나 국가에 대한 집단의 행동을 창출한 것이다. 이 과정에서 다양한 인터넷 카페와 소셜 미디어는 여론이 공중에 의해 주도적으로 형성될 수 있도록 공론장의 기능을 제공했다고 볼 수 있다.

소셜 미디어에서 이슈는 어떻게 확산되는가

소셜 미디어상에서 이슈가 확산하는 과정은 이용자 개인들이 정보를 직접 생산하고, 타인과 공유함으로써 시민 간 상호 작용이 나타나며, 이를 통해 이슈가 온오프라인 공간으로 확산하면서 공적인 의제로 부상하는 것이다. 특히 주류 미디어에서 주요 정보원으로 언급하면서 주목받은 소셜 미디어 채널은 시간의 경과에 따라 공중이 이슈를 더 주목하게 하거나, 정보를 습득하고 공유하면서 확산시키는 데 일조한다. 이러한 현상은 그림 4-4의 네트워크 의제 설정 모델(Guo, 2021)을 통해 설명될 수 있다.

이 모델은 의제 구축과 미디어 간 의제 설정 및 여타 미디어 효과를 설명하는데, 개별 미디어 의제 이외에도 의제의 대상 및

그림 4-4 전통적 의제 설정 접근과 네트워크 의제 설정 모델

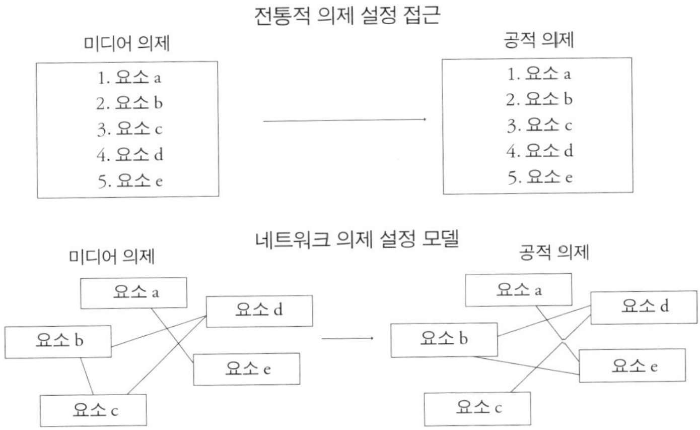

출처: Guo(2021).

속성 간 네트워크 관계의 현저성이 뉴스 미디어로부터 공중의 마음속으로 전이되는 과정을 보여 준다. 네트워크 의제 설정 모델을 살펴보면, 소셜 네트워크에서 정보가 생산되어 상호 간에 정보를 공유 및 확산하면서 소셜 미디어가 미디어 의제를 설정하는 플랫폼 역할을 할 수 있다. 예를 들어, 선거 캠페인 과정에서 소셜 미디어는 시민에게 후보자들에 대한 정보를 제공하고 유권자 간 상호 정보 공유를 통해 공감대를 형성하게끔 하며, 후보자의 활동을 알리는 후방 채널back channel 역할을 한다(Jungherr & Jürgens, 2010). 아울러 이러한 네트워크상에서 의제가 설정되면 이는 오프라인에서도 공적 의제가 될 가능성이 크다.

온라인과 소셜 미디어를 이용하는 이용자 수가 증가함에

따라 정치적 영향과 의견 지도력의 특성도 변화되었다. 사람들은 더욱 분절화되고 비사회화되어, 정치나 공적 사안들에서 대인 간 영향에 덜 의존한다. 또 대중을 위해 만들어지는 메시지가 적어진 미디어 환경에서 여론 지도자는 도전받고 있으나, 대신에 인구학적 특성이나 생활 양식에 기초하여 개인에게 직접 메시지를 전달할 수 있게 되었다. 미디어 환경의 기술적 변화는 사람들이 사회적 네트워크에서 타인을 설득하거나 영향을 미치고자 할 때, 새롭고 더 쉬운 기회를 창출하게 된 것이다.

특히 소셜 미디어는 사회적인 특성으로 인해 사람들을 디지털 방식으로 함께 모으고, 오피니언 리더가 네트워크에서 타인에게 영향을 미칠 기회들을 제공한다. 엄청나게 분절화된 미디어 환경에서 오피니언 리더가 자신의 네트워크를 통해 사회적으로 공유한 정보는 사람들이 타인의 제안들과 정보에 점증적으로 노출되고 의존하게 됨에 따라 더 영향력을 가질 수 있게 되었다. 또한 미디어 출구로부터 직접 정보를 받았을 때보다 그 정보를 더 신뢰하는 경향이 있다. 더 나아가 전통적인 미디어 환경에서 오피니언 리더의 영향은 직접적인 토론 네트워크에 국한되었지만, 온라인 지도자는 다양한 플랫폼들과 커뮤니케이션 행위를 수행하면서 훨씬 더 많은 수용자에게 도달할 수가 있다.

온라인 소셜 미디어의 영향력에 대하여 브라이언 제프리 포그Brian Jeffrey Fogg(2008)는 SNS가 대인 간 설득의 힘과 '대중-대인 설득'을 가능하게 하는 매스 미디어의 도달력reach을 모두 결합한 것이라고 주장하였다. 이것은 온라인 소셜 미디어 오피니언 리더의 도달력은 광범위할 수 있고, 그들의 행위는 타인과의 소통 및 사회적 상호 작용을 추동할 수 있으며, 더욱 큰 네트워크를 위해 의제를 설정할 수 있음을 시사한다. 특히 소셜 미디어 내에서 오피니언 리더는 메시지 답변을 촉구하고, 대화를 주도하며, 정보를 더 많이 확산하려 하기에 그들의 커뮤니케이션 행위 분량에 따라 누가 오피니언 리더인지를 확인할 수가 있다.

5장

SNS는 선거 여론을 어떻게 움직이는가

"대중적인 담론은 트위터가 미국 대통령 선거와 영국의 브렉시트Brexit 국민 투표에 모두 결정적 역할을 행했다는 견해를 고수한다. 많은 사람은 소셜 미디어가 정치적 양극화와 여러 국가에서 대중 영합주의 정치인들이 재출현하는 데 광범위한 영향을 미치고 있다고 생각한다."

— 토머스 후지와라 등(2022)

전 세계적으로 온라인 미디어의 이용 확산은 인터넷을 매개로 한 선거 캠페인을 활성화시켰다. 특히 선거 후보자들의 메시지와 지지자들의 메시지들이 유튜브와 같은 동영상으로 만들어져 선거 기간 동안 빠르게 확산하면서 인터넷 선거 캠페인에 관한 관심과 중요도가 더욱 높아졌다. 인터넷 선거 캠페인이 등장하면서 공직선거법의 전제가 되는 선거 캠페인의 불평등을 방지하기 위해 선거 캠페인의 자유를 제한하여야 한다는 논리는 이제 설득력을 잃게 되었다.

인터넷 선거 캠페인은 다른 선거 캠페인보다 돈이 적게 들기 때문에 '자유'를 허용하더라도 '균등한 기회 보장'이라는 목표를 달성할 수 있다(문재완, 2012). SNS 역시 누구나 적은 비용으로 선거 캠페인을 할 수 있다는 점에서 한국에서도 2012년 1월 초 중앙선거관리위원회는 SNS를 이용한 선거 캠페인을 허용한다는 방침을 발표하였고, 그에 따라 인터넷 선거에서 SNS는 합법적인 선거 캠페인의 도구로 자리 잡게 되었다.

인터넷은 무엇보다 선거 캠페인을 할 수 있는 다른 미디어에 비해 매우 저렴하면서도 텍스트, 음성, 동영상과 같은 멀티 미디어의 특성을 활용해 선거에 출마한 후보자와 유권자 간의 상호작용성을 매개할 수 있다. 이에 따라 선거 캠페인에서 인터넷과 SNS를 활용한 선거 캠페인은 후보자에 대한 우호적인 여론을 조성하기 위해 그 활용도가 매우 큰 편이다. 특히 후보자는 새롭게 변화하는 시대에 미래 지향적 이미지를 심어 주고, 유권자와 소통하기 위한 수단으로 다양한 소셜 미디어를 선거에 적극적으로 활용하게 되었다.

개인의 의사소통 방식에 변화를 가져온 SNS는, 정치 참여 방식에도 큰 영향을 주었다. 예를 들어 모바일과 소셜 네트워크의 발전은 정치 정보의 확산 속도를 가속화하였다. 이에 따라 인터넷상에서 정치 정보의 자유로운 선택과 소비, 유통이 이용자들을 중심으로 이전보다 활발히 이루어지게 되었다. 특히 SNS는 자유로운 상호 토론이 가능하고, 집단적 가치의 형성과 이용자들의 집단 규범을 인지하는 통로가 되기도 하며, 오프라인 활동을 조직하는 채널로도 기능하고 있다(금혜성, 2011). 이러한 특성으로 인해 선거 분야에서 특히 SNS는 정치적 소통 도구이자 정치인들이 영향력을 넓힐 수 있는 전략적 미디어로 부상하였다. 예를 들어, 국회의원 트위터를 대상으로 분석한 연구들에 따르면, 대부분 정치인이 정보 공유와 관계 지향적 목적으로 트위터를 사용하였으며, SNS의 활용으로 인해 대중과의 소통으로 지지율 확보가 가능해진 점을 긍정적으로 평가하였다(금혜성, 2011; 차영란, 2020: 211).

SNS는 정치인과 유권자를 매개하는 기능을 수행하기도 한다. 즉 다양한 소셜 미디어는 정치인 혹은 정치 단체가 유권자를 설득하여 특정 방향으로 정치적 참여를 유도하는 수단으로서 기능할 수 있는데, 이때의 구체적 설득 목표로는 투표 참여, 정책 지지, 선거 캠페인 참여 등이 있다. 정치 커뮤니케이션의 선거 캠페인 과정에서 소셜 미디어는 온라인상의 정치 참여 활동과 정치 효능감을 높이는 역할로 작용하는 미디어가 되었다 (문원기 · 이수범, 2015). 특히 SNS는 일상과 정치의 융합 현상을 초래하였고, 새로운 정치 참여 방식으로 유권자가 정치 정보를 공유하고 정치에 관한 토론을 진행하면서 합법적인 선거 도구가 된 것이다.

본격적인 SNS를 통한 선거 캠페인의 성과는 미국의 전 대통령인 버락 오바마Barack Obama의 2008년 대선 승리 전략이 SNS인 트위터와 페이스북, 마이스페이스 등의 활용이라고 알려지면서 시작되었다. 당시 민주당의 대통령 후보였던 오바마는 SNS를 통해 자신의 정책을 홍보하고 유권자와 직접적인 소통을 통해 선거 활동에 긍정적인 효과를 얻었다. 실제로 공화당의 후보자였던 상원의원 존 매케인의 캠프보다 SNS를 잘 활용해 젊은 층 유권자의 지지를 얻어 당선되었다. 이는 SNS가 선거 캠페인 전략의 주요 수단으로 부각이 된 정치적 사건이었으며, 이를 계기로 SNS 이용이 수용자들의 정치 참여에 미친 영향에 관심이 집중되었다.

무엇보다 미국에서 2016년 대선은 최근의 역사에서 정치적 양극화가 극대화된 선거 중 하나로, 소셜 미디어가 당파성을 증가시킨 대표적인 사례로 꼽힌다. 자유로운 정치적 표현이 새로운 것은 아니지만, 공중이 이러한 의견들에 관한 목소리를 소셜 플랫폼을 통해 활발하게 내면서 정치와 선거판을 변화시킨 것이다. 2016년에 SNS 이용자 중 거의 1/3이 자주 혹은 빈번하게 정치에 대해 언급하고 토론하며 포스트를 올린 것으로 나타났다. 이에 더하여 2016년 선거에서는 많은 미국인이 소셜 미디어를 통해 뉴스를 접하였으며, 특히 18~29세 젊은 유권자의 소셜 미디어 이용이 두드러진 것으로 나타났다. SNS는 종종 토론을 위한 친밀한 공간으로 인식되고, 어떤 웹사이트들은 증오 집단에 안전한 피난처를 제공한다. 어떤 이들은 SNS의 정치적 잠재성에 대하여 낙관적이며, 또 다른 이들은 향후 SNS가 선거 과정에 관여할 것이라고 주장한다. 이는 생산적인 정치적 토론을 조성하는 온라인 공론장으로서 SNS가 이바지할 가능성이 크다는 것을 시사한다.

그동안 이루어진 연구들에 따르면, SNS가 유권자의 대조되는 의견 노출과 긍정적인 관계가 있으며, SNS 이용은 개인의 네트워크 다양성에 기여하고 있다. 이러한 다양성은 소셜 미디어 이용자들이 비사용자보다 더 많은 정치적 불일치를 인식하고 있고, 특히 SNS상에서 뉴스를 소비하는 이용자 사이의 차이를 보였으며, 정치적 토론이 오프라인 세계로도 연장되는 것으로 밝혀졌다. 엘래너 콜리오니Elanor Colleoni 등(Colleoni et al., 2014)은 기계 학습machine learning을 통해 트위터가 일정한 정당의 행위자들 사이에 '메아리 방'과 같은 구조의 커뮤니케이션과 유사할 수 있음을 발견하였다.

한편, 다른 연구들은 정치적 대화가 대립하는 상황에 개인들이 노출될 기회는 정치적 토론이 우연히 발생하는 SNS와 같은 비정치적 집단에 속해 있을 때임을 강조한다. 즉 젊은층들이 SNS를 통해 정치 정보를 많이 받음으로써 SNS 기반의 공론장에서 정치적 관여와 참여가 나타날 수 있다는 것이다. 이러한 점에서 과연 소셜 미디어가 새로운 정치 지형에 한 영역을 차지할 것인지 주목할 필요가 있다.

그동안 소셜 미디어 플랫폼들에 대한 논의는 수많은 정치 캠페인 분석으로 이어졌다. 2016년 미국 대선과 영국의 브렉시트 국민 투표에서 널리 공유된 허위 정보, 즉 '가짜 뉴스fake news'를 포함해 선거에서 SNS의 역할에 대한 논란이 빚어졌다. 특히 미국의 대선 후보였던 힐러리 클린턴Hillary Clinton과 도널드 트럼프Donald Trump는 2016년 선거 결과에서 이러한 요인들이 오바마 사례처럼 중요했다고 주장했다(Remnick, 2016. 11. 9). 2016년 트럼프 캠프의 디지털 미디어 디렉터인 브래드 파스칼Brad Pascale은 "우리가 승리한 이유는 페이스북과 트위터다. 트럼프를 위해 트윗하고, 자금 모금에 페이스북을 이용"한 것이 승리를 가져왔다고 말했다(*Wired*, 2016. 11. 15). 소셜 미디어에 관한 토론은 미국의 주요 뉴스 미디어들에서 점점 더 빈번해졌으며, 특히 트위터에 대한 언급들은 2016년 대통령 선거에서 강조되었다.

하지만 이러한 현저성에도 불구하고, 선거 결과들에 대한 소셜 미디어의 실증적인 적합성은 대체로 알려지지 않았다. 어떤 사람들은 소셜 미디어의 효과에 대한 관심사가 과장되었다고 주장하였다. 한 사례로 2016년 대통령 선거에서 트럼프는 소셜 미디어를 사용하는 성향이 더 높거나 인터넷을 더 폭넓게 사용한 인구 집단으로부터 오히려 표를 더 적게 받았다(Boxell,

Gentzkow, & Shapiro, 2017; The Hill, 2016). 실제로 트럼프의 가장 넓은 지지층은 지방에서 대학 교육을 받지 못한 나이 많은 백인 유권자로, 그들은 소셜 미디어를 가장 능동적이지 않게 사용하는 사람들이었다(Hargittai, 2015; Pew Research Center, 2015, 2018). 이러한 양상은 온라인 채널이 2016년 대통령 선거 결과의 중요한 추동력이었다는 점을 배제하지는 않지만, 그런 생각과 일치하지도 않음을 보여 준다. 이처럼 소셜 미디어가 선거 결과에 미치는 영향에 대해서는 다양한 입장이 존재한다.

SNS는 선거 캠페인에서 어떻게 활용되었나

정치인이나 정당이 유권자 혹은 시민에게 메시지를 전달하는 수단으로 SNS를 선택한 배경에는 메시지 전달의 신속성, 메시지의 지속성과 복제 가능성, 전달의 광범위성, 비용의 경제성, 관계를 기반으로 한 신뢰성 등이 포함된다. 특히 모바일 기기에서 사람들은 메시지를 쉽게 SNS를 통해 공유할 수 있으며, 전달된 메시지는 끊임없이 복제되어 전달할 수도 있다. SNS는 또한 저렴한 비용으로 물리적, 시간적 한계를 초월해 불특정 다수의 사람을 대상으로 한 커뮤니케이션 채널로 활용될 수 있고, 친근한 대화를 가능케 하는 특징이 있어 정치인이 유권자와의 소통을 위해 적극 활용하고 있다(조정식 · 이재영 · 임지은, 2019).

소셜 미디어가 지닌 기술적 특성은 선거 캠페인을 준비하는 정치인뿐만 아니라, 유권자가 정치인과 정치 단체에 행동을 요구하는 수단으로 활용되기도 한다. 이때는 소셜 미디어가 정부나 국회의원들에 대한 청원이나 법안의 지지 혹은 반대 의사 표현을 하는 수단이 될 수 있다. 또 온라인 혹은 오프라인에서 정치적 집회에 참여하는 수단 혹은 다른 유권자에게 이에 동참하도록 설득하는 수단으로써 활용되는 것이다. 소셜 미디어가 지닌 참여, 공개, 대화, 자기중심의 커뮤니티, 연결의 편의성이라는 속성은 관심 있는 모든 사람에게 정치 과정에 참여할 수 있도록 허용하고, 유통되는 정치 정보의 질과 종류에 제한이 없으며 모두 공개되어 전달될 수 있다(정일권, 2012: 111~113).

정치 분야에서 SNS의 활용에 관한 국내 연구들은 주로 선거와 관련해 SNS가 이용자들의 정치 참여 유형에 어떤 영향을 미쳤는가를 탐색하였다. 대부분의 연구는 SNS 이용자들이 정치에 대한 다양한 의견을 접하게 되면서 정치 효능감과 정치 참여가 높아졌음을 밝히고(황용석 외, 2011), SNS를 활용한 선거 캠페인의 중요성을 강조하였다. 제18대 대선 사례 연구에서 SNS 특성이 선거 참여에 미친 영향을 분석한 한 연구는, SNS 이용이 참여 민주주의 확산에 이바지할 수 있는 민주적 잠재성을 인정하는 동시에 정보의 신뢰성과 네트워크 개방도에 따라 민주적 잠재성의 차이가 있음을 발견하였다(도묘연, 2012). 19대 국회의원 선거 후보자들의 트위터 선거 캠페인을 분석한 연구에서는 트위터가 네트워크 내에서 의제를 주도하는 유력자들을 중심으로 선거 캠페인의 의제를 설정하고, 여론을 형성하며 유권자를 동원하는 데 핵심적인 역할을 한 것으로 나타났다(이소영, 2012).

이러한 연구 결과들은 SNS가 정치적 매개체로 활용될 수 있으며, 실제 SNS의 메시지 내용이 선거와 관련해서 유권자의 정치적 참여에 영향을 미칠 수 있음을 시사한다. 특히 2020년 코로나 팬데믹 기간 중 치러진 21대 총선에서는 선거 캠페인으로의 SNS에 대한 중요성이 더욱 두드러졌다. 한 연구에서는 선거 캠페인 도구로서 페이스북과 트위터, 유튜브의 활용을 살펴보기 위해 각 후보의 공식 계정에 올라온 글들을 위주로 분석하였다(차영란, 2020). 그 결과, 당시 이낙연 후보와 황교안 후보의 선거 내용 이슈와 메시지에 차이점이 드러났으며, 두 후보 모두 이미지보다는 정책을 강조한 것으로 나타났다. 무엇보다 온라인 선거 캠페인으로 지지층을 결집하려는 경향이 더욱 강화되었으며, 페이스북, 트위터, 유튜브 등 SNS는 기존 지지층이 적극적으로 참여하는 플랫폼임이 입증되었다.

후보자는 자신을 지지해 온 유권자에게 소구하는 메시지를 내놓는 경향이 강해졌으며, 유권자도 자신이 지지하는 후보자만 팔로하고, 동의하는 유튜브 채널만 구독하기 쉬운 것으로 나타났다. 특히 SNS의 수용자 맞춤형 알고리즘은 이러한 경향을 부추기며, 기존 편향성을 강화하는 가운데 유권자는 자신과 생각이 다른 사람들과 소통하기보다는 자신의 기존 생각을 강화하는 이들과 밀착했다고 볼 수 있다(차영란, 2020: 221).

코로나19라는 특수한 팬데믹 상황에서 소셜 미디어가 총선에 미친 영향을 조사한 또 다른 연구는 비대면 방식의 선거 캠페인이 주를 이루었기 때문에 인터넷과 소셜 미디어의 중요성이 더욱 부각하였음을 보여 주었다. 이 연구는 21대 총선 직후에 실시한 당원 인식 조사에서 당원들의 소셜 미디어 이용 방식과 온라인 정치 참여 행태 사이의 관계를 분석했다(박지영 · 윤종빈, 2019). 그 결과 온라인상에서 당원들이 이념적으로 더 보수적이고 선거에 관심이 많을수록 정치 정보에 대한 선택적 노출 경향이 높았다. 또 소셜 미디어를 이용하는 하루 평균 시간이 길수록 온라인상에서 자신의 정치 이념과 같은 사람들과만 소통하고 교류하는 경향이 높은 것으로 나타났다. 이러한 결과는 소셜 미디어의 사회관계망 안에서 당원들이 자기 생각 및 의견과 유사한 정보만을 공유할 때, 정치 정보의 선택적 노출로 인한 확증 편향이 강화되어 결과적으로 양극화된 정치 태도로 연결될 수 있다는 사실을 뒷받침하였다(박지영 · 윤종빈, 2019: 5).

이러한 현상은 트위터나 페이스북, 유튜브 이용자들 사이에 나타나는 유유상종의 현상에서 그 이유를 찾아볼 수 있다. 트위터의 경우, 팔로잉할 사람을 결정하는 데서부터 시작된다. 사람들은 팔로 대상 선정 기준을 내가 좋아하는 사람, 나와 관심사가 비슷한 사람, 유명한 사람, 기존에 알고 지내던 사람, 유용한 정보를 올리는 사람, 나와 가치관이 비슷한 사람 순으로 꼽았으며, 대부분 자신과 유사한 사람을 선호하는 경향을 보였다(장덕진, 2012). 하지만 비슷한 사람들에 둘러싸여 있으면, 편안한 심리 상태를 갖게 되고 자기 의견이 지지받을 확률도 높아진다. 그러다 보면 이른바 '집단 사고group think'의 함정에 빠지게 된다. 집단 사고는 유사한 사람들로 뭉쳐진 응집력이 강한 집단에서, 만장일치의 압력과 시간제한에 쫓겨 외브의 객관적인 조언에 귀를 기울이지 못한 채 불합리한 의사 결정을 하는 것을 말한다. 트위터나 페이스북과 같은 SNS에서 네트워크화된 개인들의 군중 심리는 개인들의 의견을 객관적으로 종합한 것이 아니라, 기본적으로 가정된 유사성이나 합의 착각을 통해 다른 사람들이 자신과 비슷한 생각을 할 것이라는 주관적 지각을 하게 된다. 따라서 네트워크의 규모가 클수록 군중 속의 편안함이나 다수에의 동조가 더 강하게 발생할 확률이 높을 수 있다(나은영, 2012).

정치인은 SNS를 어떻게 이용하는가

과거 수십 년에 걸쳐 전통적인 뉴스 미디어가 주요 이슈에 대한 공중의 의견에 영향을 끼쳐 왔다. 하지만 최근에는 소셜 미디어 역시 선거에서 정치적 사상들을 유포하는 데 점점 더 중요한 역할을 행하고 있다. SNS상에서 정치적 행위자들의 존재는 급속히 증가하고 있다. 어떤 이들은 소셜 미디어가 그만큼 중요해져서 정치인이 새로운 정책이나 생각을 유권자에게 전파하기 위해 선호하는 미디어로 SNS을 이용하거나 전통적인 미디어를 포함한 거대한 커뮤니케이션 전략으로 SNS를 이용한다고 주장한다. 물론 SNS의 성장과 인기가 정치 참여에 주는 실제적인 영향이 어느 정도인지는 불확실하지만, 정치와 선거 영역에서 소셜 미디어의 인기는 단기(혹은 중기)간에 줄어들 것 같지는 않다.

소셜 미디어상에서 정치인들은 개인이자 공인으로서 자신을 표현함으로써 선거 캠페인이나 정치적 메시지에 신빙성을 구축할 수 있고, 유권자에게 소구할 수 있는 무엇인가를 창출할 수 있다. 더 나아가 SNS의 상호 작용적이고 참여적인 특성은 개인들이 언급할 수도 있고, '좋아요'나 정치인들의 메시지들을 공유할 수 있음을 의미하는데, 이는 개인들의 인지된 관여를 더 강화할 수 있다. SNS를 잘 활용하는 대표적 국내 정치인으로 홍준표 대구시장을 들 수 있다. 그는 유튜브 채널에서도 많은 구독자를 보유하고 있다. 홍 시장은 2018년 자신의 페이스북에 쓴 글을 엮어 두 번째로 펴낸 책 서문에서 페이스북을 "정치 일기"로 표현했다. 그는 "페이스북이 생기고 난 뒤부터 정치하기가 훨씬 편리해져서 국회 정론관을 가지 않아도 내 생각을 국민들에게 쉽고 빠르게 전달할 수가 있다"라며 "중학교 시절부터 쓰던 일기가 페이스북 시대에 와서는 어느덧 정치 일기가 된 것"이라고 말했다(지민수, 2023. 1. 18).

위의 사례처럼, 정치인으로부터의 개인화된 메시지들은 공중의 참여를 더 불러일으킬 수 있으며, 사회적 존재감과 의사적 상호 작용에 대한 인식을 심화시키고, 후보자들에 대한 투표 의향을 강화할 수가 있다(McGregor, 2018). 그렇지만 공중의 정치적인 소셜 미디어 참여는 정치적 성향에 따라 다양하고, SNS 상에서 정치인들이 논의하는 주제들과 어떻게 논의하는가에 따라 달라질 수 있다.

한편, 유럽 사회에서 사회적으로 현저한 이민과 같은 이슈들은 소셜 미디어상에서 이용자들이 정당에 관여하도록 자극하며, 소셜 미디어 이용자의 관여는 결국 투표와 같은 정치적 행위와 연관될 수 있다. 유럽 국가에서 정치인들의 이민에 대한 소셜 미디어 메시지 내용을 분석한 결과, 정당에 걸쳐 이민을 묘사하는 방식이 다양한 것으로 나타났다. 소셜 미디어상에서 정치인들이 가장 많이 사용한 것은 부정적인 프레임들이었다. 더 구체적으로 우익 정치인은 이민자를 '침입자'로 틀 짓기를 하였으며, 다른 정당은 '희생자' 프레임을 강조하였다. 중도적인 정치 행위자들은 극좌와 우익의 정치인보다 소셜 미디어상에서 이민 이슈를 자주 다루지는 않았다.

벨기에 시민들의 이민 태도와 소셜 미디어 행위를 조사한 연구는 벨기에 정치인들이 텔레비전이나 라디오에 출연하는 것뿐만 아니라 SNS를 통해서 새로운 이민 정책에 대한 생각들을 유포하고자 했음을 밝혀냈다(Coninck et al., 2023). 데이비드 코닝크 David Coninck 등(2023)은 벨기에 시민들의 반이민적 태도가 그들의 디지털 소셜 미디어 관여와 투표 행위에 관련성이 있는지에 관한 연구를 했다. 이들은 2019년 10월 벨기에에 거주하는 성인 1,000명을 대상으로 수집한 온라인 데이터를 통해서 태도와 이용자 관여, 투표 행위의 상관성을 조사하였다. 그 결과, 이민에 대하여 부정적인 시민들의 반이민 태도와 연결된 소셜 미디어 이용자들은 다른 이데올로기를 가진 사람들의 페이지들보다 우파 정당의 페이지에 더 많이 관여하였다. 반면, 이민에 대하여 긍정적 태도를 가진 이용자들은 다른 페이지보다 좌파 정당들의 페이지에 더 많이 관여한 것으로 나타났다. 이러한 결과는 SNS 상에서 일어나는 이용자들의 정치 정당 관여는 이민에 대한 선호도와 연관되어 있음을 보여 준다.

위에서 살펴본 정치와 선거 영역에서 소셜 미디어 활용과 관련한 국내외 연구는 소셜 미디어 활동을 통해 정치인이 유권자와 정치적 아이디어에 관여하고 있음을 함축한다. 물론 SNS 상에서 개인들이 정당과 상호 작용하는 것이 투표 행위에 반드시 연관되지는 않는다. 이 점을 고려할 때, 인터넷에서 일어나는 정치·사회적인 지지 목적의 행동을 뜻하는 '클릭티비즘'을 단순히 애매하고 정치적 참여가 쉬운 행위로서만 간주해서는 안 될 것이다. SNS 활동은 시민들의 투표 행위에까지 부분적인 영향을 미칠 수 있어 다른 정치적 관여 유형과 연관될 수도 있다. 정치적 행위자들은 특정한 주제들, 예를 들어 이민과 같은 주제의 중요성에 대한 의견들에 소셜 미디어를 통해 영향을 줄 수 있다. 이민에 대한 자신의 태도와 유사한 태도를 가진 정당을 추종하는 것 사이의 강한 연관성은 소셜 미디어가 정치적 행위자들에 의한 의제 설정 장소임을 암시한다. 이런 측면에서 소셜 미디어 페이지들은 이슈에 중점을 두고, 의견들에 영향을 미치며, 관심사를 자극하는 데 사용될 수 있다. 특히 메시지들이 부정적인 프레임을 갖고 있을 때는 그렇다.

코닝크 등의 연구에 따르면, 벨기에에서 보수 정당들의 SNS 페이지를 추종하는 것은 보수 정당에 투표할 가능성이 훨씬 더 크다는 점과 연관되며, 진보 정당의 SNS를 추종하는 것은 진보 정당에 투표할 가능성과 더 크게 연관된다. 또한 이용자 관여와 이민 태도 사이의 상호 작용 효과는 이민에 대하여 부정적 태도를 가진 사람들에게 나타났으며, SNS상에서 우파를 추종하는 사람들이 우파에 투표할 가능성이 훨씬 더 높았다. 반대로 이민에 대하여 긍정적 태도를 가진 개인과 SNS상에서 좌파 정당의 페이지를 팔로한 사람들은 좌파 정당에 투표할 가능성이 훨씬 더 높게 나타났다(Coninck et al., 2023).

이러한 결과는 유럽에서 이민과 같은 현저한 주제가 소셜 네트워킹 사이트에서 이용자 관여와 연관될 뿐 아니라, 실제 오프라인 환경에서 정치적 행위에도 연관되어 있음을 보여 준다. 이슈 소유권과 투표 행위 사이의 관계는 유권자와 이슈 소유자들 사이에 입장이 일치하는 데 연관된다. 보수 정당에 대한 SNS 관여와 보수 정당에 투표하는 상관성이 높은 유권자들의 경우, 처음부터 이민에 대하여 부정적인 태도를 가진 유권자였다. 좌파 정당과 유권자도 앞의 사례처럼 거울 같은 연관성이 발견되었다. 즉 이민에 찬성하고, 소셜 미디어상에서 좌파를 추종하는 시민들은 좌파 정당을 위해 투표할 가능성이 더 높은 것으로 나타났다. 이러한 현상은 기존의 유권자 태도가 SNS 상에서 비슷한 성향의 사람들이나 정당과의 상호 작용을 통해 더욱 강화되는 현상을 초래한 것으로 해석할 수 있다.

SNS와 선거 결과

전 세계적으로 소셜 미디어의 정치·사회적 영향력이 커지면서 소셜 미디어가 인터넷상에서 초래하는 정치적 파급 효과도 커지고 있다. 각국의 대선과 총선, 지방 선거 등을 비롯해 주요 국가들의 선거 과정에서 페이스북, 트위터, 유튜브 등의 소셜 미디어가 선거 의제를 비롯한 여론 형성 과정과 선거 결과에도 막대한 영향을 끼친 것으로 평가되었다(이원태 · 김춘식 · 이나경, 2010: 21).

2020년 이후, 토머스 후지와라Thomas Fujiwara 등의 연구자들(Fujiwara et al., 2022)은 미국에서 선거와 관련해 소셜 미디어가 선거 결과에 어떻게 영향을 미치는지를 연구했다. 이들은 2007~2019년 사이 미국 전역에서 상원과 하원의 민주당과 공화당 정치인들의 트위터 도달 내용을 분석하여 트위터상의 정치적 콘텐츠 구성 요소에 대한 증거를 제공하였다. 트위터 이용 패턴을 보면 민주당의 정치인들이 트위터상에서 더욱 활발하였으며, 공화당 정치인들보다 더 많은 팔로어를 보유했다. 민주당원들의 트윗은 평균적으로 상대방보다 3배 정도의 '좋아요'를 받았다. 2016년과 2020년 대통령 선거에서 트위터가 공화당 투표 지분을 낮췄지만, 국회의원 선거와 이전의 대통령 선거에서는 제한된 효과를 가진 것으로 나타났다. 설문 조사 데이터와 사전 선거, 그리고 수백만 개의 트윗 텍스트 분석으로부터 나온 증거는, 상대적으로 진보적인 트위터 콘텐츠가 중도적 견해를 가진 유권자를 설득하여 보수적인 트럼프에 반대하는 투표를 하도록 설득했을 수도 있음을 시사하였다(Fujiwara et al., 2022).

대부분의 소셜 미디어 이용자, 특히 트위터 이용자들은 진보적 성향으로 기우는 경향이 있다. 이는 트위터 이용자들이 상대적으로 젊고, 교육 수준이 높으며 도시 거주자이기 때문이다. 물론 트위터 이용자들 가운데 보수 성향의 네트워크 집단도 있다. 하지만 퓨리서치센터Pew Research Center(2020)의 조사에 따르면, 트위터 이용자들은 약 60%가 민주당 지지자이며, 35%만이 공화당원으로서 자신을 규정하였다. 민주당원 사이에 트위터 이용자들은 상당수가 더 진보적이고, 공화당원들과의 공통점을 찾지 않는 것으로 나타났다(Pew Research Center, 2020).

참여형 미디어로서 소셜 미디어는 네트워크를 통해 영향력을 확장해 가면서 시민들의 정치 참여에 새로운 지평을 열어 가고 있다. 이에 따라 다양한 소셜 미디어를 매개로 한 광범위한 네트워크의 형성과 정치 정보의 대량 전달이 가능해졌다. 특히 SNS의 메시지 확산 속도와 규모는 네트워크 속성을 토대로 이용자들이 다양한 인적 네트워크와 커뮤니티를 형성함으로써 전통적 정치 조직과도 연계해 소셜 미디어 이용자들의 정치 참여의 기회를 증대시켰다. 소셜 미디어는 또한 저렴한 정치 참여 비용과 높은 접근성 측면에서 유권자의 의견 교환과 정치 참여의 효율성을 제고하였다(심홍진, 2011).

무엇보다 소셜 미디어의 가장 큰 특성은 인간이 지닌 '연결의 욕구'를 극대화하여 충족시켜 준다는 것이다. 사람들은 원하는 사람과 언제 어디서든 쉽게 연결될 수 있는 소셜 미디어의 발달로 이전보다 연결의 욕구와, 다른 사람과 자신을 끊임없이 견주어 보는 '사회 비교 욕구'를 원하는 만큼 충족시킬 수 있게 되었다. 사회 비교 욕구는 자신의 의견이 옳은지, 자기의 능력이 어느 정도인지 알고 싶은 마음으로 의견을 비교하기 위해서 자기 의견과 비슷한 사람을 찾는 경향이 있음을 의미한다. 특히 어떤 이슈에 대한 자신의 의견에 대하여 확신을 가질 수 없을 때 대체로 다른 사람들은 어떤 의견을 가졌는지 SNS를 통해 둘러볼 수 있으며, 자기 의견에 확신이 있는 사람들도 자기와 같은 생각을 지닌 사람들이 대략 어느 정도 되는지 가늠해 보기 위해 SNS를 이용할 수 있다. 더 나아가 SNS를 활용해서 자기 의견을 강력히 피력함으로써 같은 의견을 가진 사람들이 더 많아지도록 설득하기도 한다. 이런 점에서 SNS는 사람들의 의견 비교가 쉬운 장field이라고 할 수 있다(나은영, 2012: 50~51).

한편, 소셜 미디어가 선거 영역에 많이 적용된 이유는 정치 홍보와 지지자 결집 수단으로 그 효율성이 입증된 점에 기인하는데, 실제 지방 선거에서 사람들은 정치 사회적 이슈를 중심으로 동원되기도 하였다(이원태 외, 2010). 개인들은 소셜 미디어를 이용해 정치적 메시지를 전달하고 자신의 견해를 표출함으로써 송신자 효과를 형성하기도 하였다. 또 개인이 소셜 미디어를 활용하여 정보를 추구할수록 정치적·사회적 대화를 나눌 가능성 또한 높아졌다. 아울러 소셜 미디어를 통한 정보 추구는 정치적 대화와 정치적 메시지의 교환, 정치적 관심, 그리고 사회적 압박을 거칠 때 개인의 전통적 정치 참여에 더 큰 영향을 미치고 있었다.

특히 사회적 압박은 소셜 미디어가 유권자를 어떻게 투표소로 끌어내는지 중요한 단서를 제공한다. 이는 소셜 미디어 이용자들이 전통적 정치 참여를 수행하면서 자신을 둘러싼 주위의 중요한 타자를 의식하고 국민으로서 정치 참여를 마땅히 수행해야 하는 의무로 여기는 경향이 있음을 나타낸다. 즉 개인이 느끼는 사회적 압박이 클수록 개인을 특정 행위에 반응하도록 이끄는 동기도 크다는 것을 암시한다. 더 나아가 소셜 미디어라는 공간이 만들어 낸 사회적 네트워크는 우리가 의식하는 준거 집단의 기대를 충족시키면서 사회적 규범을 충실히 이행해야 하는 주관적 규범이 동시에 고취되기 쉬운 환경이라는 것을 보여 준다(심홍진, 2011: 100~101).

소셜 미디어는 공론장이 될 수 있을까

소셜 미디어는 의견 비교를 통한 의견 교환을 쉽게 하며, 자유롭게 정치적 활동에 참여할 수 있는 공론장을 마련해 주어 일반 시민의 정치 참여를 위한 통로를 제공하고 있다. 기존의 인터넷이 일방적인 정보 생산과 공급이었다면, 소셜 미디어는 쌍방향성, 개방성, 불특정 다수와의 네트워크로 연결될 수 있는 특성으로 인해 사용자가 정보의 생산, 소비, 유통을 주체적으로 할 수 있어 다양한 관계망을 형성할 수 있고 정치 참여에 대한 동원 효과를 초래할 수도 있다. 즉 지인들과의 소통을 통해 정치적 주요 현안과 이슈에 대해 무관심했던 많은 개인이 다양한 정치 정보에 노출되고, 정치적 관심도가 높아짐으로써 선거와 같은 정치 참여가 증가하는 양상도 보인다.

소셜 미디어를 많이, 자주 사용하는 사람들은 그렇지 않은 사람들에 비해 정치적 효능감이 더 높고, 정치적 토론을 활발하게 할 뿐만 아니라, 다양한 형태의 정치 참여에 적극적인 편이다. 예를 들어, 페이스북을 많이 사용하면 할수록 정치적 활동에 적극적으로 참여하는 친구들과 연결될 가능성이 커지고, 이들의 정치 활동을 보면서 자신도 정치 참여를 할 수 있다는 내적 효능감이 증가하면서 정치 활동에 적극적으로 참여하게 된다는 것이다. 그뿐만 아니라 소셜 미디어는 정치인도 비교적 쉽고 간편하게 유권자와 접촉할 수 있는 미디어로 활용되고 있어 정치인과 유권자의 소통은 과거보다 활발하게 이루어지고 있다(금혜성, 2011).

물론 소셜 네트워크를 단순히 많이 사용한다고 해서 정치 참여가 높아지는 것은 아니며, 정치적으로 활용할 때만 효과가 나타난다고 할 수 있다. 더 나아가 앞서 제기한 것처럼 소셜 미디어가 정치적 양극화 현상을 심화시킬 수 있는 측면도 적지 않다. 소셜 미디어를 통해 많은 정치 정보가 교환되는 기회가 늘고 소통 기회도 증가했지만, 정치적 견해 차이가 오히려 강화되거나 심화하는 현상도 존재한다. 실제로 1996년 이후 미국의 각종 선거에서는 인터넷을 이용한 각종 캠페인이 활발하게 시행되었지만, 정작 선거 관련 웹사이트에서는 대중적 토론이나 쌍방향적 토론이 활발하게 이루어지지 않았다. 2010년 미국 중간 선거 기간에 트위터 네트워크를 조사한 결과에서도 리트윗의 경우에 정당 지지에 따라 강한 양극화 현상을 보이는 것으로 나타났다. 이러한 양극화 현상은 소셜 미디어 사용자들이 정치적으로 선호하는 정보만 선별적으로 접속할 가능성이 크기 때문이며, 그 안에서 정보 교환이나 정서적 토론이 훨씬 활발하기 때문이다(박지영 · 윤종빈, 2019: 9~13).

정치적 양극화 현상의 원인은 자신의 성향과 비슷한 사람들과 주로 네트워크를 형성한다는 소셜 미디어의 속성으로부터 기인한다. 특히 소셜 미디어 이용자들은 자율적으로 사회관계망을 형성하기 때문에 자신과 동질적인 특성을 가진 사람들을 위주로 관계를 조직하며, 자기와 다른 의견에 노출될 기회가 적어 정치적 토론 상황에서 한계를 보인다. 따라서 정치 과정에서 소셜 미디어의 적극적 활용이 소셜 미디어 사용자에 대한 정치적 동원을 통해 투표 참여를 향상하고 정치적 효능감과 만족도를 증대시킨다는 긍정적 효과도 있지만, 확증 편향과 정치적 양극화 심화 등의 부정적 영향도 무시할 수가 없을 것이다.

국내외 정치 현상에 미치는 SNS의 영향에 관한 연구들을 살펴보면, 온라인상에서 소셜 미디어를 이용해 정치적 활동을 적극적으로 하는 유권자나 정당의 당원들은 자신과 비슷한 생각을 하는 사람과 소셜 네트워크상에서 교류하면서 자신의 신념과 같지 않으면 중요한 정보로 취급하지 않게 될 수 있다. 이러한 유유상종 현상은 정보에 대한 선택적 노출로 인해 다양한 관점의 의견을 접할 기회를 원천 차단하여 확증 편향 현상을 심화시킬 수도 있다. 다시 말하면, 반대되는 의견에 대한 이해보다는 배척이 앞서게 되어 이념적 편향성이 증가하고 자신의 이념적 성향과 일치하는 정보만 취합하여 만들어진 편향된 사고를 확산시킬 가능성이 크다(박지영 · 윤종빈, 2019: 14).

국내외 연구들은 소셜 미디어가 정치 참여 증진에 어떠한 영향을 주는가에 대하여 긍정적인 효과와 부정적 효과라는 상반된 결과를 제시하고 있다. 여론 형성과 정치 참여에 미치는 소셜 미디어의 영향은 구체적으로 이용자들의 정치 성향이나 정치 관심, 투표 행위와 같은 정치적 참여, 그리고 정치적 효능감에 따라 상관관계를 보이고 있으나 변인 간에 인과적 영향을 검증한 연구는 많지 않다.

국내에서도 2010년 이후에 실시된 대선과 총선, 지방 선거에서 일반적으로 20~40세 유권자의 투표율이 상승한 점을 소셜 미디어(트위터, 페이스북 등)의 영향으로 간주하기도 한다. 그러나 정치권과 언론에 대한 총체적 불신이 젊은 층을 대인 미디어인 소셜 미디어를 중심으로 모이게 하고 세력화하는 정치적 효능감을 키워 선거 결과에 영향을 미친 것으로 분석하기도 하였다. 실제로는 소셜 미디어의 등장과 투표 참여율의 상승이 시기적으로 조응하면서 양자 간 상당히 상관관계가 있는 것으로 인식되었다. 특히 소셜 미디어의 등장이 투표 참여와 후보자 선택에 영향을 미쳤다는 연구들(이원태 외, 2010; 황용석 외, 2011)은 대부분 소셜 미디어의 이용 여부 또는 이용 정도와 투표 참여 여부 및 선거에서 후보자 선택 간의 상관관계 분석에 기반을 두고 있다(최영재, 2018: 181~183).

소셜 미디어의 정치 참여 연구들은, 소셜 미디어가 전반적으로 정치 참여를 증가시킨다는 연구, 소셜 미디어가 정치 집회 참여 증가에만 영향을 미친다는 제한적 영향을 도출한 연구(송경재, 2011), 소셜 미디어는 투표나 청원서 서명과 같은 행위에 영향을 미치지 않는다는 부정적 연구 등으로 나뉜다(윤성이, 2013). 18대 대통령 선거 기간 동안 트위터를 활용한 선거 캠페인을 분석한 한 연구에 따르면, 트위터식 선거 캠페인이 새로운 사용자들을 연대와 동원으로 끌어내기보다는 기존의 지지 성향을 견고하게 만드는 강화 효과를 더욱 크게 발휘하였으며, 트위터가 소수 세력에 의하여 일방적인 선전 미디어로서 독과점적으로 사용되고 있었다(박창문 · 조재욱, 2013).

2012년 총선에서 SNS의 동원 효과가 어떻게 나타났는지 설문 조사 데이터를 바탕으로 투표 참여에 영향을 미치는 SNS의 세 가지 요인을 분석한 백영민의 연구(Baek, 2015)를 살펴보자. 그에 따르면, 다가올 선거에서 SNS 이용과 투표 의도 사이에 긍정적인 관계는 과거의 비투표자에게서만 탐지되었으며, 과거 투표자에게는 SNS의 이용이 투표 의도와는 관련이 없었다(Baek, 2015). 또한 최근의 연구나 과거의 미디어 효과 연구와 일관되게 SNS의 효과는 단선적이지 않으며, 이용자 특성 여부에 따라 의존하는 것으로 나타났다. 이 연구는 SNS의 선거 동원을 위해서 중요한 두 가지 추가적인 조건들, 정치적이거나 비정치적인 SNS 사용과 SNS 메시지의 방향성을 확인하였다. 무엇보다 SNS상에서 유통되는 정치 정보의 방향성이 동원 효과에서 차이를 보였는데, 과거 비투표자들의 SNS의 동원은 다른 SNS 이용자들로부터 받은 정치적 메시지하고만 연관이 있었다. 즉 정치적 SNS의 이용은 중요하지만, 선거 동원은 SNS 이용자들이 얼마나 많은 정치 정보를 네트워크로 연결된 친구들로부터 받는가에 달렸으며, 그들이 친구들에게 얼마나 많은 정보를 배포하는가에는 의존하진 않았다. 요컨대, SNS의 동원 효과는 상황적이며, SNS를 통해 새롭게 모집된 투표자들은 과거 선거에서 비투표자였던 사람들이었지만, 향후 선거에서는 투표하기로 한 사람들이며, 그들은 그들의 친구들이 보낸 정치 정보를 받고 설득되었다는 점이다.

이와 같은 백영민(Baek, 2015)의 연구는 SNS의 동원 효과가 조건들이 부합할 때 출현하며, 과거에 투표하지 않았으나 SNS 친구들로부터 정치적 메시지를 받은 이용자 사이에 동원 효과가 증가하였음을 함축한다. 또한 사회에서 SNS 이용이 확장함에 따라 SNS를 통해 유권자가 정치적 메시지에 노출되는 일이 미래 선거에서 증가할 것이라는 점을 시사하고 있다. 만약에 SNS가 과거 비투표자들을 동원하여 약간일지라도 투표 결과를 증가시킨다면, SNS는 더 참여적인 민주주의를 구축하는 데 도움을 주는 것이다. SNS가 오늘날 정치적 과정을 근본적으로 변화시키지는 못하지만, 미래에 SNS 이용률이 늘어날수록 현대 민주주의의 특성을 변형할 수도 있다. 하지만 SNS는 이용자 선호도에 맞춰진 개인 미디어를 대표하고, 네트워크화된 사람들은 상당히 동질적이므로, 정치 논쟁의 양 측면을 동등하게 전달하는 데 어려울 수 있을 것이다(Baek, 2015).

기존의 많은 연구는 SNS상에 유통되는 정치 정보가 더 양극화되기 쉽다는 결과들을 제시하고 있다. 특히 정파적 진영들은 소셜 미디어를 통해 소속 구성원들의 충성도를 높이는 한편 외연의 확대를 도모해 왔다. 한 예로 진보 진영에서 소셜 미디어 가입률이 높은 청년층이 선거 메시지를 주고받으면서 자발적으로 또는 동료 집단의 규범적 압력을 받아 투표 참여율을 높인 것은 좋은 사례라고 볼 수 있다(최영재, 2018: 186).

2011년 서울시장 재·보궐 선거 관련 설문 데이터를 활용해 소셜 미디어 이용이 투표 참여와 후보 선택 등 유권자의 정치 참여에 직접 영향을 미치는지를 분석한 연구에 따르면, 사회적 자본뿐만 아니라 개인의 인구 사회학적 변인, 세대 변인 등이 소셜 미디어가 투표 참여 및 후보 선택에 연관 관계를 형성하는 과정에서 매개 변인으로 작용했다(최영재, 2018: 189~191). 특히 그림 5-1과 같은 'SNS 이용의 정치 참여 영향 모델'은 SNS 이용이 정치 참여와 투표에 영향을 주는지 알아보기 위해 정치적 효능감과 정치 참여도, 분노 정서 등을 유권자의 정치 참여를 추동하는 매개 변인 또는 조절 변인으로 제시하고 있다.

하지만 투표 참여와 후보 결정 등 유권자의 정치 참여 행위에 영향을 미치는 변인은 다소 복합적이다. 또한 소셜 미디어 사용 이전에 사람들은 진보적 성향이든 보수적 성향이든 이미 정치적 견해를 가지고 있는데, 투표 참여와 후보 결정에 소셜 미디어 이용이 구체적으로 어떤 연관성을 가졌는지 변인 간의 상관성을 심도 있게 밝혀내야 할 것이다. 일반적으로 소셜 미디어를 이용하는 사람들은 정파성, 정치 관심도, 적극적인 정치 참여 등이 다를 수 있기 때문이다. 또 정보와 지식의 습득, 수다와 오락 행위, 정치 사회 토론 및 참여적 이용 등 다양한 소셜 미디어 이용 동기 및 행위 변인에 따라 실제적인 정치 참여 효과에 다른 영향을 미치는 것으로 나타났기 때문이다(금희조·조재호, 2015). 따라서 소셜 미디어 이용 자체만으로 정치적 효과를 유발할 수 없으며, 유권자가 소셜 미디어 공간에서 유익한 정치적 정보를 얻으려 노력하고, 사회 주요 의제에 대한 의사소통을 통해 정치 참여 행위를 수행하면서 정치적 효능감을 높여 갈 때 소셜 미디어 이용 효과가 정적으로 나타날 수 있다.

특히 정치적 효능감은 자신의 행동에 따라서 삶에 바람직한 결과를 가져올 수 있다는 신념을 의미한다(Bandura, 1977). 정

그림 5-1 SNS 이용의 정치 참여 영향 모델

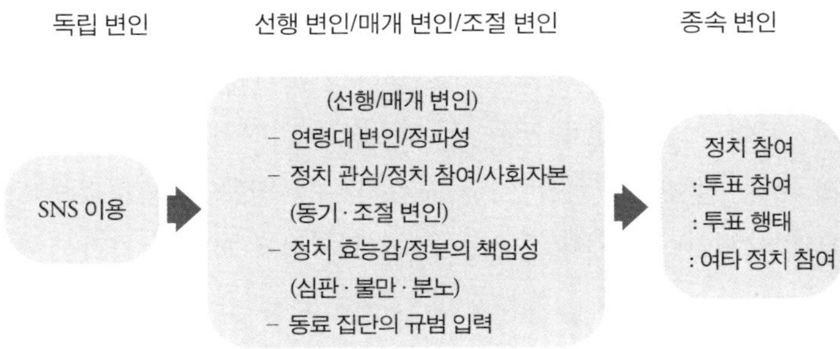

출처: 최영재(2018).

치적 효능감은 정치적 관심과 정치 지식, 정파적 성향, 미디어 이용 변인과 정치적 참여에 영향을 미치는 주요 변인인데, 미디어 이용과 정치 참여의 관계에서 중요하게 탐구된 변인이다. 이 외에도 이용자들이 동료 집단의 규범적 압력을 느끼는데 이것이 투표 참여로 연결되기도 한다(심홍진, 2011).

소셜 미디어 이용자들은 동류 집단의 압력을 인식할수록 정치 참여도 더욱 활발해지는 경향이 있다. 동류 집단의 압력은 정치 참여에 미치는 영향력을 상당히 조절하기도 한다. 소셜 미디어에서 정치 의사를 표현하는 개인이 자신의 주위에 형성되고 있는 여론을 정치적 견해로 인식할수록 정치 참여도 더 활발해짐을 확인할 수 있다. 따라서 소셜 미디어 이용이 선거 참여를 증진하거나 후보자 선택에 영향을 주는지를 검증하기 위해서는 소셜 미디어 이용자들의 내적인 성향과 외부적 변수를 점검할 필요가 있다. 즉 정치 이념과 정치 관심도, 정치 참여

성향, 정치적 효능감, 소셜 미디어 이용 행위 정도, 이용 과정에서 발생하는 외부적 변수 등이 매개 변인 또는 조절 변인으로 작동하는지를 모두 검토해 보는 것이 중요하다.

국내외 선거 관리 담당자들은 소셜 미디어가 유권자의 선거 투표 결정에 미치는 영향이 증가하는 점을 염려하고 있다. 무엇보다 인터넷 시대에 소셜 미디어가 선거 과정과 결과에 중요 영향을 미친다면, 유권자의 집단에 걸쳐 상호 다른 효과를 기대할 수 있을 것이다. 특히 특정한 정당에 대하여 사전에 강한 의견을 갖지 않는 유권자는 소셜 미디어를 통해 지인으로부터 정치 정보를 획득함으로써 더 많이 설득될 수 있다. 이와 관련해 2020년 미국 대선에서 소셜 플랫폼 제공자가 과연 '중도적'으로 선거 관련 콘텐츠를 제공해야 하는지에 대한 열띤 토론이 있었다. 실제로 트위터의 경우 2016년과 2020년 대선에 영향을 미친 것으로 나타났는데, 트위터 이용자들의 인구학적 특성은 소셜 플랫폼의 당파적(편파)인 효과를 설명할 수 있었다. 아울러 트위터의 경우 민주당을 지지하는 사람들이 더 많았으며, 이러한 환경은 유사한 생각을 가진 개인들의 선택을 반영할 뿐 아니라, 중도적 견해를 가진 사람들의 투표 결정에 더욱 영향을 미칠 수 있었다.

선거에 미치는 소셜 미디어의 영향을 이해하기 위해서는 소셜 미디어 이용자들이 이미 정치적으로 양극화된 견해를 갖고 있다는 점을 인식해야 할 것이다. 특히 온라인 여론의 과도한 쏠림 현상과 의견이 다른 집단 간 갈등으로 표출되는 집단 극화 양상은 인터넷과 SNS상에서 더욱 두드러지는데, 이는 익명성을 전제로 이뤄지는 컴퓨터 매개 커뮤니케이션 상황에서 비롯되기 때문이다. 특히 SNS상에서 집단 정체성이 두드러지면서 적대적 집단 간 양극화 현상이 심화하고 있다. 커뮤니케이션 과정에서 자신의 기존 관점에 부합하는 정보만을 취사선택해 수용하는 선택적 노출이 쉬워진 환경이 집단구성원의 기존 의견과 성향을 더욱 강화하여 극화를 유발하는 것이다(오미영, 2011). 따라서 SNS가 여론 형성 기제로써 선거 과정에 유권자의 태도 및 의견 형성에 영향을 줄 수도 있으므로 공중은 인터넷 선거에서 소셜 미디어의 영향과 정치 참여 효과에 관하여 잘 이해할 필요가 있다. 특히 다양한 매개 변인이나 중재 변인은 실제 선거 관련 여론을 형성하거나 추이를 분석하는 데 함의하는 바가 크다.

6장

여론을 정확히 파악하는 것은 가능한가

"여론의 미래는 문명의 미래다. 여론의 힘은 지속해서 증가하고 있고, 계속 증가할 것이 확실하다. 여론이 아래로부터의 충동에 따라 점점 더 영향받고, 변화하고, 동요되고 있다는 것도 마찬가지로 확실하다. 이런 발전이 점진적으로 고결해지는 인간 사회와 점진적으로 고양되는 인간 문화에 내포하는 위험은 명백하다."

— 페르디난트 퇴니에스(Bernays, 1923: 287 재인용)

지금부터 100여 년 전 독일의 사회학자 페르디난트 퇴니에스 Ferdinand Tönnies는 여론의 사회적 및 역사적 효과에 관한 연구에서 전문가와 지식인들의 도덕적 의무를 강조한 바 있다. 그는 여론이 대중에 미치는 사회적 영향을 우려하여 대중문화를 비롯해 여론이 형성되는 과정에서 지식 계층이 공중에게 도덕적이고 정신적인 동기를 부여해야 한다고 역설하였다. 퇴니에스는 여론이 대중의 양심이 되도록 엘리트 계층의 담론 형성 역할과 여론 지도자의 역할을 강조한 것이다. 당시 사회에서 여론은 엘리트 지식인 계층이 당연히 주도하며 그들의 의견을 다수의 대중이 따르도록 사회 규범이 형성되기도 하였다.

하지만 21세기의 민주주의 사회에서 최대 다수의 최대 행복을 추구하는 공리주의적 입장에서는 다수결의 원리가 여론 형성 과정에 주요 원칙으로 작동한다. 현대 사회에서 정치 공동체의 최종적 판단 근거로 여론이 작동한다면, 공중 내에서 다수의 의견은 소수의 의견에 비해 우월적이고 최종적 위치를 차지하는 경향이 있다. 다수결의 원리는 공중의 토론을 통해 합리적으로 지배적 다수의 의견이 형성된다는 전제를 바탕으로

하는데, 이때 다수의 의견이 소수의 의견에 비해서 우월적으로 인정받기 위해서는 다수의 의견을 모으는 절차가 합리적이어야 한다. 즉 여론 형성 과정에서 다수결의 원칙이 제대로 작동하기 위해서는 대의 민주주의 제도에서 여론 형성 과정의 절차적 합리성이 보장되어야 하며, 공중이 활발하게 토론하고 논의할 기회를 제공해야 할 것이다. 또한 다수결 원리가 정치 공동체의 최종 의견인 여론으로 승화하기 위해서는 공익이나 공공선에 부합되는 여론 형성 과정을 거쳐야 한다.

하지만 대의 민주주의 사회에서 여론은 때때로 대중의 충동적인 움직임에 따라 수시로 변화할 위험성을 내포하고 있어서 여론이 작동하는 원리 가운데 다수결의 원칙만으로 공공선에 부합하는 올바른 여론을 도출하기가 어려울 때도 있다. 특히 온라인 여론의 경우는 익명성으로 인해 무책임한 허위 정보가 공적 이슈로 둔갑하기도 하고, 이른바 '댓글부대' 같은 여론몰이 폐해 현상이 나타나기도 한다. 무엇보다 소수에 속하는 집단이 자신의 이익을 대변하기 어려우므로 소수 의견은 사회적으로 차별받게 될 가능성이 존재하고, 약자의 권익은 침해될 소지도 있다. 따라서 여론 형성 과정에서 소수 의견을 관대하게 받아들이는 사회적 관용과 합의의 정신이 전제될 필요가 있을 것이다. 관용이란 다른 사람이 생각하고 행동하는 방식이나 그들의 정치적, 종교적 의견의 자유에 대한 관용과 존중을 의미한다(손영준, 2006: 421).

다음으로 다수의 의견이 항상 올바른 결정이나 효과적인 선택이 될 수 없다는 점도 주지해야 한다. 관용의 정신을 바탕으로 합리적 정보 이용과 활발한 토론을 통해 여론이 생성될 수 있게 소수의 의견이 소외되지 않도록 하는 제도적 장치가 필요하다. 복잡 다원화된 현대 사회에서 공중은 정치적 문제를 합리적으로 결정할 수 있는 전문적 능력과 식견, 충분한 정보를 갖추었는가가 다소 의문스럽기 때문이다. 특히 온라인상에서 조성된 여론은 사회적 이슈에 대한 불충분한 정보에 의존해 개인들의 의견을 분출할 때도 많으며, 인터넷상에서 떠도는 무수한 정보의 진위를 분별할 만한 전문성과 식견이 일반 네티즌에게 부족할 수도 있다. 따라서 이러한 과정을 통해 형성된 집합적 의견이 일반 의지라고 하기에는 사회적 공공선과 대치될 가능성이 존재한다. 아울러 여론 형성 과정에서 개인의 의견이 감성적이고 비이성적 호소로 동요되거나 조작 및 통제될 위험성도 존재한다. 의견을 구성하는 감정 및 신념과 같은 비이성적 요소로 인해 사람들은 쉽게 설득당할 수 있으며, 대중의 여론을 조작하고자 하는 일부 엘리트에 의해 지배받을 수도 있다. 이런 경우에는 비록 외형상으로는 여론에 기반한 정책 결정이 내려질지라도 엘리트가 대중을 이용하여 의사 결정을 주도하는 것이 될 수 있다.

참여 민주주의와 숙의 민주주의가 발전한 선진 민주주의 국가들은 많은 정책 결정 과정에 제도적으로 여론을 반영하여 수용할 수 있도록 온·오프라인상에서 시민 참여와 숙의 제도를 도입하고 있다. 참여 민주주의는 국민 투표와 국민 제안 등 직접 민주제의 도입과 시민의 참여 기회 확대 등 시민 사회의 여론 형성 기능 강화를 통해 대의 민주주의 제도를 보완하는 것이다. 또 숙의 민주주의는 참여 민주주의의 현실적 적용 가능성에 의문을 제기하며 정부와 시민 사회의 지속적 대화와 충분한 숙의를 보완책으로 제시한다. 즉 숙의 민주주의는 시민들이 공론장에서 적절한 정보를 갖고 토론과 숙의를 통해 생성된 집단적 여론을 중시한다. 이러한 숙의 과정에 시민의 참여와 역할을 강화하는 사회적 심의 기구를 제도화함으로써 대의 민주주의가 갖는 문제점을 해소하고자 한다. 이와 같은 공중의 집단적 의견은 과학적인 여론 조사 방법을 통해 확인할 수 있으며, 시민의 집단적 의견이 여론 조사 결과로 객관화됨으로써 다수결 원칙을 토대로 한 공중의 다양한 의견을 파악할 수 있게 되었다(손영준, 2006: 424~425).

하지만 공중의 의견을 여론으로 수렴하는 과정에서 다수결의 원리에만 근거한 여론은 오히려 국가의 발전을 저해하는 측면도 있다. 즉 정부가 항상 사람들의 의견을 듣고, 모든 일에 공중의 다수 의견에 따라 행동을 시도하고자 할 때는 국가의 발전을 억누르고 국민의 안전에 영향을 미칠 수도 있는 것이다. 특히 재난과 전염병 발발과 같은 중대한 긴급 상황이 발생했을 때 정부는 신속한 행동을 취해야 한다. 만일 정부가 조치하기 전에 국민 다수의 의견을 기다리기로 한다면, 이러한 결정이 국민의 안전과 건강을 위험에 처하게 할 수 있다. 예를 들어, 구제역이나 코로나19와 같은 질병이 발생했을 때, 정부는 빠른 결정을 내려서 상황을 통제해야만 하며 대책 수립에 대한 여론이 형성되도록 기다릴 시간적 여유는 없다. 이슈에 대한 여론 형성과 측정이 동시에 빠른 시일 내에 이루어지기란 매우 어렵기 때문이다.

반면에, 정부가 국영 매체를 사용해서, 통치하는 정부의 의지가 국민의 여론으로 보이도록 조작할 수도 있다. 이러한 현상은 정부가 국영 매체를 통제하는 나라들에서 특히 쉽게 목격되며, 정부의 영향이 상업 매체에도 영향력을 미칠 수 있다. 따라서 다수결의 원리가 항상 만능이 아닐 수 있다는 점은 여론 형성 세력의 동기와 이슈의 특수성, 공정한 여론 수렴 절차에 따라 다르게 입증될 수 있을 것이다. 또한 공론장에서 공중의 토론이 얼마나 자유롭고 다양한 계층의 목소리들을 수렴하였으며, 의견 형성 과정에서 절차적 합리성을 갖추었는가에 따라서도 여론 결과에 대한 평가가 달라질 수 있다.

인터넷과 소셜 미디어를 기반으로 형성된 온라인 여론은 무엇보다 여론의 재료인 이슈를 매우 빠르게 확산시킬 수 있고, 다수결의 원리가 지배적으로 작동하기가 쉽다는 점을 주지할 필요가 있다. 먼저 온라인 여론의 큰 장점으로는 여론 형성 과정에서 소셜 미디어가 사회구성원이 소속된 집단과 공간, 시간, 그리고 경험을 재구성하여 의사 및 소통 행위의 총체적인 변화를 창출한다는 점이다. 즉 소셜 미디어 이용자들은 SNS상에서 자신의 정체성을 표출하고, 다양한 소셜 네트워크를 통해 사용자 간의 정치 정보를 공유하며 대화에 참여할 수 있다. 그들은 여론 형성 과정에서 네트워크를 통해 다른 사람들이 생성하고 전달하는 정치 정보를 획득하고, 재해석하면서 다양한 정치적 효과를 초래할 뿐만 아니라 현실에서도 타인의 정치 참여에 영향을 미칠 수 있다. 예를 들어, 소셜 미디어는 대표적인 정치 참여 방식인 선거 캠페인에 대한 일반 대중의 관심을 증가시키고, 정치적 판단을 위해 필요한 다양한 정보를 제공하기도 하며, 사회구성원이 갖고 있던 기존의 신념과 태도를 변화시키거나 강화하기도 한다. 이러한 점에서 인터넷과 소셜 미디어는 사회의 직접 민주주의를 실현하는 대안적 소통의 미디어 또는 '시민 권력'의 미디어로서, 이용자들 간의 메시지 교환이 즉각적이고, 상호 작용적이며, 의미 공유와 수용 범위의 확대, 숙의의 가능성 등을 허용한다(강내희, 2008).

소셜 미디어는 또한 여론 형성 과정에서 사회구성원 간의 설득과 토론 등 대화를 통해 정치 공동체 구성원들이 의견을 자유롭게 나누게 하고, 이를 기반으로 상호 이해와 이견을 조율하는 절차적 정당성을 만들어 준다. 즉 공중의 대화를 통한 온라인 여론의 숙의 과정은 민주주의 정치의 절차적 정당성을 획득하는 것이다. 이 과정에서 공동체 구성원들의 대화는 합리적이어야 하고, 소셜 미디어 이용자들은 대화 상대에 대한 이해와 배려의 태도를 보이며, 이견을 조율해 사회에 대한 공통 관심사를 발전시키는 합의 정치를 실현해 나갈 수 있다(성민규, 2021: 36).

온라인 여론의 또 다른 장점으로는 인터넷과 SNS가 공공 정책 형성 과정의 민주화를 촉진할 수 있다는 점이다. 민주적 의사 결정은 정부가 시민들과 사회적, 정치적 조직들이 충분히 공공 정책 과정에 참여할 수 있도록 보장하는 것이며, 기본적인 이해관계와 광범위한 사람들의 요구 사항을 보호하고, 가능한 한 정책 내용에 이를 많이 반영하는 것이다. 이를 위해 정부는 가치 있는 공중의 의견들을 능동적으로 경청하는 것이 요구된다. 예를 들어, 인터넷과 소셜 미디어 채널을 통해서 사람들의 목소리를 듣고 의견들을 수집해야 하는데, 급속한 네트워크 기술과 인터넷의 발달로 다른 시간대와 지역에서 표현된 의견들을 수렴할 수 있다. 또한 온라인상에서 시민들은 동등한 권리를 갖고, 자유롭게 정치적 의사를 표현하며, 공적 이슈에 관한 토론 과정에 참여할 수도 있다.

더 나아가 온라인 여론은 공공 정책 형성에 추동력을 더하고, 조절하게 한다. 공공 정책 형성의 목표는 광범위한 공중의 이해관계에 종사하는 것이다. 사회적 조건과 여론은 인터넷이나 다른 형식을 통해 공공 정책을 평가할 수 있고 정책 수립 부서들은 문제점을 찾아 시의적으로 정책을 개선해 나갈 수도 있다. 온라인 여론은 대다수 사람의 실제 생각을 반영하며, 정부와 관련 부처는 온라인 여론의 긍정적 영향을 참고하여 현재 사회의 문제와 부족함을 발견할 수 있다. 과거에는 사람들이 공공 정책이 착수되는 과정에 시의적절한 방식으로 감독할 수 없었으나 온라인 감독이 등장한 이래 공중은 정책 과정의 모든 단계를 감시하는 데 큰 역할을 할 수 있게 되었다.

하지만 공공 정책에서 온라인 여론의 부정적 영향도 다수 존재한다. 온라인 여론은 시간과 장소에 제약받지 않고, 누구나 동등하게 자신의 의견을 표현하면서 형성되지만, 정보의 불균형은 여전히 존재할 수밖에 없다. 특히 도시와 지방에서 정책에 대한 정보의 불균형이 발생할 수 있으며, 청소년층이나 노년층과 같이 취약한 집단의 의사 표현은 여론 조성 과정에서 무시되기 쉽다. 게다가 인터넷의 거대한 개방성과 익명성 때문에 온라인 여론에서 거짓 정보가 유포되기도 한다. 이러한 거짓 정보는 정책결정자의 판단을 방해할 수 있고, 정책을 시행하는 부서를 압박하거나, 정책 시행의 어려움을 증가시킬 수 있다(Huang, 2020: 4~6).

온라인 여론의 부정적인 영향은 다음과 같다. 우선, 구조적인 불균형이 공공 정책에 영향을 미친다. 네티즌의 규모가 전 세계적으로 증가하긴 하지만, 원거리에 거주하는 주민이나, 지방에 거주하는 네티즌, 사회적 약자 집단은 네트워크에서 정책과 관련한 정보 자원 접근이 어려워 일정한 격차를 갖고 있다. 따라서 그들의 의견이나 제안은 영향을 받기가 쉽다.

다음으로 온라인 여론상의 거짓 정보는 정책결정자의 판단을 방해한다. 네트워크 환경의 특징은 가상성, 익명성, 자치성autonomy이다. 네티즌은 자신들의 의견을 최대한으로 표현할 수 있지만 여러 가지 형식의 정보가 특정한 사회적 공적 이슈와 섞일 수밖에 없다. 따라서 거짓과 진실이 한데 뒤섞인 온라인 여론이 상당히 많이 생겨날 수 있으며, 이는 정책결정자의 판단을 방해하고, 정책 결정의 과학적 절차와 합리성에 영향을 줄 수 있다. 동시에 네트워크상의 거짓 정보는 또한 정책 시행 조직에 압박을 가하고, 정책 시행의 어려움을 증가시킬 수 있다. 더 나아가 거짓 온라인 여론은 진실성이 없고, 품격이 부족하며, 안전에 대한 위험성은 공공 정책의 형성 과정에 위협이 될 수 있다(Huang, 2020: 7).

특히 온라인 여론의 이상적인 숙의 과정은 소셜 미디어상에서 잘 실현되지 못하고 있다. 자신의 아이디를 드러내지 않으면서 단순히 SNS 콘텐츠를 소비하는 이용자들은 온라인 여론 형성 시 클릭을 통해 유명 트위터나 페이스북 운영자, 블로거를 오피니언 리더 또는 인플루언서로 만들어 준다. 이들의 익명성이 소셜 미디어 네트워킹의 참여적 조건을 구성하는데, 이들은 미디어를 통해 매개된 수용자로서 수동성과 순응성을 보이는 경향이 있다.

물론 이들은 공동체 구성원들과 연대감을 표현하고 소셜 미디어를 통해 세상과 적극적으로 소통하기에 앞서 그 소통의 길을 가늠하고자 하며, 익명성과 공감 커뮤니케이션을 통해 나름대로 공적 참여를 하기도 한다(성민규, 2021: 50). 즉 사회에서 발생하는 일들을 지켜봄으로써 사건을 세상에 드러내는 것이 정치라면, 이 과정에 동참하여 온라인 여론 조성에 기여한다. 하지만 이들은 능동적으로 사회적 이슈나 공적 의제와 관련한 대화가 필요한 소셜 공론장에서 공중으로서 토론 과정에 의견을 개진하지는 않는다.

반면에, 이들과 달리 소셜 미디어를 정치적 목적이나 개인적 이해관계를 달성하기 위해 온라인상에서 거짓 정보를 생산하고 유통하거나 허위 정보를 전달해 사회구성원들의 관심을 끌어내는 부류의 영향력 있는 네티즌도 존재한다. 그들은 정치적으로 편향된 정보를 생산하고, 유포시켜 인기를 얻는다. 또한 소셜 플랫폼들이 알고리즘을 토대로 사용자가 선호할 만한 내용만을 선별해 제시함으로써 '필터 버블filter bubble' 효과나 확증 편향 현상을 초래한다면, 소셜 미디어의 '동종 선호 현상'과 의견의 양극화에 앞장서기도 한다(박지영 · 윤종빈, 2019). 이처럼 가상 네트워크 환경에서는 온갖 종류의 정보가 넘쳐나고, 소셜 플랫폼을 이용하는 네티즌의 품격도 고르지 않다는 점은 온라인 여론 정보의 품질에도 영향을 미치기 쉽다. 따라서 공공 정책 수립자는 네티즌의 의견이 정책결정자의 판단에 영향을 미칠 뿐만 아니라, 공공 정책의 시행에도 영향을 줄 수 있고 나쁜 온라인 여론으로 점화될 수도 있다는 점을 주의해야 할 것이다.

올바른 여론 조성을 위해 정책 의사 결정자는 공공 정책 과정에서 공중이 온라인 여론에 참여할 수 있도록 정부의 정보를 공개하고, 국민의 알권리를 보장해야 한다. 또한 공공 정책이 형성되는 과정을 투명하게 감독할 수 있는 기제를 마련하고, 수집된 여론이 합리적이고 정확한지를 보증하기 위해 온라인 여론을 분석하는 데 주의를 기울여야 할 것이다. 아울러 디지털 정책 수립자들뿐만 아니라, 민주적 시민성이 요구되는 네티즌도 개개인들이 모여 전체 온라인 환경을 구성하며, 온라인 여론을 조성한다는 점을 인식할 필요가 있다. 이러한 온라인 여론 형성 메커니즘은 정부의 실용적인 정책 입안에 이바지할 수 있으며, 다수 국민의 근본적인 이해관계를 대변할 수 있다. 요컨대, 민주적이고 합리적으로 조성된 온라인 여론 역시 사회적 정서와 공중의 의견을 대변한 것이기 때문이다.

소셜 미디어는 온라인 여론에 어떤 문제를 초래하였나

온라인 여론 형성 과정에서 다양한 인터넷 사이트들과 소셜 미디어들은 단순히 정보를 전달하는 것뿐만 아니라 시민과의 소통 및 대화를 촉진하는 역할을 함으로써 공중의 여론 형성 참여 기회를 증진하였다. 특히 쌍방향의 소통과 상호 작용을 근간으로 하는 소셜 미디어는 대화형 저널리즘dialogue journalism을 활성화시켰으며, 언론인과 시민들이 SNS를 통해 기사 내용을 함께 공유하고, 공동체 구성원의 대화를 증진하면서 시민적 담론을 위한 공론장을 제공하고 있다. 그에 따라 전통적인 언론사와 방송사, 뉴스 및 의견 웹사이트, 소셜 미디어, 블로그 등은 상호 공적 의제를 설정함으로써 이미 형성된 공중의 태도와 의견을 지지하는 데 중요한 역할을 담당한다.

이처럼 변화된 여론 생성 환경에서 디지털 미디어 이용자인 현대인들은 자신이 원하고, 필요한 뉴스를 인터넷 포털이나 소셜 미디어 등을 통해 검색하고, 선택적으로 소비한다. 미디어 이용자가 선택한 뉴스들은 바로 빅 데이터로 축적되고, 소셜 미디어들은 알고리즘을 활용하여 시민의 정치적 성향에 맞는 맞춤형 뉴스 정보를 추천하거나 제공해 정보 편식과 필터 버블 현상을 초래한다. 한 예로 보수 성향의 뉴스 소비자에게는 계속해서 보수적인 뉴스 콘텐츠가 추천되고, 진보 성향의 뉴스 소비자에게는 진보적인 콘텐츠만 추천되는 인지 편향 현상이 나타나는 것이다. 이러한 알고리즘으로 인한 인지 편향 현상으로 뉴스 미디어들은 21세기의 첫 20여 년 동안 대중을 더 당파적으로 나누었으며, 특정 인물이나 이슈에 관해 공중을 보수적이거나 진보적으로 구분하는 데 집중하였고, 수용자들의 기존 정치적 태도를 강화해 왔다.

국내에서도 유튜브 시사·정치 채널에서 구독자 수가 거의 100만 명에 이르는 소수의 인기 채널을 살펴보면, 인기 유튜버들은 보수적이거나 진보적 성향이 명백하게 노출되는 뉴스 정보 콘텐츠를 주요 내용으로 제공하고 있다. 즉 사안이나 사건과는 무관하게 해석되고, 전파되어 왜곡된 정보를 온라인상에서 배포하고 확산시키는 소셜 미디어상의 정치적 양극화 현상은 가짜 뉴스 생산 및 유통의 근거지가 되기도 한다. 하지만 소셜 미디어를 포함한 디지털 온라인 미디어의 공정성, 공익성, 객관성 준수에 대한 평가나 제재는 기존 전통 뉴스 미디어에 비해 상대적으로 느슨한 편이다.

온라인 여론 형성 과정에서 특정 진행자, 관점, 소재 등이 공중에 미치는 영향이 어느 정도인지는 파악하기 어렵지만, 일부 사이트의 편향된 채널들은 공중의 다양한 의견의 유통을 방해하거나 기존 언론에 대한 신뢰도를 낮추기도 한다. 또 조회 수를 높이기 위한 일부 유튜버의 거친 욕설과 직설적 표현, 비속어 사용, 인신공격, 혐오성 표현 등은 디지털 미디어 이용자들에게 불쾌감을 주거나 언론 전반에 부정적인 영향을 미칠 수 있다. 특히 온라인상 정보의 자유로운 유통 과정에서 일부 계층이 정보를 독점하거나 조작하여 허위 정보 뉴스를 생성하고 특정 프레임을 유포시킨다면, 공적 사안에 대한 여론을 특정한 방향으로 몰고 가기 쉬운 집단 극화 현상을 초래할 수도 있고 이에 따라 사안에 대한 여론이 조작 혹은 왜곡될 우려도 있다.

퓨리서치센터(2022. 12. 5)의 조사에서도 나타났듯이, 소셜 미디어가 여론에 미치는 부정적 영향은 무엇보다 허위 정보와 루머의 확산을 들 수 있다. 민주주의 사회에서 허위 정보 혹은 가짜 뉴스가 유튜브를 비롯한 소셜 미디어상에서 급속히 확산하면서 여론 형성 과정에 부정적인 영향을 미친다는 연구들을 살펴보면, 사람들이 많이 이용하는 소셜 미디어에서 가짜 뉴스가 뉴스화되는 경향이 있다. 예를 들어, 유튜브와 같은 채널은 다른 소셜 미디어에 비해 이용자들이 많고 정보 통제권이 상대적으로 높은 미디어라서(Deuze, 2003), 정보 생산의 주체가 정보 생산 과정에서 높은 자율성을 발휘한다. 즉 전통적인 언론사와 달리 유튜브 채널은 게이트키핑 과정을 거치지 않아 사실 여부에 대한 검증이 잘 이루어지지 않은 정보가 생산될 수 있고, 정확성이 없는 주장이나 다양한 허위 정보가 생산되고 확산할 개연성이 상대적으로 높다는 주장도 있다(김춘식 · 홍주현, 2020: 407).

특히 유튜브 공간에서 가짜 뉴스가 전통적인 언론사들에 따라 정규 뉴스로 보도되는 이른바 '가짜 뉴스의 뉴스화' 현상을 보면 개인 유튜브 채널이 가짜 뉴스의 생산 및 확산의 주요 경로로 나타났다. 이때 언론사 유튜브 채널은 사실 확인을 통해 감시 기능을 수행하는 대신 개인 유튜브 채널들이 생산한 가짜 뉴스를 뉴스로 보도하는 메신저 역할을 한 것으로 나타났다(김춘식 · 홍주현, 2020). 김춘식과 홍주현(2020)은 유튜브 공간에서 나타나는 가짜 뉴스의 뉴스화 현상에 대하여 고성 산불 관련 정치적 의혹 제기와 청와대 반응 사례를 연구했다. 이들은 유튜브 채널을 개인 유튜브 채널과 언론사 유튜브 채널로 구분한 후 허위 정보 뉴스의 확산 과정에서 채널별 영향력이 어떠한지와 각 채널이 생산하고 확산시킨 메시지 내용의 자극 수준을 확인하였다. 아울러 허위 정보 뉴스의 확산 패턴 유형을 탐색하고 유튜브 이용자를 대상으로 네트워크 분석을 시도하였다. 연구 결과, 여론 형성 과정에서 실제로 강원도 고성의 산불과 관련한 가짜 뉴스는 특정한 개인 유튜브 채널●에서 시작되었다. 이러한 소셜 미디어 공간에서 시작된 의혹은 야당 소속 국회의원이 대정부 질문이라는 공식 채널을 통해 이를 정치 쟁점화했고, 전통 뉴스 미디어는 청와대 대변인 발언을 토대로 가짜 뉴스를 둘러싼 논란을 스트레이트 기사로 보도하면서 확산되었다(허헌, 2019. 4. 10).

이러한 현상은 이동성과 연결 중심성, 상호작용성의 특성을 가진 소셜 미디어가 생성한 정보를 의제 설정 기능을 수행하는 전통 미디어들이 확인 절차도 없이 보도 혹은 단순히 전달함으로써, 오보misinformation나 허위 정보disinformation, 혹은 조작된 정보malinformation을 재확산시키는 부정적인 결과를 초래한 것이다.

● 전직 국회의원이 운영하는 유튜브 채널('진성호 방송')이 2019년 4월 6일 방송한 한 코너(진성호의 융단폭격)에서 진행자는 강원도에서 산불이 일어난 직후 다섯 시간 동안 대통령이 모습을 나타내지 않자, "문재인 대통령은 바로 그 시간 언론사 간부들과 술을 마시고 있었다는 의혹이 제기되고 있다"라며 이 문제에 대해 청와대가 답변을 해야 한다고 주장한 바 있다(김춘식 · 홍주현, 2020: 404).

다시 말해, 가짜 뉴스의 뉴스화 현상은 유튜브 채널이나 페이스북과 같은 소셜 미디어 공간에서 촉발되어 매스 미디어로 순차적 의제 설정 과정이 이뤄지면서 이슈가 확산하는 양상을 의미한다(김춘식 · 홍주현, 2020). 따라서 유튜브를 비롯한 소셜 미디어상에서는 정부의 정책에 대한 루머가 확산하기도 하고, 재난 사고 국면에서 불안감을 느낀 이용자들이 루머나 확인되지 않은 정보를 확산시키는 통로로 소셜 미디어를 활용하기도 한다(Liu, Burton-Jones, & Xiu, 2013).

한편 여론의 양극화를 초래하는 원인이자, 소셜 미디어의 문제 중 하나인 '동종 선호homophily' 현상은 소셜 미디어 이용자가 신념과 가치, 교육과 사회적 지위 등의 특정한 속성이 비슷한 사람들끼리 상호 작용하는 정도가 높은 현상을 뜻한다. 인터넷을 통해 다양한 사람들과 교류하고 여론에 대한 새로운 정보를 얻는 대신, 비슷한 사람들끼리의 결속이 강화되는 동종 선호 현상은 사회적 이슈나 공적인 집단 문제 해결을 더 힘들게 만들 수도 있다(Rogers & Bhowmik, 1970: 526). 이와 같은 문제점들은 특히 정치 정보 수집과 참여 과정에서 선택적 노출과 확증 편향을 강화하며, 각자의 사회적 관계망 안에 격리되어 다른 사람들의 의견을 들으려 하지 않는 이념적 편향성과 여론의 양극화를 심화시킬 수 있다.

가장 대표적인 사례가 '젠더'와 관련한 국내 여론의 양극화 현상이다. 디지털 저널리즘의 생태계 진화 과정에서 한국 사회의 정치 사회적 '젠더 뉴스'는 상업적 가치를 갖는 동시에 '젠더 갈등'으로 프레임되며 지역 갈등을 대체하는 주요한 갈등

요소로 부상하였다(홍남희, 2022: 249). 디지털 저널리즘 생태계에서 언론의 보도는 이슈 유튜버의 편향된 주장에 대한 신뢰할 만한 근거로 동원되고, 전통 언론사의 유튜브 콘텐츠 또한 주목 경제의 수익화 '어포던스'에 따라 갈등을 유발하는 방식으로 구성되고 있다. 여기서 '어포던스'란 행위유발성으로 미국의 인지심리학자 제임스 깁슨James Gibson(1977)이 행위자와 세계 사이의 행동 가능한 속성을 설명하기 위해 사용한 개념이다. 이는 생활 환경, 물체 등과 같이 인간을 둘러싸고 있는 환경에 내재한 행위를 유발하는 의미 있는 정보로서, 특정한 행위자의 행위 가능성과 관련 있다. 미디어의 물리적, 상징적 형식이 특정 행위와 과정을 가능하게 하거나 제한하게 하는 편향성과 관련된 것으로 "인간과 세계 간 관계를 특정한 방식으로 구성"하고, "미디어가 구조화하는 경험의 세계"에 인간이 살도록 한다는 개념이다(이동후, 2021: 61, 홍남희, 2022: 261 재인용).

특히 한국 사회에서 유튜브는 정치·시사 이슈가 유통되는 통로가 되었으며, 정보 생산 주체 또한 개인에서부터 전·현직 정치인, 언론인, 정치 인플루언서를 포함해 전통 언론사가 유튜브로 진출하는 등, 유튜브는 저널리즘의 경계를 확산시켰으며 새로운 탈경계화 현상을 가져왔다. 무엇보다 전·현직 국회의원, 정치인들이 유튜브로 정치 시사 채널을 운영하면서 유튜브는 정치 캠페인 수단이자 정치적 쟁점을 활발히 다루는 공론장 기능을 수행하는 것과 동시에, 사회적으로 영향력을 가진 독자적이고도 편향된 형태를 갖추게 되었다(홍남희, 2022: 256).

홍남희(2022)는 2019년에 등장했던 '여경 무용론'과 관련한 젠더 뉴스의 유통 방식을 분석했는데, 디지털 저널리즘 생태계에서 '대림동 여경' 및 '여경 무용론'이 어떻게 확산, 증폭되었으며, '젠더 갈등'으로 유통했는지 유튜브를 대상으로 연구하였다. 조회 수 상위 10위까지의 유튜브 콘텐츠를 목록화하여 주요 댓글을 유형화하여 분석한 결과, 디지털 저널리즘 생태계에서 젠더 뉴스가 높은 조회 수와 특정한 유형의 댓글을 유도하는 행위를 유발하고 있음을 밝혀냈다. 특히 선거 국면에서 젠더 갈등은 정당 정치의 갈라치기 전략과 유튜브 중심의 새로운 미디어 생태계 구성, 언론의 보도 등으로 더욱 갈등을 심화하였으며, 언론은 성별화된 커뮤니티나 인플루언서의 SNS, 댓글 등을 적극적으로 의제화하거나 받아쓰기식으로 보도하면서 갈등을 증폭시키고 사회적으로 의제화해 왔다. 이 연구에 따르면, 전통 언론은 편향된 온라인 커뮤니티에서 나온 주장을 인용하거나, 유튜브의 해시태그, 섬네일, 콘텐츠 구성 방식 등을 통해 젠더 갈등을 수익화 및 여론 극화의 어포던스로 활용하고 있다. 이러한 점에서 주요 언론의 유튜브 활용 방식은 사회 전반의 성차별을 개선하는 데 기여하기보다 갈등과 여론의 극화를 다양한 방식으로 조장하는 유튜버들의 편향된 의견을 뒷받침하는 것으로 나타났다(홍남희, 2022: 268).

소셜 미디어상에서 나타나는 '젠더' 관련 이슈뿐만 아니라 다양한 정치적, 사회적 논란을 초래하는 '세대' 이슈도 갈등적 집단 극화 현상을 초래할 수 있다. 이러한 갈등적 이슈는 전통적인 언론 보도를 통해 새로운 이슈로 생성되고, 확산하면서 일반 공중의 태도와 의견 형성에 영향을 미칠 수 있다. 이러한 소셜 미디어의 여론 집단 극화 양상은 주류 언론의 영향력과 함께 여론의 방향성을 좌지우지할 정도로 쏠림 현상을 초래할 수 있어 그 위험성을 배제할 수 없을 것이다.

여론의 허상

스콧 섬너Scott Sumner는 테드TED 강연에서 여론이 사실적이지 못하다면서 '정치적 올바름political correctness,' '프레이밍 효과,' '숫자 문맹innumeracy,' '예산 제약,' '취약함'의 문제들을 설명했다. 정치적 올바름과 연관하여 그는 사람들이 잘 보이고 싶어 하는 측면이 있다고 말했다(Sumner, 2018. 12. 18). 사람들은 여론 조사자의 질문에 답변할 때 자신들이 좋게 보이는 방식으로 답변하려는 경향이 있다는 것이다. 예를 들어, 캘리포니아의 유권자들은 "나는 흑인 후보자에게 투표하지 않겠다"라고 여론 조사자들에게 말하지 않으려는 경향이 있다. 이러한 현상을 '브래들리 효과'라고 한다. 톰 브래들리Thomas Bradley(1917~1998)는 미국의 정치인으로서 20여 년 동안 미국 캘리포니아 로스앤젤레스의 시장을 역임하였다. 그는 도시 역사상 그 누구보다도 임기가 가장 길었던 시장이었으며, 최초의 흑인 시장이었다.

정치적 올바름이란 언어와 정책 또는 사회 내에 특정한 집단구성원들에게 공격이나 불이익을 방지하려는 언어와 정책 또는 조치 등을 묘사하기 위한 용어다. 특히 정치적 올바름은 말의 표현이나 언어의 사용에 있어 인종, 민족, 언어, 종교, 성차별 등의 편견이 포함되지 않도록 하자는 주장을 나타낼 때 쓰인다. 1980년대 말 이후, 이 용어는 인종과 젠더 또는 성적 경향성으로 규정되는 집단을 배제하거나 주변화시키고, 혹은 이들을 모욕하는 것으로 보일 수 있는 차별적 언어나 행동을 피하며, 포괄적인 언어를 위한 선호 경향을 묘사하는 데 사용되어왔다. 특히 공적 담론과 미디어 보도에서 이 용어는 일반적으로 이러한 정책들이 지나치거나 부당한 함의를 가질 때 사용되었다(Whitney & Wartella, 1992).

현대적 의미의 정치적 올바름은 특히 20세기 후반, 미국에서 신좌파New Left에 대한 보수주의자들의 비판 차원에서 많은 사람이 검열의 형식으로써 기술하면서 출현한 경멸조의 용어이며, 자유주의자와 보수주의자들 사이의 문화 전쟁에서 중요한 구실을 하였다(Kaufman, 2016. 11. 20). 정치적 올바름에 대해 비판적인 시각을 가진 평론가들은 정치적 올바름이 지나치게 만연하게 되면 사회가 전체주의 사회가 되고, 집단적인 압력이 개인의 자유를 억압하는 현상이 생길 수 있다고 지적한다. 또한 차별금지법 제정과 같은 정치적 올바름의 법제화에 대해서도 반대 견해를 밝힌다(Wikipedia). 특히 미국의 미디어에서 이 용어는 널리 사용되었지만, 이러한 용어 자체를 미디어에서의 편향성bias으로 비판하는 보수적인 학자들도 있다. 이들은 언론인들이 기사들을 잘못 수집하거나 보도할 가치가 있는 기사들을 무시하는 현상은 진보적 이념이 소수 집단을 지나치게 우려하기 때문이라고 본다. 즉 편향성을 보이는 것을 피하려고 언어 사용 정책을 신문사들이 과하게 채택하는 것을 비판하는 관점이다. 언어상에 적용되는 정치적 올바름은 의미를 파괴할 뿐만 아니라, 보호받아야 할 사람들을 비하하는 것이라는 주장도 있다.

다음으로 여론 조사에서 '프레이밍 효과'란 여론 조사 결과가 질문이 어떻게 작성worded되는가에 영향을 받을 수 있다는 것이다. 즉 여론 조사에서 "만약 후보자가 낙태 옹호론자라는 사실을 알았다면, 당신은 그에게 투표할 가능성이 더 많습니까?"라는 질문을, "낙태 옹호"에서 "임신 중절 합법화 찬성"으로 바꾸면 어떻게 될까? 섬너는 어떤 질문이 더 많은 '동의' 반응을 얻을 것인지 예를 들었는데, 그것들은 정확히 같은 여론 조사 질문은 아니지만, 설문 조사 질문은 종종 올려지는 방법에 따라 단어가 쓰이고, 그것은 여론 조사 결과에 영향을 미친다는 것이다.

여론의 또 다른 허상으로 '숫자 문맹' 현상을 들 수 있다. 에릭 로런스Eric Lawrence와 존 사이드John Sides(Lawrence & Sides, 2014)는 "정치적 숫자 문맹의 결과"라는 논문에서 정치적으로 관련 있는 숫자들에 대한 문맹(헤아리지 못함)이 만연한 것은 잘 알려진 사실이지만, 그것이 정치적 태도나 의견에 미치는 결과에 대해서는 거의 알려지지 않았다고 주장하였다. 많은 시민에게 '숫자 문맹'이란 여론에서 정치적으로 관련 있는 숫자들에 익숙하지 못함을 의미한다. 그렇다면 '숫자 문맹'이 여론에서 정치적 태도를 바꿀 수 있는가? 숫자 문맹과 정치적 무지에 대한 조사들은 그 결과보다는 윤곽만을 제시하고 있다.

로런스와 사이드(Lawrence & Sides, 2014)는 기존의 숫자 문맹에 대한 문헌들을 검토하고, 개인들에게 올바른 정보를 제공하는 것이 의견에 실제로 영향을 주는지 설문 조사를 했다. 그 결과, 올바른 정보는 관련된 정치적 태도에 영향을 미치지 않으며, 그 정보가 심각한 오해를 수정할 때조차도 거의 영향이 없음을 발견하였다. 이는 개인들이 아는 정치적 사실들이 통탄할 만큼 무지할지라도, 이러한 무지를 재매개하는 것은 실제 개인의 의견에는 영향을 미치지 않는다는 점을 시사한다.

정치와 여론에 미치는 '숫자 문맹'과 공중의 실제 지식 정도에 대하여 학자들 간에 논란이 많지만, 상당한 비율의 공중은 많은 다른 정치적 사실들을 알지 못한다는 것이 일반적인 견해다. 이는 공중이 정치적 사실들을 깨우침으로써 그들의 태도를 바꿀 수 있다는 점에 문제를 제기하는데, 이러한 결론은 정치적 '숫자 문맹'에 특별히 적용된다. 그렇다면 왜 사실에 대한 오해가 개인의 태도에 영향을 미치는가? 개인의 신념은 태도의 블록이 쌓여 형성된다. 예를 들어, 실업률과 같은 양적 추산으로 나타나는 사회 문제를 중요하게 판단하는 개인의 신념이 있다면 이러한 수치들이 정부 정책의 반응에 대한 개인의 태도에 영향을 미칠 수 있다. 따라서 개인이 가진 신념이 태도의 블록들로 구성된 것이라면, 신념이 변화하는 것은 태도를 변화시킬 수 있음을 함축한다.

다양한 심리학 이론들은 신념과 태도 변화에 대한 가능성을 설명한다. 그중에서 레온 페스팅거Leon Festinger(1957)의 부조화 이론에 따르면, 사람들은 의견이 갈리거나 반대되는 신념을 갖고 있을 때, 그러한 신념 중 하나 또는 그 이상을 더 합의가 많은 쪽으로 변화시키려는 경향이 있다. 즉 사실적인 오해를 수

정하는 것은 부조화를 유도하므로 사람들이 그와 다른 태도를 변화시키게 한다는 것이다. 가령 자신이 처음에 믿었던 것보다 실업률과 같은 사회 문제가 다소 심각하다는 점을 발견하면, 사람들은 정부가 그 문제에 대하여 어떻게 대응해야 하는지를 다르게 생각할 수도 있다.

다른 한편으로, 사람들은 자신의 태도를 바꾸는 것에 저항적인 경향이 있다. 사람들은 기존의 신념들과 어긋나는 정보를 종종 피하곤 한다. 그 정보를 피할 수 없을 때 사람들은 그것을 못 본 척하거나 무시하거나, 다른 방식으로 합리화한다(Lodge & Taber, 2013). 예를 들어, 브라이언 게인스Brian Gaines 등(Gaines et al., 2007)은 민주당원들과 공화당원들이 이라크 전쟁에서 사상자 수가 시간이 흐를수록 증가하였음을 올바르게 인식했으나, 왜 사실을 다르게 해석하였는지를 기술하였다. 즉 공화당원들은 사상자 수를 중간 정도나 더 적게 인식하는 경향이 있었다. 이러한 오해를 수정하는 일은 기존에 잘못된 정보를 알고 있는 사람들 사이에 오해를 심화시킴으로써 역효과를 낳을 수 있다(Nyhan & Reifler, 2010). 또 이러한 연구에서 개인의 신념은 태도의 구성 요소가 아니라, 태도의 결과다. 즉 사람들은 자신들이 이미 가진 의견에 맞추기 위해 사실을 인지하고 형성하는 것이다.

신념과 태도 변화와 관련하여 로런스와 사이드(2014)는 세 가지 독창적인 설문 실험 조사를 했다. 미국 인구의 인종 구성과 평균 수입, 교육 수준에 관한 정보를 주고 설문 대상자들이 직접 수정해 보도록 주문했다. 그 결과, 이러한 양적 숫자들의 추산은 실제와는 달랐는데 올바른 정보를 제공했음에도 관련 공공 정책에 대한 응답자들의 태도에 거의 영향을 미치지 않은 것으로 나타났다. 또 이러한 무의미한 효과는 정책 영역이나 대상자에게 제공된 특정 유형의 숫자들과 무관하게 나타났다. 이러한 결과는 여론 형성 과정에서 올바른 숫자 정보가 정치적 태도 변화에 큰 영향을 미치지 못함을 시사하며, 사실적인 정보 효과가 그렇게 일관성이 없음을 함축한다.

'숫자 문맹' 현상은 여론 조사에서도 나타나고 있다. 사람들은 여론 조사에서 실제 숫자에 대하여 무지한 경우가 많다. 한 예로 미국에서 부자들에 대한 세금 인상에 관한 여론 조사에서 숫자 문맹 반응이 나타났다. 미국에서 부유세 증세와 가장 적합한 최고 세율에 대하여 여론 조사를 했을 때, 사람들은 부자들에게 더 높은 세금을 징수해야 한다며 찬성하고 그 최고 세율은 30%가 좋겠다는 것에 지지했다. 그런데 '30%'는 실제 현재의 세율보다 낮은 수치로 대답한 것이다. 또 다른 예로 세 가지 유형의 여론 조사, 즉 첫 번째 여론 조사에서는 군비가 7억 달러 이상이나 이하여야 하는지, 두 번째 여론 조사는 군비가 7000억 달러 이상이어야 하는지, 아니면 이하여야 하는지, 세 번째 여론 조사는 군비가 700조 달러 이상이어야 하는지, 이하여야 하는지를 묻는다면, 세 조사 결과는 비슷하게 나올 것이다. 사람들은 대부분 현재 미국의 군비 지출의 수준이 어느 정도인지 전혀 조그만 단서도 갖고 있지 않기 때문이다. 따라서 사람들이 '정말로 무엇을 믿는가?'란, 사실은 '정말로 믿는 것'이 없으므로 의미가 없는 개념이라고 할 수 있다.

여론 조사의 '취약함'이란 사람들은 건강보험, 데이케어, 대학 무상 교육, 공공 기반 시설 구축 등 모든 종류의 복지를 원하는지를 질문받으면 보통 그렇다고 대답하려는 성향이 있다는 점이다. 하지만 전문가들조차 종종 공중이 유럽식의 보장 프로그램들을 위해 내야 할 세금 인상과 같은 일을 꺼린다는 점을 언급하지 않는다. 또 여론 조사는 이슈가 전개되는 상황에 따라 급변할 수도 있어 대체로 취약한 편이다. 여론 조사는 "사람들이 X라고 생각한다"라는 것을 보여 주지만, 이슈가 중요해지고, 더 많은 정보가 나오게 되면, 사람들의 견해가 급격하게 변경될 수 있다. 사람들은 너무도 쉽게 자신의 견해를 바꿀 수 있다는 것이다. 또 현재의 불투명한 이슈가 갑자기 대단한 일이 된다고 상상하면, 모든 질문이 공적으로 논의된다. 이는 '여론'이 현재 이슈에 대해 잘 모르는 견해에서 쉽게 변경될 수 있음을 시사한다. 다시 말해, 질문을 어떻게 하고, 정보를 어떻게 제공하는가에 따라 공중의 이슈에 대한 태도나 견해는 달라질 수 있는 것이다.

그러나 문제는 사람들이 여론 조사를 통해 믿을 만한 정보를 얻는다는 점이다. 따라서 여론 형성에서 신뢰할 만한 정보는 매우 중요한데, 이러한 문제를 해결하는 방법 가운데 하나는 숙의적 여론을 형성하는 것이다. 이를 위해 사람들은 구체적인 사회 문제에 관한 다른 견해를 균형감 있게 인식하도록 교육받아야 하며, 사회의 행위자가 문제를 해결하도록 취한 조치의 결과를 예상하고, 관련된 다른 사회 집단의 이해관계를 고려할 수 있도록 교육받아야 한다. 동시에 받아들인 정보는 객관적이고, 완전하고, 시의적이어야 하며, 사람들이 이해할 수 있어야 한다. 이상적으로 여론은 믿을 만한 정보를 사용해서 형성되어야 하는데, 이러한 정보는 과학적 연구 조사, 통계적 데이터, 목격자의 증언, 전문가의 평가 등에서 나와야 할 것이다. 우리가 여론 형성 과정에서 사람들이 인터넷과 디지털 기기를 사용해 상호 작용을 성공적으로 할 수 있기를 원한다면 이러한 요구 사항을 고려해야 한다.

여론 조사는 '진짜 민심'을 반영하는가

'여론 조사'에 관한 여론 조사를 시행한다면, 다수의 사람은 여론 조사 요원들과 그들이 작업을 수행하는 조사 방식에 대해 비판적인 견해를 제공할 것이다. 많은 응답자는 전화 설문 조사에 수화기를 단순히 내려놓을 수도 있지만, 당신에게 "정치인, 사업가, 언론인이 사람들의 목소리에 주의를 기울여야 하는지"를 질문한다면, 거의 모두가 "그렇다"라고 답할 것이다.

여론의 주체가 되는 공중은 누구나 할 것 없이 정기적으로 여론 조사를 이용하며, 자신의 목적에 맞게 여론 조사 결과를 인용하기도 한다. 하지만 사람들은 의견이 '잘못된' 방향으로 움직일 때 특히 여론 조사에 대해 회의적이기도 하다. 그들의 의심 일부는 여론 조사 요원들의 조사 방법에 대한 것이다. '여론 조사원들은 과연 올바른 질문을 하는가?,' '원하는 응답자들의 반응을 얻기 위해 질문들의 단어를 조작하고 있지는 않는가?,' '그들은 누구를 대상으로 인터뷰했는가?' 이와 같은 일부 의심들은 여론 조사를 위해 비용을 지급하는 정치 정당, 마케터, 거대 미디어 기업에 대한 불신에서 온다.

여론 조사의 응답자들은 때때로 자신들이 별로 생각하지 않은 주제에 관하여 쉽게 의견을 제공하며, 전혀 상관하지 않는 주제에 대해서도 의견을 제시한다. 사람들은 종종 여론 조사 요원의 질문들에 단지 정중하기 위해서 답변하기도 한다. 왜냐하면 그들은 어쩌면 스스로 의견을 가져야 한다고 생각하기 때문이다. 그러한 점은 여론 조사자에게 의견을 '조작할' 수 있는 여지를 준다.

강한 견해를 가진 사람조차 단 하나의 여론 조사 질문만으로 자기 견해를 잘 포착하지는 못한다. 인간의 생각이 복잡하듯이 그들의 의견도 그렇다. 여론 조사에 회의적인 사람은 이러한 공중의 의심을 공중이 여론 조사에 반대한다는 사실을 '입증하는' 것으로 인용할 수 있다. 이에 비해 여론 조사 옹호자(지지자)는 아무리 공중이 마지못해 조사에 응하지만, 여론 조사는 여론을 측정하는 데 하나의 도구라는 점에 동의하고, 지도자는 여론을 참고해야 한다는 점을 강조한다.

무엇보다 공중은 무엇이 여론을 정확하게 구성하는지 확실하지 않다는 점에 주목해야 한다. 여론을 구성하는 것이 공중의 의견들을 적합하게 대변하는 것이 아니라, 사회의 일부 목소리가 큰 집단의 의견일 수도 있기 때문이다. 여론 조사의 경우에도 사람들은 자신을 좋게 보이고 싶어 하기에 자신을 잘 보이게 하는 방식으로 질문에 답변을 할 수도 있고, 어떻게 질문하는가에 따라 여론 조사 결과가 달라지기도 한다.

또 다른 문제점으로 여론 조사의 남용을 들 수 있다. 최근 국내에서 정부 관련 여론 조사들이 지나치게 많이 시행됨에 따라 여론 조사가 '진짜 민심을 대표'하는지, 응답자들의 대표성과 여론 조사 보도에 관한 우려가 제기되고 있다. 또 여론 조사를 빙자한 '가짜 뉴스' 같은 여론 조사 결과가 소셜 미디어상에서 인용되고, 배포되기도 한다. 국내 중앙선거여론조사심의위원회에 등록된 선거 여론 조사 회사는 2017년 말에 60개였으나, 2022년 말에는 91개에 달하였다. 2022년 3월 대선을 앞두고 실시한 대선 여론 조사는 총 1,384회로 2017년 대선 때의 801회에 비해 583회(73%)나 증가하였다. 하지만 응답률이 10% 미만인 조사는 대선 관련 선거 여론 조사에서 60%로 증가하였고, 응답률이 5%도 안 되는 조사는 26.7%로 늘어났다. 이러한 낮은 응답률은 조사의 품질을 충족하지 못하고 있다. 무엇보다 의도가 의심되는 조사들이 등장하기도 했는데, 여론 조사를 가장한 이른바 '여론몰이용 조사'가 적지 않다는 비판도 제기되고 있다. 즉 유도성 질문이나 답을 정해 놓고 질문하는 방식의 여론 조사 문구는 부적절하며, 특정 방향의 결과를 의도한다는 의심을 받을 수 있다. 이러한 유도성 질문은 여론을 객관적으로 파악하기 위한 조사가 아니라 여론을 만들기 위한 조사로 악용되는 것이다. 또한 반복적으로 비슷한 내용의 조사를 시행해 발표하여, 특정 여론을 조성하려는 시도도 있었다. 이러한 현상은 여론 조사가 민심을 측정하는 사회적 공기公器로 기능하기보다 특정 목적을 지니고 특정 여론을 조성하려는 정치적 무기로도 변질할 수 있음을 함축한다. 불순한 의도의 여론

몰이용 여론 조사가 늘어나면서 갈등과 분열의 소재로 이용되기도 한다(홍영림, 2023. 5. 11).

무엇보다 부정확하고 의도를 가진 여론 조사는 공중의 여론 조사에 대한 신뢰를 추락시키는 결과를 초래할 수 있다. 같은 이슈에 대한 빈번한 여론 조사도 여론 조사에 대한 피로도를 높이고, 공중이 응답을 회피하는 등 부정적 영향을 미칠 수 있다. 올바른 여론 조사를 하기 위해 여론 조사 기관은 객관적인 여론 조사 측정 방법과 다양한 데이터 소스를 잘 활용해야 한다. 여론을 수집하는 방법이 무엇이든, 그것이 계획적인 투표 조사든, 포커스 그룹이든, 공청회, 전통적인 설문 조사든지 어떤 이슈에 관해 모든 적절한 관점들을 완전히 포착할 수는 없지만, 객관적인 여론 조사 측정 도구를 잘 활용하여 다양한 공중의 여론을 획득하는 것이 중요하다.

다양한 여론을 획득하기 위한 여론 조사는 공중의 의견과 관점에 최대한 접근할 수 있도록 질문을 합리적으로 잘 구성하는 것이 중요하다. 특히 의견이 형성되지 않은 무관심한 공중은 기득권을 가진 설문 조사의 후원자가 가진 의견에 더 쉽게 설득되기 쉽다. 또 폭넓은 기반의 유용하고 분명하게 규정된 관점들을 보장하기 위해서 다양한 환경에 처한 공중이 관여할 수 있도록 다수의 복합적인 방법(혼합된 방법의 접근 방식)을 사용해야 한다.

오늘날 여론 조사는 선거 결과를 예측하거나 정치적 또는 경제적 쟁점에 대한 공중의 견해를 알아보기 위해, 그리고 대통령과 정부의 업무 수행을 평가하기 위해 빈번하게 시행되고 있다. 여론 조사의 결과는 언론 보도를 통해 다시 사회구성원들 사이에 논의 거리를 제공하며 여론 형성 과정에도 영향을 줄 수 있다. 특히 정치 행정이나 공공 정책 수립 과정에서 여론 조사는 중요한 것으로 평가된다. 여론 조사는 정책 과정 전반을 효율적으로 진행하는 동력을 제공하며, 정책 과정 참여자들에게 상호 소통의 수단으로 활용된다.

특히 중요한 사회 제반의 문제에 대하여 여론 조사가 시행되고 결과가 발표되면, 이는 공중에게 사회 문제 중 가장 심각한 문제가 무엇이고 그 해결을 위해서 정부 개입이 시급한 문제가 무엇인지 등을 판별할 수 있는 정보를 제공한다. 즉 정책 과정의 첫 단계인 의제 설정 단계의 구축에 여론 조사가 중요한 역할과 기능을 담당할 수 있다. 여론 조사 결과는 정부의 정책 결정 단계에도 활용되어 정책 결정 참여자 간의 소통과 조정, 타협과 통합을 이룰 수 있는 바탕으로 기능할 수도 있다(김덕준, 2021: 23~24).

하지만 여론 조사는 주요 공적 이슈에 관한 공중의 의견을 형성하거나 선거에 있어 부정적인 영향을 미치기도 한다. 예를 들어 선거 여론 조사에 있어서 조사 수행 기관과 조사 의뢰자, 모집단의 정의와 표집 과정, 조사 대상자 선정 방식, 표본의 크기, 설문 회수율, 표집 오차, 자료 수집 방법 등 기본적 요건이 미비한 때도 있다. 또 여론 조사 결과를 발표하는 언론사들이 기사에서 여론 조사 결과에 부적절한 제목을 사용한 경우, 여론 조사의 근거가 없거나 자의적 해석, 주관의 개입, 조사 결과의 과장과 축소, 너무 과도하거나 불충분한 설명, 단정적 표현,

불분명한 인용 보도와 참조, 선정적 표현 등은 여론 조사 보도의 문제점으로 지적되고 있다. 아울러 유력한 후보 중심 보도는 여론 조사 결과를 의도적으로 선택하거나 누락하는 행위를 통해 언론이 특정 후보에게 유리한 구성 틀과 관점으로 보도하는 것을 말한다. 경마식 보도 방식 역시 주요 문제점으로 지적되었다(김영주 · 김춘식, 2005).

이와 같은 맥락에서 여론 조사의 인기에도 불구하고, 어떤 이들은 여론 조사가 반민주적이라고 비판한다. 비평가들은 여론 조사를 시행하려는 정치적이고 상업적인 동기들과, 여론 조사의 결과에 따라 정치 현상과 제도에 미치는 결과, 그리고 여론 조사를 해석하는 데 기자들의 무능력함과 결과를 교차 점검하지 못하는 것 등에 대하여 우려한다. 때때로 미디어 조직은 여론 조사를 자체 홍보 수단으로 사용하며, 자신들의 여론 조사는 강조하면서도 다른 뉴스 조직이 실시한 여론 조사는 무시하거나 저평가하기도 한다. 어떤 경우엔 더 흥미로운 기사가 부재하면 기자들은 여론 조사를 추적하여 뉴스 이벤트를 창출하기도 한다. 누가 정치적 경선에 남을 것인가 떠날 것인가를 결정할 때 사용되는 여론 조사는 정치적 과정과 협상한다. 이에 따라 일부 정치 비평가들은 여론 조사에 심하게 의존하는 것은 우세한 쪽의 반응을 고무하고 무관심한 공중을 만들어 낸다고 비난하기도 한다. 여기에 여론 조사나 설문 조사 결과를 해석할 전문성을 가진 기자들이 많지 않다는 점도 문제로 지적된다.

공천 과정과 여론 조사

선거에서 투표 행위는 특정 정당이나 후보자를 공적으로 선택하거나 배제하는 가장 직접적인 방식의 영향력을 행사하는 행위다. 해외에서는 선거 여론 조사 응답 행위를 정치 참여 행위로 간주하지 않으므로 여론 조사 결과가 직접적으로 정치 엘리트에게 영향을 미치지 않는다. 물론 해외의 정치 지도자 역시 당선과 정권 획득을 위해 선거 여론 조사 결과를 정책 입안이나 의사 결정 과정에서 전략적 참고 자료로 활용하지만, 이는 간접적인 영향력을 행사할 뿐 우리나라처럼 특정 정당의 공천 과정이나 후보자 단일화 과정에 사용함으로써 직접적인 영향을 미치지는 않는다. 아울러 다른 나라에서는 선거 여론 조사 결과가 후보자 경선 과정에 반영되지 않으며, 당선자 및 투표율에 대한 정보를 예측하거나 선거 캠페인의 효과 및 유권자의 투표 참여 행위를 파악하는 데만 목적을 두므로 차이가 있다(Kou & Sobel, 2004).

반면에, 한국은 정당의 공천 과정에서 선거 여론 조사를 직접적으로 활용하고 있어 정치 과정에서 선거 여론 조사의 위상이 다른 나라에 비해 큰 편이다. 이른바 민주주의 선진국에서는 공식 후보를 선정하거나 선출하는 과정에 선거 여론 조사 결과를 정량화시켜 반영하지 않는다(장경은 · 김선호 · 백영민, 2022: 30). 선거 여론 조사를 정당 후보자 결정 과정에서 활용하는 것에 대한 문제점으로는 대부분 정치적 권리나 정당 제도에 대한 법리적 문제, 정당 정치의 약화와 같은 민주주의 정치 규범의 쇠퇴, 그리고 선거 여론 조사에 내재한 방법론적 한계 등이 있다(윤정인, 2019; 이동윤, 2020; 이재명, 2016).

국내의 정치 상황에서 일반 시민의 정치 참여를 살펴보면, 후보자 공천 과정에 직접적 영향을 미치는 선거 여론 조사에 호응하여 자신이 지지하는 후보에 대한 의견을 피력하는 것도 정치 참여의 일종으로 간주할 수 있다. 하지만 선거 여론 조사의 응답자들이 어떤 시민인가와 그들이 여론 조사의 대표성을 갖고 있는가는 별개의 문제다. 우리나라의 경우 정당에서 후보자 선정 과정에 선거 여론 조사를 반영하는 것이 정례화되어 있는데, 이때 대표성을 훼손할 만한 확률적 표집 오차를 비롯해 어떤 미디어를 통해 표본을 수집하며, 어떤 시점에 어떤 질문을 사용할지에 따라 비표집 오차도 심각하게 발생한다(강원택, 2007). 이는 선거 여론 조사를 둘러싼 방법론적 한계점이라고 볼 수 있다.

다른 국가들에서도 선거 여론 조사의 방법론적 한계점들은 비슷하게 발생한다. 하지만 공식적 정치 과정과 별개로 여론 조사를 활용하는 다른 국가들과는 달리 우리나라의 선거 여론 조사는 공식적 정치 과정에 종속됨으로써 조사 결과의 대표성이 훼손될 위험성이 있다. 선거 여론 조사가 '조사'가 아닌 '동원'으로 변질하면서 '조사 응답자(표본)'가 '일반 유권자(모집단)'를 대표하지 못할 가능성이 점차 높아지는 것이다(윤종빈·박병훈, 2011; 장경은 외, 2022: 31 재인용).

하지만 국내 학자들의 우려와 정당 내부의 거센 반발에도 불구하고, 한국의 정당이 공천 과정에서 선거 여론 조사 결과를 반영한다는 사실은 규범적 타당성은 부족하더라도 엄연한 정치 현실로 받아들일 수밖에 없는 상황이다(이준환, 2014). 이러한 국내 정치 상황의 법리적, 규범적, 방법론적 문제점에 대하여 장경은 등(2022)은 선거 기간 여론 조사 응답자가 어떤 모습의 시민인지를 연구했다. 이들은 구체적인 인구통계학적 특징(성별, 연령, 교육 및 소득순)과 함께 그들의 정치 지식, 정치 이념 성향 및 이념 성향 강도, 정치 효능감과 정치 냉소주의, 과거 투표 참여 여부, 선거 캠페인 참여 활동의 측면에서 어떤 특징을 보이는지 조사하였으며, 선거 여론 조사 참여 행동이 후보자 경선 반영에 대한 태도에 따라 어떻게 달라지는지를 탐색하였다. 온라인 설문 조사를 한 결과, 응답자의 나이와 교육 수준, 선거 캠페인 참여 수준이 높을수록 의뢰받은 선거 여론 조사에 협조할 가능성이 높았다. 또한 정치 효능감이 높은 응답자들은 선거 여론 조사 결과를 경선에 반영하는 것에 대해 호의적인 태도를 가지며, 이는 선거 여론 조사에 참여 의향을 높이는 것은 물론 선거 여론 조사에 실제로 참여할 가능성도 높은 것으로 나타났다.

이러한 연구 결과는 국내 주요 정당의 선거 여론 조사에 기반을 둔 공천 과정이 정치적 고관여자의 목소리를 과잉 반영하게 되어 조사의 대표성을 확보하기 어려우며, 그 결과 전체 유권자의 의사 결정을 대표하는 데 한계가 있음을 시사한다(장경은 외, 2022: 29). 아울러 선거 여론 조사의 방법론상 내재적 문제점을 고려한다면 정당의 공천 과정에서 선거 여론 조사 결과를 직접적으로 반영하는 문제는 이에 대한 유권자의 공적 토론을 통해 개선할 필요가 있다.

특히 선거 여론 조사 결과를 다루는 뉴스 보도는 후보의 경쟁력을 가늠할 수 있는 유용한 척도로 이용되며, 후보자와 유권자 모두에게 영향을 미치는 것으로 알려졌다. 그러나 선거 여론 조사 보도가 유권자의 선거 관련 행태에 실제로 영향을 미치는지는 아직 단언하기 힘들다. 여론 조사 보도에 노출되는 것 자체가 유권자의 태도나 투표 행동에 영향을 미치지 못한다는 연구도 있고 여론 조사 결과가 유권자의 선택에 직접적으로 영향을 미치지는 않더라도 여론 조사 결과에서 우세로 나타난 후보에 대한 호감도가 증가할 수 있다는 연구도 있다(김현정, 2018: 216).

먼저 언론에 보도된 여론 조사 결과가 유권자의 투표 행위에 영향을 미칠 수 있다는 효과로는 '승자 편승 효과bandwagon effect'와 '열패자 효과underdog effect'가 있다. 승자 편승 효과는 다수 유권자에게 지지받는다고 특정 후보자를 언론이 보도했을 때 그 방향으로 다수의 의견을 받아들이게 만드는 상황을 의미한다. 열패자 효과는 다수 유권자의 지지를 받는 후보자를 견제하거나 지지받지 못하는 후보를 동정하는 경향을 말한다. 하지만 두 효과를 뒷받침하는 과학적이고 체계적인 연구는 매우 부족한 편이다(오택섭 · 권혁남 · 김성태 외, 2006: 286~287).

한편, 선거와 관련한 여론 조사들이 개인의 정치 태도와 행동에 미치는 영향은 일반적으로 그렇게 크지 않은 것으로 나타났다(Mutz, 1998/2000). 여덟 번에 걸친 미국 대통령 선거의 결과를 분석한 한 연구는 이 가운데 두 차례의 선거에서 미약하나마 '승자 편승 효과'의 증거를 발견했다고 보고하였다. 하지만 다른 연구들에서는 이런 효과는 존재하지 않거나 미미해서 정치적으로 중요하지 않다고 평가한다. 또 자신의 견해가 뚜렷하지 않은 투표자 사이에서는 작지만 유의미한 승자 편승 효과가 나타나기도 하였고, 열패자 효과도 발견되었는데, 수량화된 여론 조사 결과 자체만으로는 의미 있는 효과를 발견하기는 어렵다. 사람들의 의견이 다수의 견해 쪽으로 이동하거나 멀어지는 증거들이 동시에 발견되었기 때문이다(Mutz, 1998/2000: 239~240).

이처럼 여론 조사의 영향력이 크지 않음에도 불구하고, 선거 여론 조사 보도는 유권자가 선거 환경과 여론의 추이를 파악하는 데 필요한 정보를 제공함으로써 유권자의 정치적 행동과 태도에 영향을 미치는 것으로 알려졌다(정일권·김영석, 2006). 또한 선거 여론 조사 보도가 유권자에게 영향을 미친다는 인식은 그렇게 생각하는 이들의 정치적 행동과 태도에 영향을 미칠 수 있다(양승찬, 1998). 특히 유권자가 인식하는 선거 여론 조사 보도의 영향은 양면적이라고 할 수 있다.

선거 여론 조사 보도의 긍정적 영향은 후보의 자질과 주요 선거 이슈를 이해하는 데 필요한 정보를 제공함으로써 유권자가 선거권을 행사하는 데 도움이 되는 영향을 말한다. 부정적인 영향은 경마식 보도와 같이 유권자의 시선을 모으는 데 치중하고, 이해관계에 따라 편향된 여론 조사 결과 보도로 유권자가 오히려 선거와 선거 캠페인에 염증을 느끼게 하는 것이다. 즉 선거 관련 이슈를 지나치게 단순화하여 유권자의 관심을 오도하고 투표 의향 감소를 유발한다는 부정적 측면을 함께 가진다(김현정, 2018). 더 나아가 여론 조사 기관이나 뉴스 미디어, 정치인이 여론 조사 결과를 조작하고 왜곡해 선거에 영향을 미치려 한다는 회의적인 시각도 있다(심광호·백승준·오성덕, 2018).

선거와 관련해 공중은 미디어 내용이 다른 사람들과 자신에게 미치는 영향이 크다고 생각할수록 선거 관련 논의에 참여할 의향이 높으며, 선거 여론 조사 보도가 자신에게 긍정적인 영향을 미친다고 생각할수록 선거와 관련해 다른 사람들과 이야기를 더 많이 나누려 한다(Wei, Chia, & Lo, 2011). 또 선거 과정에서, 유권자는 선거 관련 지식을 제공하는 정보를 받아들임으로써 자신의 의견과 신념, 선택에 대한 자신감을 얻는다. 선거 관련 정보를 추구하고 이러한 정보 습득은 정치적 효능감 강화로 연결되며, 이는 선거 참여 의향으로 이어지기도 한다. 특히 여론 조사 결과에서 선두에 있다고 보도된 후보를 지지하는 유권자는 선거 여론 조사 보도가 제공하는 유용한 정보를 이용하여 자신의 기존 선택을 공고히 할 것으로 예상할 수 있다. 반면 자신이 지지하는 후보가 여론 조사 결과 뒤처지고 있는 경우에는, 여론 조사 보도가 다른 사람들에게 부정적인 영향을 미칠 것이라는 생각에 이러한 영향을 바로잡고자 행동을 취할 것이다(Rojas, 2010).

김현정(2018)은 선거 여론 조사 보도가 유권자에게 미치는 긍정적 영향 지각과 부정적 영향 지각이 후보 지지 강화에 영향을 미치는지를 연구했다. 자신이 지지하는 후보가 여론 조사 결과에서 우세하게 나타난 때에는 선거 여론 조사 보도가 자신에게 긍정적 영향을 미친다는 자부심을 통해 기존에 지지하던 후보에 대한 지지 강화로 이어졌다. 그러나 열세한 후보 지지자들의 경우에는 선거 여론 조사 보도가 자신에게 미치는 긍정적 영향 지각이 클수록 자부심이 크기는 했으나, 이러한 자부심이 기존에 지지하던 후보에 대한 지지 강화로 이어지지는 않았다. 이는 유권자가 선거 여론 조사 보도가 도움이 된다고 여길수록, 미디어를 통해 선거 관련 논의와 정보를 추구하는 행위로 이어질 수 있음을 시사한다. 또한 선거 여론 조사 보도가 유권자의 적극적인 선거 참여 행동을 촉진할 수 있는데, 여론 조사 결과의 수치 자체보다는 여론 조사 결과를 어떻게 보도하는지가 유권자의 투표 행동에 더 영향을 미칠 수 있다. 따라서 선거 여론 조사 보도의 영향을 긍정적으로 인식하는 유권자는 후보 지지 행태에도 영향을 받을 수 있으므로, 선거 여론 조사 보도가 후보자의 자질 및 주요 선거 이슈와 관련하여 유권자의 판단을 돕고 선거 참여 행동을 촉진할 수 있음을 주의해야 할 것이다.

여론 조사와 여론 조사 보도의 한계를 극복하려면

여론 조사가 정치 사회적으로 공중에게 큰 영향을 미치게 됨에 따라, 정확한 조사를 위한 여론 조사 기관의 노력은 끊임없이 시도되어 왔다. 여론 조사 환경의 변화로 기존의 전화 조사를 이용한 대표성 확보가 어려워짐에 따라 기존 표본 조사 방법에 대한 대안으로 인터넷, 휴대전화와 같은 새로운 미디어를 이용한 대안적 여론 조사 방법도 도입되었다. 그러나 시간과 비용을 절약하고 기존 표본 조사 방법의 한계를 극복할 수 있는 대안적 여론 조사 방법이 가진 표본 편파의 문제점 역시 앞으로 극복되어야 한다(강남준 · 백영민, 2014).

한국의 여론 조사는 상용되어 오던 할당 표집quota sampling의 문제점을 극복하기 위해 임의 번호 걸기random digit dialing를 시도하고, 유선 전화의 한계를 해결하는 방안으로 무선 전화를 적극적으로 활용하기도 했다. 또한 분량이 긴 조사를 위해 인터넷을 이용한 온라인 조사를 도입하여 새로운 기술적 진일보를 이루려 노력해 왔다. 하지만 다양한 조사 방식으로 구성된 표본들을 분석한 결과, 조사 방식에 따라 표본의 인구 통계학적 요소뿐 아니라 정치적 성향도 달랐으며, 혼합 조사(인터넷+전화) 방법 역시 또 다른 표본 편향의 가능성을 내재하고 있음이 드러났다. 따라서 여론 조사의 정확성에 대한 사회적 요구가 커지는 상황에서 현행 조사 방식의 한계가 여전히 존재하기 때문에 난무하는 여론 조사 결과를 신중히 받아들일 필요성이 더욱 커졌다(김지윤 · 강충구, 2014).

최근에는 소셜 미디어를 활용한 여론 조사도 많이 수행되고 있다. 여론 조사의 한계를 극복하기 위해 여론 학자들은 설문 조사와 소셜 미디어 데이터의 특성을 비교하기 시작했다. 설문 조사 데이터는 전체 인구의 표본을 사용하지만, 소셜 미디어 데이터는 표본의 대표성에 차이가 있고, 더 유기적인 것으로 보일 수 있다. 하지만 소셜 미디어 데이터는 비구조적인 텍스트 데이터를 유용한 정보로 변환하는 것을 어렵게 하는 이른바 알고리즘 편향, 양극화, 분리 현상 때문에 측정하기 어려울 수 있다. 더 나아가 인터넷 표본에서 소셜 미디어 데이터는 재현과 동기, 선택의 편향성을 이해하기 어렵다. 이에 따라 여론 측정 도구로써 소셜 미디어와 서베이 데이터를 이해하기 위해 M. F. 쇼버M. F. Schober 등(Schober et al., 2016)은 '데이터 세대,' '데이터 특성,' '실용적이고 윤리적 고려 사항'을 제안하였다. 그들은 설문 조사 응답자와 소셜 미디어 게시자가 자신들이 관여하는 활동을 얼마나 이해하는지에 차이를 보이고, 설문 조사의 반응으로 생산된 데이터의 특성과 소셜 미디어 포스트 사이에 차이가 있으며, 그리고 데이터의 사용을 둘러싼 실용적이고 윤리적인 고려 사항에도 차이가 있다고 주장하였다. 이러한 특성은 여론 조사 주제와 모집단에 따라, 설문 조사와 관련된 소셜 미디어 사이트의 독특한 구성 요소에 따라 차이의 정도를 조정해야 함을 의미한다. 또한 소셜 미디어에서 의견과 경험을 추출하기 위한 분석 기법에 따라서도 차이를 조정할 수 있다.

여론 조사에 대한 주요 문제점으로 앞서 살펴본 선거 여론 조사 결과의 활용 문제 외에도 여론 조사 방법과 이에 대한 언론 보도를 들 수 있다. 선거 여론 조사에 대한 다양한 문제점은 그동안 언론학자들과 사회학자들에 의해 꾸준히 제기되어 왔다. 여론의 변화나 형성 속도에 대해 저널리즘과 사회과학은 조금 다르게 접근하고 있다. 언론인의 경우 선거 과정에서 특정 이슈가 등장하면 여론이 긴급히 형성되는 것을 파악하는 경향이 있지만, 사회과학자는 여론은 시간이 지나면 변하기 때문에 단면적 여론 조사를 통한 여론 파악에는 큰 제약이 있다는 점을 지적한다.

이와 같은 여론 형성에 대한 인식의 차이는 언론사의 여론 조사에 이용되는 방법론적 한계와 맞물려 있다. 즉 신속한 조사를 위해 언론사들이 진행하는 짧은 전화 여론 조사는 단기적 관점에서 비전문적으로 기획되고, 실행되어 조사 결과를 검토하여 비교하는 자료 분석이 어렵다. 또한 언론사의 여론 조사가 남발되는 문제 역시, 시간을 두고 여론의 추이를 살펴보는 것보다 긴급한 여론 변화에 초점을 맞추는 저널리즘의 특성과 연관이 있다. 특히 언론 보도가 여론 조사 결과에 나타난 통계적으로 차이 없는 수치에 의미를 부여하고 과도한 해석을 통해 차이를 비교하려는 것은 잘못된 일이다(양승찬, 2007: 97~98).

선거 관련 여론 조사와 여론 조사 보도에는 다소 문제가 있을 수 있으므로 유권자는 선거 여론 조사 보도의 효과와 문제점에 대해서 잘 인식할 필요가 있다. 선거 여론 조사는 조사 설계 및 방법에서 표본의 대표성과 표집 방식의 문제, 낮은 조사 응답률, 전화 조사의 의존도, 일회성, 단편적인 조사 등이 문제로 나타났다. 또 설문 문항에서 순서와 용어 사용의 문제, 설문 주제의 선택, 유도 질문 등이 문제로 나타났다.

먼저 표본의 대표성과 표집 방식의 문제로는 현재 중앙선거여론조사심의위원회에 등록된 선거 여론 조사는 주로 할당 추출quota sampling이라는 비확률 추출법을 이용한 전화 조사가 사용되지만, 조사 자료의 분석 오차는 전통적인 확률 추출probability sampling을 가정한 표본 오차sampling error로만 보고된다는 점이다. 따라서 보다 객관적인 평가를 위해서는 조사 결과에 표본 오차는 물론 자료 수집, 처리 및 관리 과정에서 발생하는 다양한 형태의 비표본 오차non-sampling error도 함께 포함한 종합적인 관점에서의 조사 오차를 고려해야 한다. 표본 오차는 조사 대상의 일부만을 선택함에 따라 발생하는 확률적 오차random error인 반면, 비표본 오차는 조사를 기획하고 수행하는 전 과정에서 발생할 수 있다. 과정별로 선택되는 방법과 절차는 비표본 오차의 잠재적 발생 원인이 될 수 있는데, 이는 비확률적이고 비의도적인 오류 혹은 시스템적 과실에 해당하며 이에 대한 제어는 쉽지 않다.

한국의 선거 과정에서 여론 조사와 언론의 여론 조사 보도에 대해 논의된 다양한 이슈는 정치 커뮤니케이션의 맥락에서 여론 조사와 관련한 저널리즘 관련 이슈와 저널리즘 영역 외의 이슈로 나누어 논의되었다(양승찬, 2007). 저널리즘 관련 이슈와 관련해 양승찬(2007)은 여론 조사 보도의 주요 문제점으로 언론사들이 주관하는 여론 조사 자체의 문제점과 여론 조사 관련 정보의 제공 방식, 여론 조사의 결과 해석과 제시에서의 잘못된 보도 등을 들었다. 경마식 보도, 왜곡 보도, 공정하지 않은 편파 보도, 후보자 간의 불균형을 초래하는 보도 등의 문제는 언론이 여론 조사 결과를 과학적이지 않은 방식으로 해석하거나 자의적 평가를 통해 뉴스로 만드는 것과 연결되어 있다. 특히 지지도의 차이가 표집 오차를 고려한 범위에 있을 때 차이나 순위를 강조하는 것은 잘못된 해석임에도 오차 범위 내의 순위를 강조해 보도한다면 이는 유권자에게 잘못된 정보를 제공하는 것이다. 또한 아주 적은 응답자에 기초하여 결과를 퍼센트로 처리하여 상대적인 비교를 하는 문제도 있다. 가령

1,000명 정도의 전국 대상 표본으로는 지역별 분포를 비교하는 하위 표본 분석을 하기 어렵지만 언론은 차이를 단순히 나열하거나 비교하여 보도하기도 하였다. 더 나아가 여론 조사 기사의 제목 역시 논쟁의 대상으로 단순한 수치를 제목으로 강조해 유권자가 과학적으로 해석하기보다는 단순 지지율이나 그 차이에 주목하게 만드는 경향도 있다. 이외에도 여론 조사 기사에서 조사 결과를 전달할 때 사용하는 어휘나 표현은 신중하게 선택되어야 하는데 확대해서 사용하거나, 과장해서 분석하거나, 해석의 오류 등이 일어나기도 했다(양승찬, 2007: 91~93).

언론의 여론 조사 보도가 많이 개선되긴 하였지만, 여전히 여러 문제점이 남아 있다. 저널리즘 영역에서의 주요 문제점과 이슈를 살펴보면 다음과 같다. 우선 여론 조사 보도는 지지도의 변화뿐만 아니라 여론 변화에 대한 보다 풍부한 분석과 설명, 정책과 관련한 유권자의 평가에 초점을 맞추어야 함에도 언론 보도들은 주로 현상을 기술하면서 수용자들의 흥미를 끌 수 있는 미래에 대한 예측에 여론 조사를 이용하는 경향이 높다.

대다수 유권자에게 후보자 지지율과 관련한 여론 조사 결과는 현실적으로 중요한 정보다. 선거 과정에서 후보자에 대한 지지율 정보를 정확하게 전달해 주는 경마식 보도 역시 선거 보도의 중요한 한 양식이다. 이를 올바르게 보도하기 위해서는 언론사 내부에서 전문 교육이 필요하고, 여론 조사의 과학적 해석을 언론 현장에 맞게 해석하여 유권자에게 정치 정보를 제공할 수 있어야 한다. 즉 언론은 과학적 해석의 가치가 중요하게 존중되는 여론 조사 보도를 추구해야 할 것이다. 아울러 유권자에게 여론 조사 결과를 전달할 때, 기사 내용을 이해하기 쉽도록 전문적 용어를 풀어쓰고, 오해하기 쉬운 표현을 풀어서 설명해야 한다. 예를 들어, '신뢰 수준 95%,' '오차의 한계' 등 통계학의 용어들은 일반 공중이 쉽게 이해하기 어려운 전문적인 개념이다. 일반 유권자는 오차 범위를 고려한 해석보다 순위나 숫자에 관심을 보이면서 결과는 "95% 믿을 만하다, 또는 정확하다"라고 해야 이해할 가능성이 매우 높다. 따라서 언론인이 선거 여론 조사 결과를 전달할 때, 유권자가 여론 조사 결과를 알아서 해석하라는 식으로 전문 용어를 제시하기보다는 유권자가 잘 모르는 전문 용어를 풀어서 설명해야 한다.

아울러 여론 조사의 영향력에 대한 체계적 진단과, 언론 보도에서 여론 조사 결과를 활용할 때 나타난 여러 문제점을 개선하려는 시도가 더욱 필요하다. 유권자는 여론 조사 보도를 수용할 때 지지율 차이의 과학성과 상관없이 언론이 일단 순위를 매기면 그대로 받아들이는 경향이 있다. 따라서 유권자가 여론 조사 보도를 어떤 방식으로 이해하고 있고, 과학적인 결과의 해석에 대해 과연 얼마나 이해하고 있는지 평가해 보는 것도 중요하다(양승찬, 2007: 110).

특히 선거 과정에서 유권자는 후보자의 지지율 변화에 늘 관심이 있다. 후보자에 대한 유권자의 관심과 태도는 언론 보도가 이들에 관한 정책 정보를 전달하고, 여론 조사를 통해 발견된 공중의 태도나 의견을 전달함에 따라 달라질 수 있다. 무엇보다 신뢰할 만한 언론이 전하는 선거 여론 조사 보도는 우리 사회의 집합적 정치 현실을 보여 주는 대표적 사례이다. 선거 과정에서 언론의 의제 설정과 여론 조사 보도는 정치적으로 숙의 민주주의를 위해 상당히 중요한 의미를 띤다. 따라서 유권자가 여론 조사 보도를 어떻게 이용하고 있고, 이를 통해 실제로 선거 결과에 태도와 의견 변화가 발생하는지를 실증할 수 있는 정교한 연구가 요구된다. 더 나아가 소셜 미디어가 유권자의 정치 참여에 미치는 영향은 무엇인지 규명하고, 이를 토대로 SNS를 활용한 새로운 여론 측정 방법들이 도입된다면, 주요 공적 이슈와 사회 현상에 대한 여론 예측도를 높일 수 있을 것이다.

진정한 여론 형성 주체로서의 공중을 위하여

18세기에도 여론은 커피하우스를 중심으로 권력층과 지배자에 대한 소식을 풍문으로, 이야기로 구전하였다. 왜곡된 정보가 대인 간의 소통 방식으로 확산하여 악용된 사례도 있었다. 또 유령처럼 여론의 실체와 형성 과정을 몰라 두려워한 당대의 최고 권력자들과 지도층도 수없이 많았을 것이다. 하지만 20세기 이전의 시민은 여론 형성의 주체가 아니었다. 오히려 배제의 대상이었고, 그들의 집합적 의견은 여론이라 불리지 못하였다. 그러한 시대에 비하면, 언론 미디어가 사회적 이슈를 공개적으로 생성하고, 공중이 온라인상에서 자유로운 이슈 토론과 대안을 논의하며, 의견을 형성하는 이 시대가 여론 형성 과정 차원에서는 분명 더 낫다는 개인적 판단이 든다.

그럼에도 불구하고, 건전한 여론이 형성되기 위해서는 “여론이 언론을 위해 조성되어야지, 지금처럼 언론에 의해 여론이 조성되어서는 안 된다"라고 역설했던 월터 리프먼의 주장을 되새겨 볼 필요가 있다. 아무리 현대 사회에서 여론이 불분명하고, 변덕스러우며 사안에 따라 영향력 있는 여론 지도자들이 공중의 태도에 영향을 미친다고 하더라도, 여론의 가변성과 공동선을 위한 공중의 역동성을 무시할 수 없기 때문이다.

공중은 여론 형성 세력이 주도하는 미디어의 의제 설정과 틀 지어진 이슈의 문제점들을 직시해야 한다. 또한 공적 이슈에 대한 맹목적인 집단 사고나 무조건적 동류 선호 양태를 거부할 필요가 있다. 무엇보다 공중은 다양한 집단과의 소통을 통해 합리적, 절차적 정당성을 획득한 여론 숙의 과정에 동참해 여론의 실체를 분별해 나가야 한다. 또한 여론 형성 과정에서 공중은 올바른 의견을 갖기 위해 주류 언론뿐 아니라 소셜 미디어의 기능과 역기능에 대해서 비판적으로 이해하는 소셜 미디어 리터러시 능력을 갖춰야 한다. 한 공동체의 선을 실현하기 위해 사회구성원 간의 토론과 설득을 활성화하는 온라인 공론장에서 공중이 진정한 여론 형성의 주체가 되길 기대해 본다.

여론 조사 방법

1. 설문 조사

여론 조사를 하는 양적 조사 방법 가운데 설문 조사survey는 대표적인 방법이다. 설문 조사는 전문직 종사자들이 조사하고 평가하는 도구 가운데 가장 강력한 도구다. 설문 조사는 풍부한 환경적인 데이터 자원을 제공한다. 여론 조사에서 가장 먼저 해야 할 일은 조사의 목적을 명확하게 하는 것으로 여론의 쟁점을 잘 파악하는 데서 시작된다. 조사의 목적을 수립하고 여론의 주체인 모집단을 파악했다면 여론을 수집하기 위한 조사 도구와 방법을 결정해야 한다. 조사 도구로는 구조화된 질문지questionnaire를 많이 사용하며, 이는 쟁점을 조사하기 위한 질문으로 구성되어 있다. 질문지는 사전에 여론의 쟁점을 더 명확하게 분류해 두었기 때문에 응답자의 응답 또한 명확하고, 조사 결과를 해석할 때도 자의적인 판단을 배제할 수 있으며, 조사 수행자가 누구든 같은 집단을 대상으로 조사할 때 거의 같은 결과를 기대할 수 있다.

여론 조사 방법으로는 크게 정성적 조사 방법과 정량적 조사 방법이 있는데, 이는 수집한 데이터의 속성을 기준으로 분류한 것이다. 사회 현상을 관찰하고 정보를 수집하는 데 이용할 수 있는 방법 가운데 조사 연구survey research, 실험 연구experiment research, 질적 현장 연구qualitative field research, 비개입적 연구unobtrusive research, 평가 연구evaluation research 등이 대표적이다. 비개입적 연구는 연구자가 연구 대상에 개입하지 않는다는 것이며 내용 분석, 기존 통계 자료 분석, 비교 역사 분석 등이 있다(박무익 · 이계오 · 이기재, 2017: 813).

먼저 정량적 여론 조사 방법인 설문 조사와 관련해 조사 연구 설계와 여론 조사의 진행 단계를 간략히 살펴본다. 조사 연구 설계는 설문 조사의 목표를 구체화하고, 목표 대상 인구 집단을 명확히 결정한 다음, 설문 조사 디자인의 여러 가지 유형 가운데서 선택해야 한다. 조사 목적이 분명해야 조사 연구의 주체, 대상, 시기, 장소, 방법 등에 관한 계획을 정확히 세울 수 있다. 가장 일반적인 형식은 교차 부문cross-sectional 설문 조사, 종적 설문 조사longitudinal survey, 다수 표집 설문 조사multiple-sample survey가 일반적이다. 조사 연구는 연구 대상이 되는 집단을 체계적으로 조사함으로써 특성을 파악하거나 가설을 검증하는 여러 가지 연구 방법들을 통틀어 말한다. 조사 연구는 대개 표본sample을 추출하여 조사하고, 모집단population의 특성을 통계적으로 추론하는 방법을 사용한다. 조사 연구의 가장 큰 장점은 비교적 적은 경비와 노력으로 대규모의 대상을 연구할 수 있다는 점으로, 언론 기관이나 정당, 기업체 등에서 시행하는 여론 조사, 선거 조사, 시장 조사 등에서도 널리 이용한다(배규환 · 이기재, 2015: 26).

조사 설계 과정에서는 조사대상자와 질문지, 표본을 구성하는 일이 중요하다. 즉 실제 조사 대상의 표본을 추출한 후에 그들에게 무엇을 물을 것인가를 결정하고 다음에는 어떤 방식으로 조사할지 결정해야 하는데, 이를 자료 수집 방법이라고 한다. 자료 수집은 조사 목적에 맞게 설계된 방법과 도구를 활용해 여론을 수집하는 것이다. 자료 수집은 전화 조사, 개별 면접 조사, 우편 조사 등이 있고, 최근에는 웹사이트와 이메일을 활용한 조사도 하고 있다. 자료 수집 과정에서는 조사 설계상의 규칙을 충실히 준수해야 한다. 표본 추출 방식에 따라 발생하는 표본 오차와 자료 수집 과정에서 발생하는 비표본 오차가 있는데, 이를 최소화하여 응답의 타당도와 신뢰도를 높여 주는 것이 필요하다.

자료 수집 방법은 조사 비용, 필요한 인적·물적 자원의 형태, 모집단의 범위, 응답률 질문의 형태, 면접 진행에 대한 통제, 조사 절차의 용이성, 필요한 교육 훈련 방식, 조사 결과의 오차 등에서 각각 장단점이 있다. 여론 조사에는 시간과 비용의 제약이 따르게 마련이므로 장단점을 종합적으로 고려해서 최선의 조사 방식을 결정해야 한다. 다음으로 수집된 자료는 컴퓨터로 자료 처리 지침에 따라 입력한 후 검증 작업을 진행한다. 자료 처리는 자료의 입력, 검증, 교정 등의 절차를 거쳐 완전한 자료를 생성하는 일련의 과정으로서 오류를 찾아내기 위해 집계를 여러 차례 반복하기도 한다.

자료 분석은 조사 목적에 따라 조사 결과로부터 의미를 찾아내는 일이다. 선거 여론 조사라면 후보나 정당의 지지율을 알아내는 것이며, 어떤 수준까지의 정보를 찾아낼 것인지를 결정하는 것이다. 분석의 첫 단계는 정보를 추출하고, 표본 조사의 결과로 모집단의 경향을 추정하며, 각 항목 간의 관계, 응답자의 특성에 따른 차이를 파악하여 어떤 현상의 원인과 영향을 추론한다. 더 심층적인 분석을 위해 다른 조사 결과와 비교하기도 하며, 결과를 해석한다. 많은 시간과 비용을 들인 여론 조사는 분석을 통해 현상의 원인을 찾고 개선하거나 조사 결과의 의미를 잘 해석하는 것이 중요하다(박무익·이계오·이기재, 2017).

이상과 같은 절차를 거쳐 조사된 여론 조사 결과는 언론을 통해 많이 보도되고 있다. 언론의 의제 설정 기능처럼 여론 조사도 사회에 중요한 쟁점이 무엇이고 이에 대한 구성원들의 의견은 무엇인지를 제시함으로써 사회적 쟁점을 알리는 역할을 한다. 특히 신뢰할 수 있는 여론 조사 기관에서 중요하다고 생각하는 사회적 쟁점을 선정하여 설문 조사를 시행하고 결과를 발표하면, 대중은 언론 보도를 통해 해당 쟁점의 중요성을 인식하게 된다.

2. 내용 분석 방법

내용 분석content analysis 방법은 설문 조사나 포커스 그룹, 미디어와 인터넷 모니터링, 통신원 인터뷰 등 다양한 수단을 통해 수집된 정보 데이터를 분석하는 방법이다. 내용 분석에 대해 프레드 커린저Fred Kerlinger(2000)가 정의한 것이 대표적으로 알려졌다. 그는 내용 분석이란 변인 측정을 목적으로 커뮤니케이션을 체계적이고, 객관적이며, 수량적인 방식으로 커뮤니케이션을 연구하고 분석하는 방법이라고 정의를 내렸다. 첫째, 내용 분석이 체계적이어야 한다는 것은 분석 대상 내용을 명백하고 일관성 있는 규칙에 따라 선택하는 것을 의미한다. 둘째 객관적이어야 한다는 것은 연구자의 개인적 특성이나 편견이 분석 결과에 개입되어서는 안 된다는 것이다. 변인을 분류하기 위해 사용되는 조작적 정의나 규칙은 다른 연구자가 반복해도 똑같은 결과가 나올 수 있도록 명백하고 이해할 수 있게 제시되어야 한다. 셋째, 수량적이라는 것은 내용 분석의 목표가 메시지 집합을 정확히 설명해야 한다는 것이다. 내용 분석은 내용을 수량화하여 연구 결과를 요약하고, 한 시점의 수량적 자료를 다른 시점의 자료와 비교해 봄으로써 평가 절차를 단순화하고 표준화할 수 있다. 또 메시지를 수량화하면 해석과 분석에 도움을 줄 수 있는 통계 수단을 이용할 수 있다.

내용 분석 연구는 다양한 적용이 가능하지만, 기업과 같은 조직은 내용 분석 방법을 아주 제한된 방식으로 사용하는 경향이 있다. 가장 빈번한 적용은 미디어 분석이다. 기업은 미디어 모니터링과 컨설팅 회사에 많은 돈을 지불하는데, 주로 자사의 이슈를 다르는 보도를 추적하고 분석하게 한다. 조직 내부에도 미디어 모니터링 팀은 같은 일들을 수행하는데, 미디어 분석가들은 그러한 보도 내용을 요약하고 해석하는 보고서를 준비한다.

미디어 연구에서 내용 분석 방법은 커뮤니케이션 내용 일체에 대한 특성을 유형화하거나, 메시지 출처와 메시지 특성 간의 관계를 보여주려는 가설 검증, 미디어 내용과 현실 세계를 비교하기 위해 매스 미디어가 묘사한 특정 집단이나 현상, 특성을 평가할 때 사용되었다. 또 사회의 특정 집단의 이미지를 평가하기 위해 특정 소수자 집단이나 유명 집단에 대한 미디어 이미지를 조사하는 데 초점을 맞추는 내용 분석 연구가 많았다. 더 나아가 미디어 효과 연구를 위한 출발점으로 내용 분석을 이용하는 연구들도 있었으며, 의제 설정 연구에서도 내용 분석 기법이 많이 활용되었다. 특히 의제 설정 연구에서는 어떤 주제가 뉴스로서 중요하게 다뤄지는지를 알려면 관련된 미디어의 내용 분석이 필요한데, 후속 연구인 수용자 연구를 통해서 미디어 의제와 수용자 의제 간의 일치도를 비교할 수 있다(Wimmer & Dominick, 1983/2009: 170~173).

내용 분석은 메시지에 담긴 특성이나 정보원이 지지하는 이념적 성향을 판별하고, 가능한 메시지 효과를 추측하기 위해 메시지 내용을 분석한다. 내용 분석가는 메시지가 특정한 효과를 담고 있다고 가정한다. 이슈의 순위와 배열, 그리고 어떻게 미디어가 기사를 보도하는가가 이슈에 대한 수용자의 인식과 조직(기업 등), 주요 행정부에 영향을 줄 수 있다고 가정한다. 요컨대 내용 분석은 가능한 정확하고, 객관적이며 체계적인 측정 방법을 사용해 커뮤니케이션 과정의 메시지 구성 요소를 검토하는 것을 포함하는 조사 방법이다(Berelson, 1952; Ferguson, 2000: 86~87 재인용).

내용 분석 수행 단계로는 먼저 연구에서 무엇을 포함하고 무엇을 배제할지를 결정해야 한다. 내용 분석 방법으로 여론 조사를 하기 위해서 정보원sources과 이슈의 범위와 관련된 질문들을 먼저 정해야 한다. 표본과 연관된 질문으로는 어느 정보원들을 참고해야 할 것인가를 정해야 한다. 예를 들어, 신문, 인터넷 미디어, 뉴스 잡지, 전문가 혹은 일반 공중의 서신, 정기 간행물 등에서 어떤 자료를 사용할 것이며, 이러한 정보원을 선택하는 데 어떤 범주를 적용할 것인지 정해야 한다. 또 데이터를 어디서 수집할 것인가도 결정해야 한다. 인터넷 혹은 미디어 모니터링 회사를 이용할 것이라면, 여론 조사 의뢰자들은 미디어나 인터넷 모니터링 서비스 회사 직원들이 이슈를 충분히 이해하고 있는지 확인해야 그들이 이슈와 관련한 올바른 키워드를 제공할 수 있다. 요컨대 내용 분석 방법은 어떤 범주가 정보원 선택에 적용될 것인가를 정하는 것이다. 조직이 일반 대중에 반대되는 특별한 목표 인구 집단의 견해를 파악하는 데 관심이 있다면, 정보원(소스)의 선택은 이를 반영해야 한다. 범위와 관련한 질문으로는 먼저 어떤 종류의 자료를 분석할 것인지, 지리적 범위는 국제적, 국내, 지역으로 구분할 수 있고, 내용 분석 기간을 주 단위, 월 단위, 연 단위로 설정할 것인지도 결정해야 한다. 무엇보다 이슈가 되는 주제의 범위를 구체적이고 분명한 키워드로 도출해야 한다.

내용 분석을 할 정보원과 범위를 결정한 후에는 가능한 선택지로부터 자료들의 대표적 표본을 선별해야 한다. 무작위 표집은 모든 자료가 선택될 때 동등한 기회가 주어졌음을 의미한다. 무엇보다 연구자는 어떤 자료들을 얼마나 분석할 것인지 결정할 때 선행 요인을 고려해야 한다. 유의추출법purposive sampling은 표본을 구성하는 단위를 선출하는 데 무작위 선출이 아니라 주관적 방법에 의해 표본을 추출하는 방법이다. 표집 후에는 무엇을 산정할 것인지 분석 단위unit of analysis를 결정한다. 예를 들어, 특정 이슈와 관련한 보도 기사의 수라든지, 사설의 횟수, 잡지 기사 수, 인터넷 기사 조회 수, 댓글 수 등 분석 단위는 기사 전체가 될 수 있고, 특정 단어나 주제, 문단, 문장, 화자speaker, 헤드라인 등이 될 수도 있는데, 분석 단위를 다르게 사용하게 되면 상당히 다른 결과를 얻을 수 있다. 컴퓨터로 프로그램화된 내용 분석 방법은 시간과 비용을 줄일 수 있다.

내용 분석을 완수하는 데 연구의 범위를 정하고, 표본을 선택하며, 분석 단위를 결정하는 일은 매우 중요하다. 그런 후에 연구자는 유목categories을 생성하는 과정을 착수한다. 유목의 형성 작업은 자료를 검토하는 데서 시작한다. 자료들을 피상적으로 골라서 더 심도 있게 내용을 살펴보는데, 이때 주제subject 유목들은 개요에서 중요한 하위 표제들과 유사하다. 분석자는 주제 유목을 만들기 위해서 내용의 개요를 창출함으로써 시작할 수 있다. 키워드와 개요는 주요한 주제 유목을 포함하게 된다(Ferguson, 2000: 94~96).

내용 분석의 유목을 광범위하게 할지 협소하게 할지는 연구 목적에 달려 있다. 주제 유목을 정하는 몇 가지 규칙이 있다. 첫 번째, 유목들이 연구 목적을 반영해야 한다. 두 번째, 유목들이 포괄적exhaustive이어야만 한다. 세 번째, 유목들이 상호 배타적mutually exclusive이어야 한다. 네 번째, 유목들은 단일한 분류 원칙으로부터 나와야 한다. 예를 들어, 남성, 여성, 청소년, 중년 성인, 노인 등이 같은 표제하에 놓일 수는 없다. 남성과 여성은 성별을 기초로 한 분류 체계이며, 청소년, 중년 성인, 노년층은 나이를 기반으로 한 분류 체계이므로 두 가지 주요 표제 아래 성별, 연령별 유목을 구분해야 한다.

이상의 내용을 좀 더 구체적인 실행 단계로 제시하면, 다음과 같이 크게 여섯 단계로 구분할 수가 있다. 모든 내용 분석이 이 순서를 반드시 지켜야 할 필요는 없으며, 단계별 작업이 중복되는 사항들도 있을 것이다. 그렇지만 이러한 내용 분석의 단계를 이해하고 나면 여론 조사를 위한 내용 분석을 어떻게 할 수 있을 것인지 파악할 수 있다(Wimmer & Dominick, 1983/2009: 175).

① 연구 문제나 가설을 구체화한다. 이를 위해 관련된 문헌들을 검토하고 가설 설정을 위한 자료들을 분석해야 한다.

② 해당 모집단에 대한 정의를 내리고 모집단에서 적절한 표본을 추출한다. 모집단을 정의하는 것은 연구 대상에 대한 경계를 구체화하는 것으로 적합한 조작적 정의를 내려야 한다. 이를 위해 연구 주제의 범위를 구체화하고 연구 기간을 명시해야 한다. 다음으로 표본 선정은 먼저 자료원을 표집한 후 다단계 표집을 이용해 적합한 분석 대상을 표본으로 추출해야 한다.

③ 분석 단위를 선정하고 정의를 내리며, 분석할 내용의 유목을 구성한다. 내용 분석의 가장 최소 단위이자 중요한 요소인 분석 단위는 하나의 단어나 상징, 주제 또는 전체 기사나 스토리 등이 될 수 있다. 영

상물에서는 인물, 행동, 프로그램 전체가 될 수 있다. 분석 유목의 구성은 사전 분석을 통해 유목을 도출하거나 어떤 이론이나 개념적 논리를 기반으로 유목을 구성하는 방법이 있다. 모든 유목 체계는 상호 배타적이어야 하고, 남김없이 분류되어야 하며exhaustiveness, 이를 신뢰할 수 있어야 한다. 신뢰성은 일치도를 수량화하여 코더 간 신뢰도를 측정한다. 내용 분석에서 신뢰도는 중요한 핵심 개념으로, 객관적이 되려면 분석 수단과 절차가 신뢰할 만한 것이어야 한다.

④ 수량화 체계를 정립한다. 내용 분석에서 수량화는 명목적, 등간적, 비율적 측정 자료의 경우에 이용되고 있다. 명목적 수준에서는 각 유목의 하부 단위별 발생 빈도를 계산하고, 등간적 수준에서는 인물이나 상황의 속성을 평가하는 데 사용할 수 있도록 척도를 개발할 수 있다. 그러나 평가 척도는 분석에 주관성이 개입될 수 있다. 비율적 수준의 측정은 시간과 공간 영역에 적용되는데, 예를 들어 광고 시간, 방송 프로그램 유형별 방송 시간 등이 해당한다. 비율적 수준의 자료는 여러 가지 통계 기법 적용이 가능하다.

⑤ 코더(코딩을 하는 사람)들을 훈련하고 예비 연구를 실시한 다음에 내용을 코딩한다. 분석 단위를 내용 유목에 따라 구분하는 것을 코딩coding이라고 한다. 코더는 2~6명 정도 이용하며, 코더를 잘 훈련하는 일은 분석의 신뢰도를 높이기 위해 중요하다. 코더 간 신뢰도를 검사하기 위해 예비 연구를 실행한다. 코딩 용지를 이용하여 코딩하며 코딩 지침서를 마련한다.

⑥ 수집된 자료를 분석한 후, 결론을 도출하고 그 의미를 해석한다. 내용 분석에는 백분율, 평균치, 최빈치, 중앙치 등의 기술 통계 방법을 사용해서 분석한다. 결과를 모집단에 일반화하려면 보통 추리 통계 방법

을 이용한다. 결과의 해석은 특정 가설 검증 시에는 단순 명료할 것이며 기술적인 해석이라면 결과의 의미나 중요성에 대한 의문이 제기될 수도 있다.

(Wimmer & Dominick, 1983/2009: 174~185)

3. 포커스 그룹 인터뷰

여론 조사 연구에는 양적 조사와는 다른 질적 방법론들이 적용될 수 있다. 질적인 여론 측정 방법론으로는 포커스 그룹 인터뷰focus group interview, 델피 기법Delphi Technique, Q방법론Q methodology 등이 포함된다. 먼저 포커스 그룹은 '어떤 목적을 가진 토론 집단'으로 특별한 종류의 집단 인터뷰 또는 할당 표집 기법의 변종이라고 할 수 있다. 기업이나 정부, 비영리 단체와 같은 대형 조직과 기관은 포커스 그룹 인터뷰 방법을 활용하여 고객과 직원의 견해에 관하여 알고자 한다. 특히 포커스 그룹 방법은 주요 주주나 내부 및 조직 외부 사람들의 의견에 관해 관심을 가진 조직의 리더를 위해 기업의 담당자들이 선택하는 여론 조사 방법론 중 하나다.

포커스 그룹 인터뷰(FGI)는 주요한 조직 이슈에 대한 의견을 추적하는 데 인기 있는 도구가 되었다. 기업들이 시장 조사를 목적으로 거의 배타적으로 포커스 그룹을 사용하는 반면, 이러한 기법들은 기업의 명성을 연구하고, 창의적인 커뮤니케이션 개념들을 시험하기도 한다. 포커스 그룹 인터뷰는 조직 관련 이슈에 대한 공중의 인식과 지식을 더 많이 알기 위해, 그리고 주요한 공중이 기업 정책을 수용한 정도를 평가하는 데도 적용된다. 관료들 역시 포커스 그룹이 상대적으로 저렴하게 다양한 인구 집단과 나이, 성별, 종교, 언어, 인종, 그리고 다른 변인들에 따라 구별되는 주요 공중의 의견들에 대해 더 많이 알게 되는 방법임을 인정하고 있다. 또 정치인들은 포커스 그룹을 이용해서 현저한 이슈에 관한 여론의 변화를 추적하기도 한다.

일반적으로 포커스 그룹 인터뷰는 사회자와 4~12명의 서로 전혀 안면이 없는 참가자들을 포함한다. 포커스 그룹 참가자들은 미리 정한 장소에 주어진 시간에 만나 한 개의 주제를 논의하게 된다. 물론 주제는 여러 측면을 갖고 있기도 하다. 토론은 후보자, 기업 이미지, 제품, 특정한 개념, 또는 이슈들이 중심이 될 수 있다. 토론 과정에서 포커스 그룹은 이슈에 관한 정보나 기업 명성, 지도력, 혹은 커뮤니케이션 전략 평가 등에 관한 정보를 끌어낼 수 있다. 이때 사회자는 주제를 소개하고, 집단구성원이 주제에 관한 그들의 인식과 감정, 의견들을 토론하도록 격려한다. 이따금 사회자는 추가적인 질문을 하여 상호 작용을 자극하거나, 포커스 그룹을 후원하는 조직이 관심 있어 하는 영역에 관한 토론에 집중하도록 한다.

조직에서 사용하는 포커스 그룹 인터뷰는 새로운 관심 영역을 조사하거나 예기치 못한 통찰력을 찾고, 기존의 통찰력을 정제하는 데 도움이 된다. 이는 사람들이 왜 특정한 태도와 신념을 고수하고 있는지를 더 잘 이해하는 데 도움이 되며, 사람들의 추론 과정을 더 정교하게 이해할 기회를 주는 방법론이다. 설문 조사가 가장 현저한 이슈의 위치를 규명한다면, 포커스 그룹 인터뷰는 설문 조사에서 나타나지 않는 부상하는 이슈나 덜 특출난 이슈를 밝혀준다.

포커스 그룹 인터뷰는 상대적으로 유사한 성격의 집단(교육, 전문성, 소득 수준, 나이, 사회 계층, 관심사 등)일 때 가장 잘 작동하는 경향이 있다(Morrison, 1998). 주제에 따라 다르지만, 일반적으로 포커스 그룹 참여자들 사이에 자신이 열등하다고 인식하는 사람들은 자기 견해를 말하는 것을 불편해하거나 자신보다 지위가 더 높다고 생각하는 구성원들의 의견에 따르든지 종종 미룬다. 너무 다양한 나이의 참여자들을 모았을 경우나 전문가가 한두 명 포함될 때도 토론이 기울 수 있다. 포커스 그룹 운영자는 성별 차이점과 여론의 상호 작용 패턴도 고려해야 한다. 커뮤니케이션 패턴에 있어 여성과 남성의 차이점들로 인해 별도로 성별 포커스 그룹을 나누는 상황이 필요하기도 하다. 하나의 포커스 그룹에 너무 많은 다른 주장과 견해들이 소개되면 결과가 혼란스러울 수도 있기 때문이다.

포커스 그룹 운영 절차는 먼저 참여할 집단을 무작위로 또는 비무작위로 선별하는데, 편의적 표집 방법convenient sampling을 사용하기도 한다. 공적 기관이나 비영리 조직은 다양한 기법을 사용해서 포커스 그룹의 참가자들을 호객한다. 포커스 그룹의 참여자들은 소정의 돈이나 상품, 식사를 보상으로 제공받을 수 있다. 이 보상의 크기는 사람들이 협조하는 데 들어가는 난이도 수준에 연관된다. 포커스 그룹은 다른 많은 종류의 상황에서 수행되고 있으며, 장소도 다양한 공간에서 이뤄진다. 참여자들은 포커스 그룹 상황을 편하게 느껴야 하는데, 한 가지 방법은 쾌적한 분위기의 장소를 제공하는 것이다. 의자의 배치나 책상 모양, 소파 위치 등이 소통하는 데 양과 질에 영향을 미칠 수도 있다. 포커스 그룹에 참여자 수가 많을 경우, 사회자는 테이블을 중앙에 놓아 모든 참여자가 충분히 참여하게 할 수 있다. 포커스 그룹에 보조원이 참여하여 영상을 녹화하거나 음성을 녹음하면 사회자는 자유롭게 집단 토론에 집중할 수 있다.

포커스 그룹 인터뷰를 하는 전형적인 단계는 다음과 같다. 첫째, 관계를 설정하고 과제를 명료화하기 위한 관계 수립 단계, 둘째, 참가자들이 광범위한 질문들에 답변하도록 허용하는 탐색 단계, 셋째, 연구자의 특별한 관심사의 주제 영역으로 인터뷰를 좁히는 면밀하게 조사하는 단계, 넷째, 슬로건을 쓰거나 투사 기법 사용을 수반하는 과업 단계, 다섯째, 상호 작용을 창출하기 위한 일부 자극을 포함하는 평가 단계, 여섯째, 참가자들로부터 최종적 조언을 끌어내고 사회자가 답변이 이루어지지 않은 질문들을 하는 최종 단계가 그것이다. 모든 포커스 그룹 인터뷰에서 위의 모든 단계가 다 일어나지는 않는다. 어떤 조사자들은 보충적인 질문지를 사용하여, 포커스 그룹으로부터 추가적인 정보를 얻기도 한다(Ferguson, 2000: 199～207).

포커스 그룹을 활용해 여론을 조사하는 방법은 조직하고 수행하기가 상대적으로 쉽다. 대규모의 설문 조사를 수행하는 비용에 비해 포커스 그룹은 주요 공중의 의견을 알아내는 데 저렴한 도구이다. 조직들이 잘 훈련된 포커스 그룹 사회자의 서비스 비용을 부담하는 것이 잘 훈련된 수많은 면접원보다도 유리하다. 데이터 수집도 빠르고, 데이터 분석도 상대적으로 쉽다. 포커스 그룹의 유연한 포맷은 조사자가 많은 주제에 관한 토론을 할 수 있게 한다. 포커스 그룹 사회자는 면밀하게 잘 규정되지 않는 생각의 영역을 조사하고 탐색할 수 있다. 또한 포커스 그룹은 새로운 영역에 대한 통찰력과 개념을 시험해 보거나, 사람들이 어떤 동기를 갖고 믿고 행동하는지를 알아내는 데 유용하다.

하지만 포커스 그룹 인터뷰에도 많은 문제점이 있다. 소수의 포커스 그룹이 대표적인 표본이 아니어서 참가자들을 세심하게 선택했을지라도 인터뷰 결과를 일반 대중 전체로 일반화시킬 수 없다. 또 포커스 그룹은 유능한 조력자 없이는 효과적일 수 없다. 어떤 경우에는 한두 명의 개인이 포커스 그룹을 지배할 수도 있고, 집단 토론 과정을 고의로 방해하기도 한다. 또 획일적으로 움직이려는 포커스 그룹의 경향은 토의 과정을 침해할 수도 있다.

참여자들은 종종 집단 내에서 자신들을 이끄는 사람들을 추종하곤 하는데, 그들이 전문가이거나 자신들이 전문가라고 주장할 때 그렇다. 또 언어적으로 과격한 견해를 보이는 사람들은 결과에 더 큰 비중을 차지하기도 한다. 일부 사회자들은 과도하게 지시함으로써 집단구성원이 즉흥적으로 상호 작용할 기회가 줄어들 수도 있다. 비록 설문 조사보다는 덜 비싸지만, 포커스 그룹 인터뷰도 비용을 수반한다. 많은 조사자는 포커스 그룹 인터뷰 결과는 다른 양적이고 질적인 기법들, 예를 들어 설문 조사나 엘리트 여론 지도자와의 심층 인터뷰 같은 조사 기법으로부터 나온 결과와 같이 종합할 때 가장 가치가 있다고 주장한다 (Ferguson, 2000: 216～217).

4. 델피 기법

델피 기법은 다양한 배경으로부터 모은 한 그룹의 전문가들을 포함하여 정보를 수집하는 잘 알려진 질적 조사 기법이다. 집단의 구성은 문제의 특성에 근거한다. 예를 들어, 문제가 일반적이고 추상적일 때 학제간의 관점들은 더 중요하고, 문제가 구체적이고 기술적일 때는 기술적인 전문성의 조합이 더욱 요구된다. 어떤 경우에는 전문가와 일반 전문가 간의 균형이 더 선호되기도 한다. 그 팀은 종종 이론가와 실무자로부터 조언이나 전문적 지식을 추구한다.

델피 방법의 기본 단계는 문제를 규정하고, 전문가의 표본을 선정하기 위해 요구되는 전문성 유형을 결정하는 것이다. 다음으로 이러한 개인들에게 보낼 질문지를 배포하여, 그들의 반응을 분석하여 과연 합의가 이뤄지는지를 결정한다. 그런 후에 자문가는 후속 정보와 반응 등에 대한 표를 제공한다. 참여자들의 동질성 정도가 표본의 규모를 정한다. 집단이 유사할 땐 10~15명의 응답자면 충분할 수 있다. 더 이질적인 응답자들의 경우에는 더 많은 숫자가 요구된다. 수백 명이 델피 연구에 참여하는 사례도 있다. 응답자들은 주제 영역에 지식이 있어야 하며, 수행 능력 기록과 참여할 시간, 문제 해결에 이성적으로 접근할 능력을 갖추어야 한다.

적합한 표본 크기가 결정된 후에 연구자는 연구 목적을 참여자들에게 알리고, 질문과 그들의 역할, 참여의 중요성 등을 알린다. 그리고 연구에 참여하기를 거절하는 사람들을 위해 대체 표본도 준비해야 한다. 질문은 문제에 대한 명확한 문장을 담고 있어야 하고, 일반적인 용어로 구체적으로 작성하며, 응답자의 의견과 주제에 대한 추론을 요청하고, 그 사람이 주제에 대해 생각하고 결정을 내리는 데 요구되는 중요한 사실과 추가 정보 등을 담고 있어야 한다. 명료화 또는 부연 설명을 요하는 사항뿐만 아니라 일치와 반대 영역을 명백히 한 후에 조사자는 두 번째 질문지를 준비해서 배포한다. 이 질문지는 첫 번째 질문지에 대한 집단의 반응을 통계적이고 질적으로 요약한 후, 참여자들이 질문한 것과 같은 추가적인 정보 또는 설명을 포함한다. 요약한 내용과 새로운 정보를 검토한 후에 응답자들은 그들의 입장을 수정할 기회를 얻는다. 다른 반응에 비해 어떤 반응들이 극단적인 비율로 유목화되면, 조사자는 참여자들에게 그들의 입장을 질문한다.

델피 조사 방법의 참여자들에게 반응을 요구하는 두 번째 질문은 그들의 고려와 재반응을 위한 것이다. 이 과정은 합의가 달성될 때까지 계속된다. 수렴에 도달하기 위해서 최소한 세 번의 질문지가 요구되기도 한다. 최종적인 보고서에는 델피 작업의 목표, 과정, 결과를 요약한다. 회사나 정부 부서는 이러한 전문가식 조언을 다양한 방법으로 사용하는데, 장기간의 전략적 계획을 수립하거나 예측하기 위해 사용한다 (Tersine & Riggs, 1988; Ferguson, 2000: 218 재인용).

델피 기법의 약점은 부적합한 지식이나 동기를 가진 패널을 선택할 가능성이 있다는 점이다. 또 수행 과정에서 필요한 부수적 작업 때문에 연구가 조속한 미래에 착수되지 않을 가능성이 있다는 점이다. 그렇지만 델피 여론 조사 방법은 비용과 참여자들에게 요구되는 작업 시간, 결과를 정리하는 과정과 같은 요인에서 다른 기법들보다 유리한 측면이 있다(Ferguson, 2000: 218～219).

5. Q방법론

Q방법론은 설문 조사나 포커스 그룹처럼 이슈에 대한 주요 이해관계자들의 의견에 대한 주요 주제를 밝히는 방법이다. Q방법론은 인간의 태도와 행동을 연구하기 위해 철학, 심리학, 통계학 등과 관련된 개념을 통합한 방법론으로 상관 분석과 요인 분석을 적용해 인간의 주관성을 정량적으로 분석할 수 있는 통계 기법이다. 커뮤니케이션학을 위시한 사회과학계 일부와 심리 치료 분야에서 활용되고 있다. Q분류Q-sorting라 불리는 특유의 방법을 통해서 사람들의 주관성subjectivity을 객관화하여 분류하는 유형론typology이다(Wikipedia).

윌리엄 스티븐슨William Stephenson이 1953년에 주창한 Q방법론은 유사한 환경 상태 또는 대상과 특성에 대하여 개인마다 본인의 관점에서 지각하고 판단하므로, 환경에서 대상을 인지하는 서로 다른 개인의 반응 간에 요인 분석과 요인 배열을 통한 상관성을 지시하는 방법이다. 예를 들어 여론 조사 대상자들이 지닌 특정한 이슈에 관한 주관적 의견이나 인식의 구조를 확인하는 데 사용할 수 있고, 연구 대상에게 주관적인 응답(신념, 태도, 가치 등)을 요구하며, 1인 이상의 소수 대상에 관한 심층 연구에도 사용된다.

Q방법론은 대상자로 하여금 일련의 문장들을 유형으로 분류하게 한다. 예를 들어 이슈의 중요성을 인식하고 있는지, 이슈에 대해 동의하는 수준은 어떤지 같은 유목으로 구분하게 한다. 연구자는 의견들을 분류하여 통계적으로 분석하고 Q분류의 결과를 해석한다. 여론 조사와는 달리 Q방법론은 의미 있는 결과를 형성하기 위하여 대규모의 인구 표본을 요구하지 않는다. 이 방법론의 지지자에 따르면 하나의 Q분류에는 40～50명을 포함하는데 약 1,000명의 응답자들을 대상으로 한 여론 조사와 같은 트렌드의 통찰력을 창출할 수 있다.

일반적으로 Q방법론은 먼저 주제문을 선정한 후 그 주제와 관련된 진술문을 선정하고, 데이터를 획득할 표본을 수집하게 된다. 표본 유형은 자연 표본과 기성 표본, 구조화 표본과 비구조화 표본으로 구분한다. 자연 표본은 연구대상자로부터 여론, 구술, 또는 작성 문헌을 통해 직접 얻어 낸 Q진술문이다. 기성 표본은 연구대상자의 의사와 상관없이 다른 소스에서 Q진술문을 취합하는 것이다. 구조화 표본은 비구조화 표본에 비해 좀 더 체계적으로 표집하는 방법인데, 이론의 가설에서 출발해 이론을 검증하는 표본 구축 방법이다. 비구조화 표본은 한 변인 혹은 한 영역만을 진술하는 일련의 Q진술문으로 구성된다. 이는 직접 주제에 타당하다고 여겨지는 문항을 임의로 선택함으로써 어떤 영역이 과소 표집되는데, 최종 Q표본에 우연히 어떤 편향이 가능해진다. 비구조화 표본은 가장 많이 이용되고 있고, 요인이나 변인과 특별한 관계없이 수집된 일련의 문항들이다. 사람들이 유형을 찾아내고 기술하며 설명하기 위한 목적으로 사용된다.

이후에 표본들로부터 Q분류라는 반응 수집 방법을 적용하고, 이를 분석하여 그 결과를 해석하게 된다. 반응 수집 방법은 다양한 진술문들을 카드에 적어 놓고 마구 섞은 다음, 참가자에게 그것들을 '가장 동의할 수 있는 것'과 '가장 동의할 수 없는 것'으로 분류하라고 요청해 최초에 참가자들이 분류를 완료하면, 이후 이를 코딩하고, 분석하여 요인factor을 찾아낸다. 체크리스트 응답지를 대입하여 결과를 출력하는데, 물론 이는 연구마다 일일이 카드 배정을 하는 것이 현실적으로 불가능하기에 체크리스트로 대체하는 것이다. 최종적으로는 완성된 체크리스트를 가지고 몇 개의 유형을 만드는데, 요인의 수만큼 유형이 나온다. 만들어진 체크리스트를 활용하여 참가자들을 유형별로 분류하고, 개인별 프로파일을 생성한다. 이후 결과는 유형별 꺾은선 그래프 형태로 제시되며, 질적인 분석이 가능해진다. Q분류의 결과는 연구 주제에 대해 대표성을 지닌 진술문을 반복적인 비교 방법에 따라 순위를 결정함으로써 서로 다른 의견 간의 상대성을 드러내는 데 효과적이다. 특히 개인 변인으로부터 나온 다양한 정보를 가지고 집단 내의 관계를 비교할 때 또는 집단의 특징을 비교하는 데 유용하다.

Q방법론의 절차를 요약하면 다음과 같다.

① Q방법론에 적합한 연구 문제를 설정한다.

② 연구 주제와 관련된 Q진술문을 작성한다. 진술문 작성은 가장 중요한데 진술문에 의해서 연구 결과가 해석되기 때문이다. 진술문은 연

구대상자들이 관련 주제에 대해 어떻게 생각하는지 인터뷰를 실시하고, 그들의 생각과 태도, 경험을 듣고 짧은 문장으로 진술문을 작성한다. 이후 광범위하고 다양한 생각이 포함되도록 Q분류 항목을 구성한다. 진술문은 주제에 대표적이고 포괄적인 내용을 담고 있어야 한다. 가장 중요한 부분은 행위자의 관점에서 출발하고 서로 다른 주관성을 유형화하며 상호관계성 분석이 가능해야 한다.

③ 연구대상자(피험자)를 선정한다. 표본의 수나 선정 방법은 따로 없으나 보통 150인 이하로 구성한다. 심층적 연구에서는 1명의 연구대상자에게 다른 상황을 부여한 후 다른 상황 간의 관계를 분석한다. 포괄적 연구는 P 표본 30명 이상이 되는 수준을 의미하는데, 표본들이 연구 주제와 관련해 대표성과 연구 질을 높이는 데 영향을 미치게 된다. 따라서 연구 주제에 부합하는 연구대상자의 평가, 태도, 가치, 의미 등의 주관성을 반영할 수 있게 하는 것이 중요하다.

④ Q문항을 작성한다. Q문항이란 특정 현상에 대한 진술을 의미한다. 기존 문헌 검토를 통해 기본적인 Q문항을 뽑은 후 소수 대상을 통한 사전 조사를 하고 사전 조사 후 문제점을 보완해서 최종 문항을 설정한다. 동의에 따라 11점까지 척도화가 가능하며 문항 수는 대개 60~90개 정도가 적당하다.

⑤ Q문항의 분류 방법과 제시 방법을 결정한다. 분류 방법은 응답자가 Q문항을 어떻게 분류하게 될 것인가가 문제이며, Q문항 카드 제시 또는 일반적인 설문지를 제시한다.

⑥ Q분류 단계로 일반적으로 연구대상자에게 Q진술문 카드를 주고 '가장 동의함'부터 '가장 동의하지 않음' 척도에 따른 등급 분류를 요청한다. Q분류의 절차는 연구대상자에게 연구 설계에 따라 작성된 지

침을 제시하고 분류를 요청하는데, 연구대상자는 진술 항목을 세 가지(긍정, 중립, 부정)로 분류한다. 긍정 진술문과 부정 진술문을 차례로 선택하여 분류한 후 양 끝에 놓인 1개의 진술문에 대해서는 각각의 의견을 근거로 해서 주관식 응답 형태로 나타낼 수 있도록 해야 한다.

⑦ Q요인 분석Q-factor analysis은 피험자들이 공유하는 주관적 관점에 따라 몇 개의 집단으로 어떻게 나뉘는지 보기 위함이다. 결과는 주제에 대한 유사한 믿음이나 생각을 가진 집단의 수와 종류, 내용 등에 대한 정보를 제공한다.

Q방법론은 연구의 내적 의미가 분명하고, 연구 결과를 바탕으로 스토리텔링을 할 수 있다는 점이 분명한 장점이다. 이론 검증의 접근 방법, 이론의 측면을 유목화할 수 있고, 그 유목을 표현하는 문장을 구할 수 있다면 이론 검증에 강력한 방법이 될 수 있다. Q방법론의 장점은 또다른 인간의 정성적인 측면을 양적인 형태와 접목한 방법론으로 조망하여 유형화한다는 점과, 피험자 개인 간의 상관성을 구함으로써 상호 작용적 개인 유형을 알 수 있다는 점이다. 또 요인 분석과 요인 배열의 통계적 유용성을 보이는데, 정밀한 조작에 따라 개인의 양적 특성을 열거할 때 유연한 방법으로서 같은 특징을 갖고서 공존하는 사람들 간의 차이 비교가 가능하다.

하지만 방법론의 한계점으로는 표집의 문제와 신뢰도의 문제를 들 수 있다. 즉 적은 수의 피험자를 대상으로 하므로 무작위 표본을 대상으로 선정하여 연구 대상의 배경 특성을 유형화하는 연구 주제에 부합될 수 없고, 한 번의 검사에서 주어진 피험자의 Q분류 반응에 기초하여 통계적인 검증이 일어날 때 신뢰도가 저하되며, 강제 선택 유형은 연구의 신뢰도를 저하할 수 있다. 아울러 연구대상자가 적다는 점에서 비용과 시간은 절약되나 결과 처리를 위한 연구자의 시간과 노력이 많이 들며, 연구 결과를 두고 질적인 면을 일반화할 수는 있지만, 어떤 특성에 어떤 종류의 사람들이 몇 퍼센트에 속하는지 등 양적인 면을 일반화시키기는 어렵다. 아울러 대중화되지 않은 분석 기법이라는 점, 분석 패키지가 지나치게 시대에 뒤처져 있다는 점, 데이터를 관리하기가 힘들고 직관적이지 못하다는 점 등이 단점으로 지적된다(김석우, 2020).

소셜 미디어를 활용한 여론 조사 방법

기존의 설문 조사를 대체하거나 보완하는 새로운 여론 조사 접근법으로서 소셜 미디어를 활용할 수 있다. 소셜 미디어 내용 분석이나 소셜 미디어를 활용한 커뮤니케이션 방법은 사람들의 사회적 행위를 이해하는 데 추가적인 수단이 되고 있다. 블로그 포스트와 페이스북 페이지, 유튜브 코멘트, 트윗 등은 여론을 이해하는 데 보충할 수 있는 개인들에 관한 수동적인 콘텐츠(빅 데이터)를 제공한다. 이러한 유형의 데이터는 조사자가 데이터를 능동적으로 수집하지 않는다. 오히려 이용자들에 의해 제공되는 데이터이므로 수동적인 편이지만 객관적으로 데이터를 분석하는 데 이용할 수 있다.

소셜 미디어를 활용한 분석 사례는 감성 분석sentiment analysis 방법과 네트노그라피netnography라 불리는 내용 분석 방법이 있다. 감성 분석은 긍정적, 부정적, 혹은 중립적인 코드로 텍스트를 분석하여 특별한 주제나 이슈에 대한 공중의 감정에 관하여 결론을 내리게 할 수 있다. 조사자들은 또한 내용분석법을 적용하여 수집된 데이터를 갖고, 감정적인 순위를 능가하는 내용을 분석할 수 있는데, 데이터 내에 반복되는 주제들을 밝혀낼 수도 있다. 온라인 감성 분석과 내용 분석의 또 다른 방법인 네트노그라피는 온라인 커뮤니티에서 발생하는 민속지학적인 조사 방법이다(Hill, Dean, & Murphy, 2014: 21~22).

네트노그라피 연구자들은 소셜 미디어 집단을 이해하기 위해 내용 분석이나 감성 분석을 사용할 수 있지만, 민속지학적인 방법으로서 조사 대상자들과 상호 작용을 하거나 문화와 콘텐츠를 더 잘 이해하기 위해 온라인 커뮤니티에 참여하기도 한다. 네트노그라피의 자료를 수집하고, 결과를 분석하기 위해서 내용 분석과 감성 분석이 모두 사용될 수도 있다. 네트노그라피는 수동적인 자료 수집과 조사자 주도의 참여자들로부터 끌어내는 더 전통적인 방법 사이의 간극을 메울 수 있다.

소셜 미디어 플랫폼으로부터 자료 수집을 위한 다른 수많은 방법도 존재한다. 크라우드 소싱의 플랫폼인 아이튠즈나 구글 플레이에서 모집한 모바일 패널 조사에서부터, 페이스북에 놓인 온라인 광고, 트위터의 해시태그를 사용하거나 세컨드 라이프 이용자 포럼에서 조사 표본을 수집할 수도 있다. 더 나아가 3차원의 아바타를 이용해서 140글자의 트윗으로 질문할 수도 있고 페이스북 앱이나 모바일 서베이 앱 내에서 크라우드소싱 회사들을 통해 조사를 수행할 수도 있다. 이러한 모든 접근 방법들은 시의적이고, 접근이 가능하며, 정확한 양질의 데이터를 생산하는 데 타당한 방법들이다.

소셜 미디어를 활용한 여론 조사에서 설문 조사자들은 자료 수집이 사회적 맥락 안에서 발생한다는 점을 인식하고 있어 사회성sociality을 고려한다. 사회성이란 설문 조사 인터뷰의 많은 단계에서 관찰될 수 있으며, 설문 조사에 영향을 미칠 수 있다. 온라인 채널의 성장과 그에 따른 소셜 미디어의 상호 작용은 설문 조사의 사회적 맥락 또는 사회성을 확장하거나 변경하는 데 전조가 된다. 사람들이 소셜 미디어상에서 하듯이 더 사적인 정보를 기꺼이 노출한다면, 조사자들에게도 그 정보를 쉽게 노출할 수 있다.

인간의 사회성은 온라인 소통 기술에 의해 제한받기도 하고 향상되기도 한다. 반면에 이러한 새로운 기술이나 커뮤니케이션 플랫폼은 개인의 정체성을 구성하도록 돕고, 친구 네트워크나 리스트와 같이 관계를 분명하게 드러내며 커뮤니티를 가능하게 만든다. 프라이버시 침해의 문제에도 불구하고, 많은 개인은 본인의 내적인 생각을 SNS 플랫폼을 통해 표현하고 계속 소통한다. 또 다른 차원에서 온라인 사회성은 설문 조사자들이 하나의 목적을 갖고 대화할 때 응답자들의 관심을 끌어내거나 변화시킬 잠재성이 있다. 온라인 커뮤니티의 성장은 사회성이 표현되기 위한 또 다른 방법일 뿐만 아니라 설문 조사 대화를 수행할 다른 방법의 전제가 되고 있다.

사회적 맥락에서 개인들을 개념화하는 위계적인 방법은 커뮤니케이션과 설문 조사에 관해 온라인 사회성의 영향을 이해하는 데 도움을 줄 수 있다. 사회성의 위계는 세 단계의 온라인 소통 방식으로 나타난다. 개인적 차원에서 온라인 이용자가 소셜 미디어를 통해 방송하는 것, 대인 간 차원에서 두 사람 사이에 대화형 소셜 미디어가 존재하는 것, 그리고 소셜 미디어를 통해 그룹들이 서로 멤버십 순위 내에서 소통하는 커뮤니티 기반의 대화가 발생하는 것으로 구분할 수 있다. 예를 들어, 페이스북 이용자 집단을 포함해 소셜 게이밍과 가상 세계 내에서 특정한 지지 그룹을 형성하는 사례들이 여기에 포함된다.

설문 조사를 보충하거나 향상하기 위한 혁신적인 접근 방법으로, 여기서는 트위터를 활용한 사례 연구를 살펴보고자 한다. 트위터 이용자들은 140자로 자기 생각을 추종하는 수용자들에게 메시지와 해시태그로 전달할 수가 있다. 김 애니스Kim Annice 등(Kim et al., 2014)은 소셜 미디어 분석이 주제와 관련해 여론 조사를 대체할 수 있는지를 결정하기 위해 '건강보험 개혁'에 관한 트윗을 대상으로 사례 연구를 수행하였다(Hill, Dean, & Murphy, 2014: 27 재인용). 이들에 따르면(Kim et al., 2014), 소셜 미디어는 세상에서 무슨 일이 일어나고 있는지 통찰을 제공할 수 있는 강력한 정보원이자 사람들이 어떤 생각을 하며, 어떻게 소셜 네트워크를 통해서 정보가 공유되는지를 알 수 있게 한다. 소셜 네트워크로 트위터는 전 세계 이용자가 대량의 정보 및 의견 공유가 가능하다. 조사자들이 트위터 데이터를 분석하는 데는 다음과 같은 이유가 있다. 첫째, 트위터는 상대적으로 비싸지 않고, 전통적 설문 조사와 비교해 분석이 빠르다. 둘째, 소셜 미디어 데이터는 응답에 대한 부담이 없다. 셋째, 조사자들은 트위터 데이터를 이용하면 전통적인 설문 조사 접근 방법보다 관심 주제를 더 빠르게 탐색할 수 있다.

김과 동료들(Kim et al., 2014)이 미국의 건강보험 개혁에 관한 여론을 추적하기 위해 기존의 여론 조사 기관(Kaiser Health Tracking Poll)의 조사 결과와 트위터를 이용한 연구 결과를 비교했는데, 트위터상의 글들은 기존 여론 조사의 트렌드를 그대로 반영하지 않고, 건강보험 개혁에 관해 더 부정적인 것으로 나타났다. 부정적인 트윗의 감정은 그 법안에 반대하는 정치적으로 보수적인 사람들의 의견들을 압도적으로 반영하였으며, 공화당/보수주의자들, 그리고 정치인들이 건강보험 개혁 트윗들을 주도적으로 이끌었다.

소셜 미디어를 통한 감성 분석은 구조화되지 않는 디지털 텍스트 데이터를 분석해 메시지의 감정적 어조가 긍정적인지, 부정적인지 또는 중립적인지를 확인하는 방법이다. 이메일, 고객 지원 채팅 기록, 소셜 미디어 댓글 및 리뷰와 같은 대량의 텍스트 데이터를 스캔하여 주제에 대한 글쓴이의 태도를 자동으로 확인할 수 있다. 감성 분석은 개개인의 일반적인 감성을 파악하는 것을 넘어서 사회의 각 분야에서 활용할 수 있다. 분석 대상이 되는 텍스트 데이터의 범위 또한 문서나 문단 등으로 상대적으로 길이가 긴 텍스트 데이터부터 소셜 미디어의 짧은 단문에 이르기까지 다양하다.

감성 분석은 텍스트 데이터가 표상하는 작성자의 의견이나 감성, 평가, 태도 등을 분석하는 일련의 과정을 의미한다(Liu & Zhang, 2012). 특히, 소셜 미디어의 발전으로 인한 텍스트 데이터에 대한 의미 변화는 감성 분석의 필요성을 더욱 높이고 있다. 비정형 텍스트 데이터는 분석이 어려울 뿐 아니라 분석의 결과로 얻을 수 있는 가치가 한정적이라고 인식되었던 것에 반해 최근에 소셜 미디어 등의 발전으로 인해 텍스트 데이터는 개인의 취향이나 성향 등을 파악할 수 있는 중요한 데이터로 인식되고 있다. 즉 감성 분석을 통해서 소셜 미디어의 게시글, 인터넷 뉴스의 댓글, 상품 리뷰 등을 분석함으로써 특정 대상에 대한 텍스트 작성자의 의견을 손쉽게 파악할 수 있다. 감성 분석은 정치 캠페인 등에 이용이 가능하여, 특정 정책이나 후보의 선호도 등을 파악하는 하나의 방법으로 대두되고 있다. 실제로 트위터 등 소셜 미디어의 텍스트 데이터에 대해 정당과의 관계를 분석한 연구가 진행된 바 있다. 최근에는 이용자와 자동으로 대화를 이어 나가는 챗봇 등의 연구가 활발히 진행되며 대화 시스템에서의 감성 분석에 관한 연구 또한 시도되고 있다(샤이코니·서상현·권영식, 2017: 150).

온라인 설문 조사와 소셜 미디어 영역에서 디지털 데이터의 상당한 양은 구조화되어 있지 않다. 이러한 데이터는 텍스트로 간주한다. 오피니언 마이닝이라고도 하는 감성 분석은 소셜 미디어상에 표현된 주관적 의견, 또는 감정을 분석하는 것인데 저자의 의도와 독자의 인식이 모두 텍스트 내에 감정을 결정하는 데 중요하다. 텍스트 형식의 데이터는 고정된 숫자나 명목 혹은 순서와 같은 구조로 되어 있지 않다. 의견에는 종종 연관된 감정이 담겨 있을 수 있다.

감성 분석은 텍스트를 읽을 때 일관되고 반복적이며 알고리즘적인 접근 방법을 사용해 의견이나 감정을 예측하기 위해 시도하는 과정이다. 감성 분석을 실시하는 동안 사람이든 컴퓨터든 텍스트 내에 감성을 밝혀낼 수 있다. 주로 사람과 컴퓨터(텍스트 분석, 텍스트 마이닝과 연관한 기계라고 불리기도 함)가 함께 작업해 감성을 규명하기도 한다. 감성 분석의 주요 목적은 분석하는 한 텍스트의 감성을 일련의 구체적·대표적인 유형으로 분류하는 것이다. 감성 분석은 대개 멀티 텍스트 세트에도 적용하여 개별적인 텍스트의 감성을 밝혀내기도 한다. 감성 분석의 주요 결과는 미리 정한 유목 세트를 사용하여 데이터 세트에서 개별 포스트를 분류하는 것이다. 일반적으로 감성 분석은 부정, 긍정, 중립의 척도나 명목상의 감정 분류로 유형화하고 있다(Hill, Dean, & Murphy, 2014: 38~43).

참고 문헌

강남준 · 백영민 (2014). 대안적 여론 조사의 표본편파(Sample Bias) 문제점과 가중치를 사용한 보정 방법: 성향점수 가중과 반복 비례 가중을 중심으로. 〈언론정보연구〉, 41권 2호, 43~78.

강내희 (2008). 촛불정국과 신자유주의: 한국 좌파의 과제와 선택. 〈문화과학〉, 55호, 66~89.

강원택 (2007). 당내 공직 후보 선출 과정에서 여론 조사 활용의 문제점. 〈동북아연구〉, 14호, 35~61.

권혁남 (2006). 《미디어 선거의 이론과 실제》. 커뮤니케이션북스.

금혜성 (2011). 정치인의 SNS활용. 〈한국정당학회보〉, 10권 2호, 189~220.

금희조 · 조재호 (2015). 미디어를 통한 뉴스 이용과 대화가 정치 지식, 효능감, 참여에 미치는 영향: 미디어의 종류와 대화채널의 차별적 효과를 중심으로. 〈한국언론학보〉, 59권, 3호, 452~481.

김덕준 (2021). 정치행정 관련 여론 조사에 대한 인식 분석: Q-방법론의 활용을 중심으로. 〈한국정책연구〉, 21권 1호, 23~46.

김병철 (2004). 인터넷 신문 댓글의 상호 작용적 특성 분석. 〈사이버커뮤니케이션학보〉, 14호, 147~180.

김석우 (2020). 연구방법론 15. Q방법론. URL: http://www.kocw.net/home/cview.do?cid=10b8f830b082fcde

김소희 (2022. 8. 1). "만 5세 어린 자식 경쟁 내몰 수 없다" 학부모 · 교사 대통령실 앞 성토. 〈한국일보〉. URL: https://www.hankookilbo.com/News/Read/A2022080112130004083?did=NA

김영석 (1996). 《여론과 현대사회》. 나남.

김영주 · 김춘식 (2005). 《미디어 정치시대의 미디어와 선거법》. 한국언론재단.

김지윤 · 강충구 (2014). 여론 조사의 대표성: 표집과 조사방식에 대한 연구. 〈평화연구〉, 22권 2호, 360~397.

김춘식 · 홍주현 (2020). 유튜브 공간에서 '가짜 뉴스의 뉴스화': 〈고성산불〉 관련 정치적 의혹 제기와 청와대 반응 사례연구. 〈정치정보연구〉, 23권 2호, 403~440.

김혁 (2014). 대통령의 리더십과 정책의제설정양태에 대한 연구: 역대 대통령들의 주요 연설문에 대한 내용분석을 중심으로. 〈한국정치연구〉, 23권 2호, 77~102.

김현정 (2018). 여론 조사 보도의 긍정적 효과와 부정적 효과 지각이 정치적 행동에 미치는 영향, 염려와 자부심의 매개효과를 중심으로. 〈언론정보연구〉, 55권 4호, 216~251.

김혜숙 (2002). 고정 관념 및 편견과 인간관계. 〈사회과학연구논총〉, 9호, 83~101.

나은영 (2012). SNS 중이용자와 경이용자의 현실인식 차이: 배양효과와 합의착각 효과. 〈한국심리학회지: 사회 및 성격〉, 26권 3호, 63~84.

남경태 (2020). 기업의 갑질과 CSR 효과: 기업-CSR 적합성과 소비자의 CSR 이슈 관여도의 영향을 중심으로. 〈사회과학연구〉, 36권 3호, 101~122.

노무현재단 (2019. 11. 1). '노사모' 민주주의 역사에 가장 빛나는 별이 되다. 〈사람사는 세상〉, 65호. URL: https://fliphtml5.com/fjhls/qdin/basic

노정동 (2013. 5. 22). 네티즌 57% "남양유업 제품, 불매 운동 해야"… 한경닷컴 조사. 〈한국경제〉. URL: https://www.hankyung.com/economy/article/201305228700g

도묘연 (2012). SNS 이용자 특성과 선거참여 행태 분석: 18대 대선의 사례. 〈국제정치연구〉, 18권 1호, 175~196.

문원기 · 이수범 (2015). 소셜 미디어가 정치참여에 미치는 영향: 국내 문헌 연구에 대한 메타분석. 〈한국언론학보〉, 59권 4호, 133~161.

문재완 (2012). SNS 규제와 표현의 자유, 제38대 한국언론학회 제1차 기획연구. 〈한국사회의 정치적 소통과 SNS 세미나: SNS와 정치 저널리즘〉, 123~149.

박무익 · 이계오 · 이기재 (2017). 《여론 조사의 이해》. KNOU PRESS.

박선희 (2001). 인터넷 신문의 뉴스특성과 대안언론의 가능성: 오마이 뉴스 기사 분석. 〈한국언론학보〉, 45권 2호, 117~155.

박선희 · 주정민 (2004). 16대 대통령 선거에서 인터넷 대안언론의 영향력: 오마이뉴스 이용자집단의 온라인 정치활동과 투표행위를 중심으로. 〈한국언론학보〉, 48권 5호, 214~242.

박웅기 (2017). 박근혜 전 대통령의 통일대박에 대한 의제설정효과 분석. 〈사회과학논총〉, 20권 1호, 81~96.

박웅기 (2019). 문재인 대통령에 대한 의제설정효과 분석. 〈사회과학논총〉, 22권 2호, 87~101.

박지영 · 윤종빈 (2019). 소셜 미디어를 이용한 당원들의 온라인 정치참여 행태분석: 21대 총선을 중심으로. 〈미래정치연구〉, 11권 1호, 5~26.

박창문 · 조재욱 (2013). SNS의 정치적 동원기능에 관한 비판적 고찰: 18대 대선에서 트위터를 중심으로. 〈한국정당학회보〉, 12권 2호, 187~220.
배규환 · 이기재 (2015). 《통계조사방법론》. 한국방송통신대학교출판부.
서미량 (2023. 3. 15). 尹 정부, 여론 악화되면 철회? 과거 사례 정리 [디슈뭡]. 〈YTN News〉. URL: https://n.news.naver.com/article/052/0001861121?cds=news_edit
설진아 (2017). 《소셜 미디어》. KNOU PRESS.
설진아 · 강진숙 (2021). 《미디어교육》. KNOU PRESS.
성민규 (2021). 소셜 미디어의 문화정치: '저널리즘'의 미학화에 놓인 '과잉' 커뮤니케이션. 〈커뮤니케이션이론〉, 8권 1호, 30~58.
손영준 (2006). "미디어와 여론." 오택섭 · 권혁남 · 김성태 외 편 (2006). 《현대 정치커뮤니케이션연구》. 나남.
송경재 (2011). 소셜 네트워크 세대의 정치참여. 〈한국과 국제정치〉, 27권 2호, 57~88.
심광호 · 백승준 · 오성덕 (2018). 선거여론 조사의 공정성과 제도적 영향요인들의 관계 연구: 제 20대 국회의원선거 사례를 중심으로. 〈정치정보연구〉, 21권 2호, 1~36.
심홍진 (2011). 소셜 미디어와 정치 참여에 관한 연구: 사회적 압력이 정치 참여에 미치는 영향 분석을 중심으로. 〈선거연구〉, 2호, 75~108.
안정은 (2017. 9. 7). 제왕절개 수술 거절 당하자 20층서 투신한 中 산모. 〈나우뉴스〉. URL: https://www.theworldof chinese.com/2017/09
알렉스 샤이코니 · 서상현 · 권영식 (2017). 딥러닝 기반의 다범주 감성분석 모델 개발. 〈한국IT서비스학회지〉, 16권 4호, 149~160.
양승찬 (1998). 제3자 효과 가설과 침묵의 나선 이론의 연계성: 여론 조사 보도에 대한 제3자 효과 지각과 공개적 의견표명과의 관계를 중심으로. 〈한국언론학보〉, 43권 2호, 109~141.
양승찬 (2007). 한국의 선거 여론 조사와 그 보도에 대한 이슈 고찰. 〈커뮤니케이션 이론〉, 3권 1호, 83~119.
오관석 (2008). 정치적 이슈에 관한 온라인 여론 형성의 메커니즘 — 정치적 의견 표출을 중심으로. 〈정치커뮤니케이션 연구〉, 10호, 37~77.
오미영 (2011). 인터넷 여론과 소통의 집단 극화(極化). 〈현상과 인식〉, 114호, 39~58.
오택섭 · 강현두 · 최정호 · 안재현 (2015). 《뉴미디어와 정보 사회》. 나남.
오택섭 · 권혁남 · 김성태 외 (2006). 《현대정치커뮤니케이션 연구》. 나남.
원우현 · 박종민 (2000). 《여론홍보론》. 법문사.
유현정 · 송유진 (2020). 불매 운동로고에 대한 소비자 태도가 불매 운동 참여의도와 불매동참업체 이용의도에 미치는 영향. 〈사회과학연구논총〉, 36권 1호, 49~79.
윤석민 (2011). 《한국사회 소통의 위기와 미디어》. 나남.

윤성이 (2003). 16대 대통령선거와 인터넷의 영향력. 〈한국정치학회보〉, 37집 3호, 71~89.
윤성이 (2013). SNS 정치참여 연구 동향. 〈정보화정책〉, 20권 2호, 3~19.
윤영철 (2000). 온라인 게시판 토론과 숙의 민주주의: 총선 연대 사이트의 게시판 분석. 〈한국언론학보〉, 14권 2호, 109~150.
윤정인 (2019). 정당공천의 기준으로서 여론 조사 활용의 헌법적 문제점. 〈법학논고〉, 66집, 187~217.
엠포스데이터랩 (2019. 10. 7). 〈포털사이트 검색 데이터 및 SNS 데이터 등을 활용한 일본 불매 운동 현상 분석보고서〉. URL: http://bigdata.emforce.co.kr/index.php/2019100701/
이동근 (2015). 《여론》. 커뮤니케이션북스.
이동윤 (2020). 한국의 정당공천제도: 정당의 국회의원 후보는 누가 결정하는가?. 〈정치 정보 연구〉, 23권 2호, 265~290.
이미경 (2021. 4. 29). '불가리스 코로나 억제' 남양유업 무리수 2주, SNS '급반전'. 〈한국경제〉. URL: https://www.hankyung.com/economy/article/202104285830g
이소영 (2012). 웹 2.0 시대 온라인 미디어의 정치적 역할: 대학생 유권자의 정치행태를 중심으로. 〈동서연구〉, 24권 2호, 89~116.
이승희 · 임소혜 (2014). 트위터의 매체 간 의제설정: TV 토론 방송과 트위터의 여론 형성 과정에 관한 연구. 〈한국콘텐츠학회논문지〉, 14권 1호, 139~149.
이원태 · 김춘식 · 이나경 (2010). 소셜 미디어에서 온라인 정치담론의 특성. 〈디지털 컨버전스 기반미래연구Ⅱ〉(10-11). 정보통신정책연구원.
이원태 · 차미영 · 양해륜 (2011). 소셜 미디어 유력자의 네트워크 특성: 한국의 트위터 공동체를 중심으로. 〈언론정보연구〉, 48권 2호, 44~79.
이재명 (2016). 당의 공직선거후보자추천을 위한 당내경선에 대한 헌법적 검토. 〈중앙법학〉, 18권 3호, 101~134.
이종혁 · 윤호영 (2019). 〈여론 형성 메커니즘에 대한 탐색적 연구〉 (19-2). 한국언론진흥재단.
이준환 (2014). 한국의 민주적 정당공천제: 책임형 국민참여경선제. 〈선거연구〉, 5권, 5~25.
임종섭 (2011). 인기 뉴스 사이트와 비인기 뉴스 사이트 간의 의제흐름에 대한 시계열 분석. 〈커뮤니케이션학 연구〉, 19권 3호, 49~71.
장경은 · 김선호 · 백영민 (2022). 선거 여론 조사 응답자는 어떤 시민인가? 정치참여로서의 선거여론 조사 응답과 여론 조사의 대표성 위기. 〈조사연구〉, 23권 3호, 29~64.
장덕진 (2012). 2012년 소셜 선거: 분석과 전망. 〈관훈저널〉, 122호, 11~17.
장정헌 · 김선호 (2014). 공감, 책임귀인, 그리고 분노가 이타적 처벌 의사에 미치는 영향: 2013년 남양유업 사건을 중심으로. 〈한국언론학보〉, 58권 5호, 97~122.
정세라 (2019. 8. 15). '불매 효과' 유니클로 카드매출 70% 급감… 일 4대 관광지도 뚝. 〈한겨

레〉. URL: https://www.hani.co.kr/arti/economy/finance/905854.html
정일권 (2012). "SNS를 통한 정치참여," 《정치적 소통과 SNS》(pp.107～132). 한국언론학회 편. 나남.
정일권 · 김영석 (2006). 온라인 여론 조사에 대한 수용자의 평가와 영향력에 관한 연구. 〈한국방송학보〉, 23권 3호, 247～285.
조정식 · 이재영 · 임지은 (2019). 정치인 SNS의 메시지와 정치인 유형이 수용자의 반응에 미치는 영향. 〈홍보학 연구〉, 23권 5호, 109～146.
지민수 (2023. 1. 18). "홍준표 '꿈은 이뤄진다' 도서 출간… 3년간 페이스북 글 모아," 〈노컷뉴스〉. https://www.nocutnews.co.kr/news/6030244
차영란 (2020). 정치 PR전략으로서의 SNS 메시지: 21대 총선을 중심으로. 〈한국콘텐츠학회 논문지〉, 20권 9호, 208～223.
천혜정 (2019). 정치적 소비주의, 소비자불매행동 그리고 소셜 미디어 : 소셜 미디어 이용 동기 및 정치사회자본을 중심으로. 〈소비자문제연구〉, 50권 2호, 55～88.
최영재 (2018). 소셜 미디어의 정치참여 효과에 관한 연구: 조절변인의 탐색. 〈정치커뮤니케이션연구〉, 49호, 179～214.
칼 토마스 (2006. 8. 30) [해외논단] 인종차별에 우는 사람들. 〈세계일보〉. URL: https://www.segye.com/newsView/20060829000866
한규석 (2009). 《사회심리학의 이해》. 학지사.
허헌 (2019. 4. 10). 靑, 가짜 뉴스와의 전쟁 선언… "산불 났던 4일 文대통령 술 마셨다?," 〈조세일보〉 URL: http://www.joseilbo.com/news/htmls/2019/04/20190410374209.html
현성용 · 김교헌 등 (2008). 《현대 심리학 입문》. 학지사.
홍남희 (2022). 소셜 미디어 시대 여론 극화와 상품으로서의 젠더 뉴스: 디지털 저널리즘 생태계의 독성화 논의를 중심으로. 〈한국언론정보학보〉, 113호, 249～276.
황용석 · 양승찬 · 이준웅 · 이원태 (2011). 인터넷에서 의견 추구 성향과 정치 참여 변인과의 관계 연구. 〈사이버커뮤니케이션학보〉, 28권 2호, 149～185.
홍영림 (2023. 5. 11). 진짜 민심 맞습니까… 가짜 뉴스 같은 여론 조사. 〈조선일보〉. URL: https://www.chosun.com/politics/politics_general/2023/05/11/GCVNIVIR2ZDUXLHEOBR3J534UI/?utm_source=naver&utm_medium=referral&utm_campaign=naver-news
Nielsen Koreanclick (2012. 1. 19). SNS를 통한 정치 관련 정보 공유와 참여 행태 변화. 월간 토픽 News Flash (제204－2호). Nielsen. URL: http://www.koreanclick.com/insights/newsletter_view.html?id=294

Baek, Y. M. (2015). Political mobilization through social network sites: The mobilizing power of political messages received from SNS friends. *Computers in Human Behavior*, 44, 12～19.

Bandura, A. (1977). Self-efficacy: toward a unifying theory of behavioral change. *Psychological review*, 84(2), 191.

Benkler, Y., & Nissenbaum, H. (2006). Commons-based peer production and virtue. *Journal of political philosophy*, 14(4), 394～419.

Bernard, H. (1984). *Public Opinion*. Monterary California Book/Cole Publishing.

Bernays, E. (1923). *Crystallizing Public Opinion*. [강예진 옮김. 《여론굳히기》. 인간희극, 2022].

Blumer, H. (1946). Collective behavior In A. M. Lee (Ed.) *New outlines of the principle of sociology*(pp.167～222), New York, NY: Barnes and Nobles.

Bonchek, M. S. (1997). *From broadcast to netcast: The Internet and the flow of political information*. Harvard University.

Boxell, L., Gentzkow, M., & Shapiro, J. M. (2017). Is the Internet causing political polarization? evidence from demographics. Working Paper 23258. NBER. URL: http://www.nber.org/papers/w23258

Boyd, D. (2010). Social network sites as networked publics: Affordances, dynamics, and implications. In *A networked self*(pp.47～66). Routledge.

De Coninck, D., Boomgaarden, H. G., Buiter, A. M., & d'Haenens, L. (2023). Linking citizens' anti-immigration attitudes to their digital user engagement and voting behavior. *Communications*, 48(2), 292～314.

Colleoni, E., Rozza, A., & Arvidsson, A. (2014). Echo chamber or public sphere? Predicting political orientation and measuring political homophily in Twitter using big data. *Journal of communication*, 64(2), 317～332.

Crocker, J. (1981). Judgment of covariation by social perceivers. *Psychological Bulletin*, 90, 272～292.

Dearing, J. W. (1998). Communication and democracy: Exploring the intellectual frontiers in agenda-setting theory. *The Public Opinion Quarterly*, 62(1), 125～128.

Deuze, M. (2003). The web and its journalism: Considering the consequences of different types of news media online. *New Media & Society*, 5(2), 203～230.

Entman, R. M. (1993). Framing: Toward clarification of a fractured paradigm. *Journal of*

Communication, 43(4), 51～58.

Ferguson, S. D. (2000). *Researching the Public Opinion Environment: Theories and Methods*, Sage Series in Public Relations, Thousand Oaks, California: Sage Publications, Inc.

Festinger, L. (1957). *A theory of cognitive dissonance*. Evanston, IL: Row & Peterson.

Fogg, B. J. (2008). Mass interpersonal persuasion: An early view of a new phenomenon. In *Persuasive Technology: Third International Conference, PERSUASIVE 2008*. Oulu, Finland. (June 4-6, 2008). Springer Berlin Heidelberg.

Fuchs, C. (2014). *Digital labour and Karl marx*. Routledge.

Fujiwara, T., Miller, K., & Schwarz, C. (2022). The Effect of Social Media on Elections: Evidence from the United States, The 2021 ASSA Conference and the NBER Political Economy Spring 2021.

Gaines, B. J., Kuklinski, J. H., Quirk, P. J., Peyton, B., & Verkuilen, J. (2007). Same facts, different interpretations: Partisan motivation and opinion on Iraq. *The Journal of Politics*, 69(4), 957～974.

Gilberg, S., Eyal, C., McCombs, M., & Nicholas, D. (1980). The state of the union address and the press agenda. *Journalism Quarterly*, 57(4), 584～588.

Ghosh, R., & Lerman, K. (2009). "Leaders and negotiations: An influence-based metric for rank." Proceedings of the 3rd Internationa ICWSM Conference.

Guo, L. (2021). "Network agenda setting model." URL: https://www.leiguo.net/research/network-agenda-setting-model/

Habermas, J. (1989). *The public sphere: An inquiry into a category of Bourgeois society*. Polity Press.

Habermas, J. (1996). The European nation state. Its achievements and its limitations. On the past and future of sovereignty and citizenship. *Ratio juris*, 9(2), 125～137.

Habermas, J. (2006). Political communication in media society: Does democracy still enjoy an epistemic dimension? The impact of normative theory on empirical research. *Communication theory*, 16(4), 411～426.

Hargittai, E. (2015). Is bigger always better? Potential biases of big data derived from social network sites. *The ANNALS of the American Academy of Political and Social Science*, 659(1), 63～76.

Hill, C. A., Dean, E., & Murphy, J. (2014). *Social Media, Sociality, and Survey Research*. John Wiley & Sons, Inc.

Huang, B. (2020). Analyze the Influence of Internet Public Opinion on Public Policy. *Open*

Access Library Journal, 7.

Iyengar, S. (1991). *Is anyone responsible? How television frames political issues*. Chicago, IL: University of Chicago Press.

Jackson, L., & Valentine, G. (2014). Emotion and politics in a mediated public sphere: Questioning democracy, responsibility and ethics in a computer mediated world. *Geoforum*, 52, 193~202.

Jungherr, A., & Jürgens, P. (2010). The political click: Political participation through e-petitions in Germany. *Policy & Internet*, 2(4), 131~165.

Katz, E. (1957). The two-step flow of communication: An up-to-date report on an hypothesis. *Public Opinion Quarterly*, 21, 61~78.

Katz, E. & Lazarsfeld, P. F. (1955). *Personal Influence*. Glencoe, IL: Free Press.

Kaufman, S. B. (2016. 11. 20). "The Personality of Political Correctness: The idea of political correctness is central to the culture wars of American politics." *Scientific American*. URL: https://blogs.scientificamerican.com/beautiful-minds/the-personality-of-political-correctness/

Kerlinger, F. N. (2000). *Foundations of behavioral research* (4th ed.). New York: Holt, Rinehart & Winston.

Key, V. O. (1961). Public opinion and the decay of democracy. *The Virginia Quarterly Review*, 37(4), 481~494.

Kim, A., Murphy, J., Richards, A., & Hansen, H. (2014). Can Tweets Replace Polls? *A U.S. Health-Care Reform Case Study*.

Kou, S. G., & Sobel, M. E. (2004). Forecasting the vote: A theoretical comparison of election markets and public opinion polls. *Political Analysis*, 12(3), 277~295.

Kovach, B., & Rosenstiel, T. (2001). *The Elements of Journalism*. New York: Three Rivers Press.

Lang, G. E., & Lang, K. (1983). *The Battle for Public Opinion: The President, the Press, and the Polls during Watergate*. New York: Columbia University Press.

Lawrence, E. D., & Sides, J. (2014). The consequences of political innumeracy. *Research & Politics*, 1(2). 2053168014545414.

Lazarsfeld, P. F., Berelson, B. & Gauder, H. (1944). *The people's choice: How the voter makes up his mind in a presidential campaign*. New York: Columbia University Press.

Lippmann, W. (1922). *Public Opinion*. [이동근 옮김. 《여론》. 커뮤니케이션북스, 2021].

Liu, B., & Zhang, L. (2012). A survey of opinion mining and sentiment analysis. In Mining text data (pp.415~463). Springer, Boston, MA.

Liu, F., Burton-Jones, A., & Xiu, D. (2013). Rumors on social media in disasters: Extending transmission to retransmission. URL: https://pdfs.semanticscholar.org/37a3/de4d94dcfe76b14394545d3ab68425538248.pdf

Lodge, M., & Taber, C. S. (2013). *The rationalizing voter*. Cambridge University Press.

Macafee, T. (2013). Some of these things are not like the others: Examining motivations and political predispositions among political Facebook activity. *Computers in Human Behavior*, 29(6), 2766~2775.

McCombs, M., & Shaw, D. L. (1972). The agenda-setting function of mass media. *Public Opinion Quarterly*, 36, 176~187.

McCombs, M., Einsiedel, E., & Weaver, D. (1991). *Contemporary Public Opinion; Issues and the News*. New York and London: Routledge.

McGregor, S. C. (2018). Personalization, social media, and voting: Effects of candidate self-personalization on vote intention. *New media & society*, 20(3), 1139~1160.

Miller, R. E. & Wanta, W. (1996). Race as a variable in agenda setting. *Journalism & Mass Communication Quarterly*, 73(4), 913~925.

Morrison, D. E. (1998). *The search for a method: Focus groups and the development of mass communication research*. Indiana University Press.

Mutz, D. (1998). *Impersonal influence: how perceptions of mass collective affect political attitudes* [양승찬 옮김. 《미디어 정치효과: 비개인적 영향력》. 한나래, 2000].

Nisbet, M. C. & Kotcher, J. E. (2009). A Two-Step Flow of Influence?: Opinion-Leader Campaigns on Climate Change. *Science Communication*, 30(3), 328~354.

Noelle-Neumann, E. (1974). The spiral of silence a theory of public opinion. *Journal of Communication*, 24(2), 43~51.

Nyhan, B. & Reifler, J. (2010). When corrections fail: The persistence of political misperceptions. *Political Behavior*, 32, 303~330.

Pew Research Center (2015). "Political polarization & media habits: From Fox news to Facebook, how liberals and conservatives keep up with politics." URL: http://www.journalism.org/files/2014/10/Political-Polarization-and-Media-Habits-FINAL-REPORT-7-27-15.pdf.

Pew Research Center (2018). "Social Media Use in 2018." URL: https://www.pewresearch.org/internet/2018/03/01/social-media-use-in-2018/

Pew Research Center (2020). "Global Indicators Database." URL: https://www.pewresearch.org/global/database.

Price, V. E. (1992). *Public Opinion*, SAGE Publications, Inc; 1st edition.

Remnick, D. (2016. 11. 9). An American Tragedy. *The New Yorker*. URL: https://www.newyorker.com/news/news-desk/an-american-tragedy-remnick-trump-wins-presidency-2016

Rheingold, H. (2002). *Smart Mobs: The Next Social Revolution*. MA: Perscus Books Group.

Ritzer, G., Dean, P., & Jurgenson, N. (2012). The coming of age of the prosumer. *American behavioral scientist*, 56(4), 379～398.

Rogers, E. M., & Bhowmik, D. K. (1970). Homophily-heterophily: Relational concepts for communication research. *Public opinion quarterly*, 34(4), 523～538.

Rojas, H. (2010). "Corrective" actions in the public sphere: How perceptions of media and media effects shape political behaviors. *International journal of public opinion research*, 22(3), 343～363.

Schober, M. F., Pasek, J., Guggenheim, L., Lampe, C., & Conrad, F. G. (2016). Analyses for Social Measurement Get access Arrow. *Public Opinion Quarterly*, 80(1), 180～211.

Severin, W. J. & Tankard, J. W. (2001). *Communication theories: origins, methods, and uses in the mass media*. (5th ed.) [박천일 · 강형철 · 안민호 옮김. 《커뮤니케이션 이론: 연구방법과 이론의 활용》. 나남, 2004].

Shah, D. V., Cho, J., Eveland, W. P. Jr., & Kwak, N. (2005). Information and expression in a digital age: Modeling Internet effects on civic participation. *Communication Research*, 32, 531～565.

Shanahan, J., Brossard, D., & Nesbitt, C. (2007). *The Public, the Media and Agricultural Biotechnology*. CABI, Wallingford, UK.

Shi, W. Z., Zeng, F., Zhang, A., Tong, C., Shen, X., Liu, Z., & Shi, Z. (2022). Online public opinion during the first epidemic wave of COVID-19 in China based on Weibo data. *Humanities and Social Sciences Communications*, 9(1).

Shoemaker, P. J. (1996). Hard-wired for news: Using biological and cultural evolution to explain the news. *Journal of Communication*, 46(3), 32～47.

Shoemaker, P. J. & Cohen, A. (2006). *News around the world: Content, practitioners, and the public*. New York: Routledge.

Sumner, S. (2018. 12. 18). "The many problems with public opinion." Econlib. URL: https://www.econlib.org/the-many-problems-with-public-opinion/

Tankard, J. W., Hendrickson, L., Silberman, J., Bliss, K., & Ghanem, S. (1991). *Media frames: Approaches to conceptualization and measurement* (Paper presented to the annual meeting of the Association for Education in *Journalism and Mass Communication*). Boston, Massachusetts.

The Hill (2016). Breaking 2016 News, Analysis, Photos and Videos. URL: https://thehill.com/events-facts/2016/

Watts, D. J. (2007). Challenging the influentials hypothesis. *WOMMA Measuring Word of Mouth*, 3, 201～211.

Weeks, B., Gil de Zúñiga, H., & Ardèvol-Abreu, A. (2017). Effects of the news-finds-me perception in communication: Social media use implications for news seeking and learning about politics. *Journal of computer-mediated communication*, 22(3), 105～123.

Wei, R., Chia, S. C., & Lo, V. H. (2011). Third-person effect and hostile media perception influences on voter attitudes toward polls in the 2008 US presidential election. *International Journal of Public Opinion Research*, 23(2), 169～190.

Whitney, D. C., & Wartella, E. (1992). Media Coverage of the "Political Correctness" Debate. *Journal of Communication*, 42(2), 83～94.

Wilson, F. G. (2013). *A Theory of Public Opinion*. Routledge.

Wimmer, R. & Dominick, R. (1983). *Mass Media Research: An Introduction*. [유재천 · 김동규 옮김. 《매스미디어 연구방법론》(제8판). Cengage Learning, 2009].

Wired (2016. 11. 15). Here's How Facebook Actually Won Trump the Presidency. URL: https://www.wired.com/2016/11/facebook-won-trump-election-not-just-fake-news/

Young, K. (1946). Society and the State: Some Neglected Areas of Research and Theory. *American Sociological Review*, 11(2), 137～146. URL: https://brocku.ca?MeadProject/Young/1930/1930_24.html

Zhang, A. (2020). Forget opinion leaders: the role of social network brokers in the adoption of innovative farming practices in North-western Cambodia. *International Journal of Agricultural Sustainability*, 18(4), pp.266～284.

브리태니카 온라인 백과사전(Britannica Encyclopedia) https://www.britannica.com/

메리엄 웹스터 사전 www.merriam-webster.com

위키피디아 www.wikipedia.com

위키피디아 한국 https://ko.wikipedia.org

찾아보기